高等院校“十三五”规划教材

PUTONGHUA JIAOCHENG
普通话教程

主　编　颜克剑　董　军
副主编　韩　蕾

東北林業大學出版社
Northeast Forestry University Press
·哈尔滨·

图书在版编目（CIP）数据

普通话教程／颜克剑，董军主编. —哈尔滨：东北林业大学出版社，2019.6

ISBN 978-7-5674-1801-1

Ⅰ. ①普… Ⅱ. ①颜… ②董… Ⅲ. ①普通话—教材
Ⅳ. ①H102

中国版本图书馆 CIP 数据核字（2019）第 129467 号

责任编辑：陈珊珊
封面设计：华盛英才
出版发行：东北林业大学出版社（哈尔滨市香坊区哈平六道街 6 号　邮编：150040）
印　　装：北京佳顺印务有限公司
规　　格：787 mm×1 092 mm　16 开
印　　张：13.5
字　　数：329 千字
版　　次：2019 年 6 月第 1 版
印　　次：2020 年 8 月第 2 次印刷
定　　价：42.00 元

前　言

推广普通话是我国的基本语言政策，它是国家现代化建设的需要，是社会主义精神文明建设的需要，是人民团结的需要，也是现代汉语发展的必然要求。1994 年 10 月 30 日，国家语言文字工作委员会、国家教育委员会、广播电影电视部联合发布《关于开展普通话水平测试工作的决定》。该决定指出：普通话是以汉语文授课的各级各类学校的教学语言；是以汉语传送的各级广播电台、电视台、电影的规范语言；是汉语电影、电视剧、话剧必须使用的规范语言；是全国党政机关、团体、企事业单位干部在公务活动中必须使用的工作语言；是不同方言区及国内不同民族之间的通用语言。掌握并使用一定水平的普通话是社会各行各业人员，特别是教师、播音员、节目主持人、演员等专业人员必备的职业素质。该决定要求对上述人员进行普通话水平测试并逐步实行普通话等级证书制度。

近年来，我国的高等职业教育正随着高等教育的发展而蓬勃发展。高等职业教育的目标是培养高层次的各类应用型人才，能否说一口标准流利的普通话是学员自身素质高低的一种表现。目前，大部分高等职业院校都对文秘、旅游、营销等专业的学生提出了普通话达标的要求，更有部分院校高瞻远瞩，对所有专业的学生都提出了普通话达标的要求。为适应这种形势的需要，我们编写了这本《普通话教程》，旨在为学生提供一本既科学严谨，又简洁实用的普通话教材，使学生通过本教材的学习，既能掌握普通话语音的理论知识，又能顺利通过普通话测试。

本书的特点主要有以下几方面：(1) 依据高等职业教育的特点，在深入浅出地讲解理论知识的同时，本书加强了基本技能的训练。书中汇集了大量生动活泼、准确翔实的练习材料，为学习者提供了充足的练习素材。(2) 在内容的安排上，本书增加了《普通话测试大纲》里的相关内容，学习者可以从中了解普通话测试的具体内容和要求。

本书所面对的读者，可以是高等职业教育中的文秘、旅游、营销等专业的学生，也可以是其他专业需要通过普通话达标测试的学生，还可以是社会上各类需要通过普通话测试的人员。

编写过程中我们参考了大量的专著、教材等研究成果。由于时间仓促和水平所限，书中难免有疏漏之处，欢迎读者批评指正。

编　者

目　录

第一章 绪论

第一节 现代汉语概说

现代汉语是现代汉民族使用的语言，它包含两方面的内容：一是全国范围内通行的现代汉民族共同语——普通话；二是分布在我国各地的现代汉语方言。

一、现代汉民族共同语——普通话

一个民族全体成员通用的语言即共同语。普通话是现代汉民族的共同语。

汉族早在先秦时代就有了古代汉民族共同语，在春秋时代这种共同语被称为“雅言”，从汉代起被称为“通语”，在明代被称为“官话”。辛亥革命以后这种共同语又被称为“国语”，中华人民共和国成立以后则称为“普通话”。

普通话是在北方方言的基础上形成的。在形成过程中，北京话有着特殊的地位。这是因为近一千多年来，辽金元明清，历史上好几个朝代都建都在北京，北京一直是我国政治、经济、文化的中心，北京话作为官府的通用语言很早就传播到全国各地并且取得了“官话”的名称。一些受到北京话影响的白话文学作品，如《水浒传》《红楼梦》等也加速了以北京话为代表的北方方言的流传。到了20世纪辛亥革命和“五四”运动时期，我国相继产生了“白话文运动”和“国语运动”。这两个运动互相推动、互相影响，进一步确定了北京话作为民族共同语的地位。“官话”这个名称也逐步被“国语”所代替。然而这时的共同语还没有严格确立标准。中华人民共和国成立以后，党和政府十分重视汉民族共同语的确立和推广工作。1955年10月，中国文字改革委员会、教育部和科学院在北京先后召开了第一次文字改革会议和第一次现代汉语规范问题学术会议，会上确定把现代汉民族共同语称为“普通话”，并且全面科学地规定了现代汉民族共同语的含义，即“以北京语音为标准音，以北方话为基础方言，以典范的现代白话文著作为语法规范的普通话”。

普通话不仅是现代汉民族的共同语，同时也是我国各民族包括港澳台同胞之间相互交际和交流的共同语。全国各地学习普通话的人数越来越多，普通话必将为我国各民族间的相互学习、和睦相处做出更大贡献。在国际上，普通话是代表中华人民共和国的“中国话”，在国际交往中发挥着重要作用。现代汉语是联合国六种工作语言之一，我国的人名、地名等在对外翻译中，已全部采用普通话语音。随着我国国际地位的日益提高，普通话在世界上的影响也将越来越大。

二、现代汉语方言

现代汉民族既有共同语，也有不同的方言。方言是民族语言的地方分支，是局部地区的人们使用的语言。现代汉语方言多种多样，根据目前的说法可以将其分为以下七种。

（1）北方方言。以北京话为代表。这是现代汉民族共同语的基础方言。其内部又可分为四个次方言：华北东北方言、西北方言、西南方言、江淮方言。北方方言分布地域最广，使用人口占汉族总人口的73%。

（2）吴方言。以苏州话为代表。分布在上海市、江苏省长江以南镇江以东地区、南通的小部分、浙江的大部分。使用人口约占汉族总人口的7.2%。

（3）湘方言。以长沙话为代表。分布在湖南省大部分地区。使用人口约占汉族总人口的3.2%。

（4）赣方言。以南昌话为代表。分布在江西省大部分地区。使用人口约占汉族总人口的3.3%。

（5）客家方言。以广东梅县话为代表。分布地区包括广东东部、广东北部，广西东部、广西南部，福建西部，江西东南部，湖南，四川，台湾也有一些分布。使用人口约占汉族总人口的3.6%。

（6）闽方言。以福州话为代表。分布地域包括福建和海南的大部分地区，广东的潮汕和雷州半岛地区，浙江南部温州部分地区，广西的少数地区以及台湾的大多数汉人居住区。使用人口约占汉族总人口的5.7%。

（7）粤方言。以广州话为代表。分布地域包括广东中部、广东西南部，广西东部、广西南部，香港，澳门等地区。使用人口约占汉族总人口的4%。

方言之间的差异，突出表现在语音方面，词汇和语法方面的差异要小得多。就与普通话的差别来说，七大方言中闽、粤方言与普通话的差距最大，吴方言次之，湘、赣、客家等方言与普通话差距相对较小。

第二节　推广普通话工作

一、为什么要推广普通话

我国是一个幅员广阔、人口众多的国家。由于历史和社会的原因，长期以来形成了严重的方言分化，给人们的工作、生活带来许多不便。首先，推广普通话可以进一步消除方言隔阂，减少不同方言区人们交际时的困难，有利于社会交往，有利于国家的统一和安定团结。其次，社会主义市场经济体制的建立，使我国各地区、各民族之间的经济交往日益频繁，商品流通空前活跃，人员流动越来越大。另外，随着信息技术的高速发展，计算机的普遍应用，语言文字的服务对象从人际交往拓展到了人机交际。推广普通话，有利于社会主义市场经济的发展，有利于教育的普及和全民族文化素质的提高，有利于科技信息技术事业的发展。第三，随着综合国力的增强和对外开放的扩大，我国的国际地位日益提高，进一步推广普通话，有利于弘扬中华优秀传统文化，加强我国与世界各国的经济和文化交流。总之，正像李岚清同志《在纪念文字改革和现代汉语规范化工作40周年大会上的讲话》中所说的那样，“我们正在建设强大的社会主义现代化国家，各地区、各民族之间的社会交往比以往任何时候都广泛和频繁，大力推广和普及共同语言，是全国人民的根本利益所在。”

二、推广普通话工作的沿革

自中华人民共和国成立之初普通话在我国正式确定之后，1956年2月6日，国务院向全国公布了《关于推广普通话的指示》。同年，中央和各省、市、自治区相继成立了推广普通话工作委员会。1957年6月北京召开了全国普通话推广工作汇报会，会上根据我国当时实际情况制定了推广普通话工作的方针：“大力提倡，重点推行，逐步普及。”在国务院《关于推广普通话的指示》的推动下，在中央推广普通话委员会的直接领导下，从1956年到1982年的20多年里，我国虽然经历了“文化大革命”，全国推广普通话工作仍然取得了显著成绩。例如：1957年前后全国对1800多个点的汉语方言进行了普查，并编辑出版了一批指导各地学习普通话的手册。1958年国家公布的《汉语拼音方案》为注音识字和推广普通话提供了工具。从1958年到1960年，在全国范围内开展了“大家来说普通话”活动，全国掀起了一个遍及城乡的学习和推广普通话的群众运动，形成了有利于推广普通话的社会风气。到1979年8月底，中央推广普通话委员会和教育部等单位联合召开了五次全国普通话教学成绩观摩会，展示了我国各地人民学习推广普通话的优异成绩。到1982年，中央推广普通话委员会已经举办了20期中央普通话研究班或进修班，为各地培训了2000多名推广和指导普通话工作的骨干人员，各地也举办了各种训练班、进修班，培养了数以万计的推广普通话的干部和师资。此外，我国广播、影视部门长期坚持用标准的普通话演播，对推广普通话起了很大作用。

1982年《中华人民共和国宪法》明确规定“国家推广全国通用的普通话”，这一规定从法律上确定了普通话的地位和作用。1985年，为了适应新形势，加强语言文字工作，国务院将“中国文字改革委员会”改名为“国家语言文字工作委员会”，扩大了机构的工作范围和行政职能。1986年1月，国家教育委员会和国家语言文字工作委员会在北京联合召开了全国语言文字工作会议。会议决定把大力推广和积极普及普通话作为语言文字工作的首要任务，同时规定当时推广普通话工作的重点应当放在推行和普及方面。20世纪80年代，根据推广普通话工作形势的发展，党中央、国务院及时把推广普通话工作的方针调整为“大力推广，积极普及，逐步提高”。

自1986年以来，我们国家发生了举世瞩目的巨大变化，语言文字工作也取得了长足进展，推广普通话工作同样取得了可喜的成绩。主要表现：推广普通话范围更加广泛，由重点在南方地区推行，发展到在全国范围内推广；由重点纠正语音发展到对词汇等方面提出规范要求。1994年10月23日国家语言文字工作委员会、国家教育委员会、广播电视部门联合发出了《关于开展普通话水平测试工作的决定》（国语〔1994〕43号），对普通话水平提出了明确要求。国家语言文字工作委员会制定的《普通话水平测试等级标准》，使普通话水平有了比较客观的可以操作的衡量尺度，为人们逐步提高普通话水平提供了较为科学的量化手段。《关于展开普通话水平测试工作的决定》还对部分教师、广播电视的播音员和节目主持人等专业人员及师范院校毕业生提出了普通话等级要求，普通话水平测试工作在全国范围内开展起来。这些举措使推广普通话工作迈上了一个新台阶。2001 年 1 月 1 日《中华人民共和国国家通用语言文字法》正式实施，这是我国历史上第一部关于语言文字的法律，是我国语言文字生活中的一件大事，它标志着语言文字工作已进一步走上了依法管理的轨道。

三、推广工作的方针和任务

1997 年 12 月 23 日召开的全国语言文字工作会议提出了跨世纪的推广普通话工作的奋斗目标：2010 年以前，普通话在全国范围内初步普及，交际中的方言隔阂基本消除，受过中等或中等以上教育的公民具备普通话的应用能力，并在必要的场合自觉地使用普通话，与口语表达关系密切行业的工作人员，其普通话水平达到相应的要求。21 世纪中叶以前，普通话在全国范围内普及，交际中没有方言隔阂。为了实现这一奋斗目标，会议规定当前推广普通话工作的主要任务是继续贯彻"大力推广，积极普及，逐步提高"的 12 字方针，在普及的基础上提高，在提高的指导下普及。主要具体工作：各级各类学校要加强普通话能力的训练，使普通话成为学校的教学语言，并成为部分学校的校园语言。教育行政部门要加强管理，把普及普通话纳入学校的培养目标和教学内容，纳入对教师的基本要求，普通话合格的教师才能上岗。党政机关在公务活动中自觉说普通话，公务员要基本具备使用普通话能力。有声传媒要以普通话为播音用语，播音员、节目主持人要持证上岗。服务行业工作人员要以普通话为服务用语。解放军、武警指战员要以普通话为工作用语。加强普通话训练测试工作，提高普通话培训测试的科学水平。做好普通话词汇规范化工作。

自此，在党中央、国务院及各有关职能部门的正确领导下，全国人民就朝着这一目标努力着。目前，国家通用语言文字推广推行成效显著。

2016 年，教育部国家语言文字工作委员会制定了《国家语言文字事业"十三五"发展规划》。其指导思想、发展目标、主要任务、工作重点概况如下。

指导思想：一条主线，即以服务国家发展需求为核心；五个面向，即向国家战略聚焦、向农村和民族地区攻坚、向社会应用推进、向现代治理转型、向国际领域拓展。

发展目标：一个基本，即到 2020 年，在全国范围内基本普及国家通用语言文字；两个全面，即全面提升语言文字信息化水平、全面提升语言文字事业服务国家需求的能力。

主要任务：五大任务，即普及国家通用语言文字、推进语言文字信息化建设、提高国家语言文字服务能力、弘扬传播中华优秀语言文化、完善语言文字工作治理体系；十八项举措，即大力提升农村地区普通话水平，加快民族地区国家通用语言文字普及，强化学校语言文字教育，加强语言文字规范化建设，推动语言文字信息化技术创新发展，加强语言资源建设，建设语言文字信息化平台，提高保障国家战略和安全的语言文字服务能力，创新语言文字服务方式，服务特殊人群语言文字需求，推进中华优秀语言文化传承发展，科学保护各民族语言文字，深化内地和港澳、大陆和台湾地区语言文化交流合作，加强语言文化国际交流与传播，加强语言文字法治建设，完善语言文字规范标准，健全语言文字测评体系，强化重点领域语言文字监督检查。

工作重点：一个攻坚，即普及国家通用语言文字，是关系国家核心利益的重要战略任务；两个平台，即全球性普通话学习网络平台、国家主流媒体语言文字传播普及平台；三个阵地，即紧紧抓住学校这个基础阵地、努力夯实基层这个相对薄弱的阵地、不断巩固重点行业领域这个阵地；五大工程，即国家通用语言文字普及攻坚工程、语言文字信息化关键技术研究与应用工程、“互联网＋”语言文字服务工程、中华优秀语言文化传承与保护工程、语言文字筑桥工程。

四、推广普通话并不排斥方言

推广普通话并不排斥方言，更不是要人为地消灭方言，而是要帮助人们掌握和使用全国通用的语言，以消除方言可能引起的隔阂，进一步增强全国各族人民间的相互交往和协作。一个原来只会说方言的人掌握了普通话，是语言能力和个人素质的提高，是交际手段的增强。对于方言，国家允许在一定领域和特定地区长期存在。因此，普通话和方言在我国会长期并存，以适应人们社会生活各个方面的交际需要。

第三节 普通话语音概说

一、语音的性质

语音是由人的发音器官发出的表达一定意义的声音。语音是语言的物质外壳。任何一种语言都是语音和语义的结合体，语言的语义内容只有通过语音形式才能表达出来，由此可见语音的重要性。语音具有三种属性：物理属性、生理属性、社会属性。

（一）语音的物理属性

语音同自然界其他声音一样，产生于物体的振动，因此具有物理属性。声音的产生是由于发音体的振动，引起周围空气的振动，从而形成疏密相间的音波，音波刺激人们的听觉器官就使人产生声音的感觉。人们所能听到的声音虽然千变万化，但是都可以从音高、音强、音长、音色四要素去辨识它。

1. 音高

音高是指声音的高低。它是由发音体在一定时间内振动次数的多少决定的。振动的次数多，声音就高；反之声音就低。语音的高低决定于声带的长短、厚薄、松紧。一般地说，女人和小孩的声带比较短、比较薄、比较紧，因此声音就高；成年男人的声带比较长、比较厚、比较松，因此声音就低。同一个人的声音也有高低，这是因为人们有绷紧和放松声带的能力。音高在汉语里是构成声调的主要因素，有区别意义的作用。例如“zhuli”是“主力”还是“助理”，“jianju”是“艰巨”还是“检举”全靠音高的变化来区别。

2. 音强

音强是指声音的强弱。它是由发音体振动幅度的大小决定的。振幅大，声音就强；反之声音就弱。语音的强弱由发音时气流冲击声带力量的强弱来决定的，冲击的力量强，声音就强，反之则弱。平时说的大声和小声说话，重读和轻读音节主要是音强的不同。音强有区别意义的作用，例如“蛇头 shétóu”和“舌头 shétou”两个“头”音强不同，意义也就不同。

3. 音长

音长是指声音的长短。它决定于发音体振动的时间的久暂。振动时间持续久，声音就长，反之则短。音长和音强在语调轻声里都起重要作用。例如“舌头”的“头”是一种又轻又短的调子，与音强音长都有关系。

4. 音色

音色是指声音的特色。它决定于物体振动所形成的音波波纹的曲折形式不同。不同的音波波纹的曲折形式就形成不同的音色。造成音色不同的条件有三个：第一，发音体不同。例如笛子和小提琴的音色不同，就是因为两者的发音体不同，一个是笛膜，一个是琴弦。第二，发音方法不同。例如扬琴和小提琴同是弦乐器，但扬琴是用竹制的富有弹性的小槌击弦而发声，小提琴是用弓拉弦而发声，所以音色不同。第三，共鸣器形状不同。小提琴和二胡同是弦乐器，发音方法都是用弓拉弦，由于共鸣器的形状不同，使得两者音色也不相同。

语音中音色的不同主要是发音方法和共鸣器形状的不同造成的。例如元音 a 和 i 的音色不同，主要是因为口腔共鸣器的形状不同；辅音 g 和 h 的音色不同，主要是因为两者的发音方法不同，g 是爆发成声，h 是摩擦成声。

（二）语音的生理属性

语音是由人的发音器官发出的，是一种生理现象，因此具有生理属性。学习和掌握语音的生理属性主要是为了熟悉和掌握人类的发音器官，以便在语音学习中发音到位。人的发音器官可以分为三大部分。

1. 肺和气管

肺和气管是呼吸器官。肺是呼吸气流的活动风箱，也是发音的动力站。气管是气流的通道，肺部收缩时，里面的空气通过支气管、气管到达喉头，经过声带、咽头、口腔、鼻腔等发音器官的调节，发出不同的语音。

2. 声带和喉头

声带是人类发音器官的发音体，是制造一切音响的机关。它在发音方面的作用相当于风琴里的簧片。

喉头呈圆筒状，由甲状软骨、环状软骨和两块杓状软骨组成，上接咽头，下接气管。我们可以摸到的就是甲状软骨，通常叫喉结。声带是两片富有弹性的薄膜，在喉头中间，前端连在甲状软骨上，后端连在杓状软骨上，两片声带之间的空隙叫声门，杓状软骨的活动可以使声带拉紧或放松，使声门打开或关闭。呼吸时，声带放松，声门大开，气流可以自由出入；说话时，声带靠拢，声门关闭，气流冲击声带使之颤动，于是发出声音，人们可以控制声带的松紧，发出高低不同的声音（图 1－1）。

3. 口腔、鼻腔和咽腔

口腔、鼻腔和咽腔是语音的共鸣器。口腔分上腭和下腭两部分。上腭包括上唇、上齿、上齿龈、硬腭、软腭和小舌六个部分；下腭包括下唇、下齿、舌头三个部分。在发音时，舌头是最灵活的器官，它本身又分为舌尖、舌面、舌根三部分。口腔和鼻腔靠软腭和小舌隔开。如果软腭和小舌上升，堵住鼻腔通路，气流只能从口腔出来，这时发出的音在口腔中共鸣，叫作口音。如果软腭和小舌下垂，关闭了口腔通路，气流只能从鼻腔出来，这时发出的音主要在鼻腔中共鸣，叫作鼻音。如果让气流由口腔和鼻腔同时呼出，口鼻腔一起共鸣，这时发出来的音叫鼻化音。口腔后面是咽腔，咽头上通口腔、鼻腔，下接喉头。

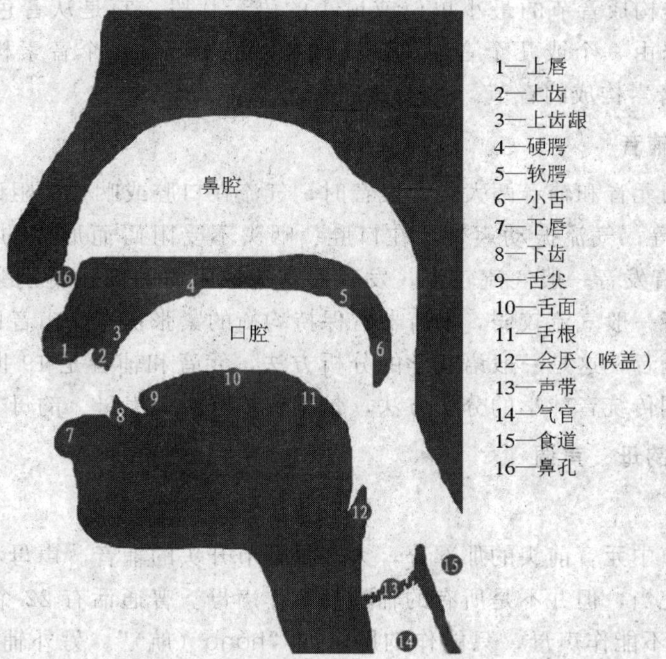

图 1-1　发音器官示意图

（三）语音的社会属性

语言的各种意义靠语音表达出来。语音和意义之间没有必然的联系，什么样的语音形式表达什么样的语义内容，是由使用该语音的全体社会成员约定俗成的，所以语音又具有社会属性。同样的语音形式可以用来表示不同的意义，如 bié 这个音节在“别去、区别、别离、别针”等词语中所表示的意义各不相同。同样一个意义又可以有多种语音形式，如“头 tóu”和“脑袋 nǎodai”是同一事物的两个不同的名称。

语音的社会属性还表现在语音的系统性上。各种语言或方言都有自己的语音系统，相同的语音现象在不同的语音系统中可能有不同的作用。例如 zh 和 z 这两个辅音，在普通话中分属两个不同的语音单位，“知 zhī”和“资 zī”的意义不同主要就是它们造成的。但在上海话的语音系统中，“知”和“资”都念 zi，zh 和 z 属于同一个语音单位，不具有区别意义的作用。由此可见上海话和普通话的语音系统是不一样的。以上两点说明语音不仅具有物理属性和生理属性，还具有社会属性。社会属性是语音的本质属性，是语言区别于其他声音的关键。

二、语音的基本概念

（一）音节和音素

音节是语音结构的基本单位，也是自然感受到的最小的语音片段。我们从听觉上便可把音节区分开来，例如“劳动创造世界”，里面包含有六个语音片段，即六个音节。汉语里一般一个汉字就是一个音节，唯一例外的是儿化韵，如“花儿 huar”是用两个汉字代表一个音节。音节还不是语音的最小单位，若对音节再加分析便可得到更小的语音单位——音素。音素是构成音节的最小单位或最小的语音片段。它是从音色的角度划分出来的。一个音节可以由一个或几个音素构成，例如“啊 a”是一个音素构成的音节，“庄 zhuāng”是四个音素构成的音节。

（二）元音和辅音

音素可以分为元音和辅音两大类。发音时，气流在口腔或咽头受阻碍而形成的音叫辅音，如 b、p、m 等；气流振动声带，在口腔、咽头不受阻碍而形成的音叫元音，如 a、o、e 等。此外辅音发音一般气流较强，发音器官造成阻碍的部位特别紧张，声音一般不响亮；而元音发音一般气流较弱，发音器官保持均衡的紧张状态，声音比辅音响亮。把音素分析成元音和辅音，这是一般语音学的分析方法，元音和辅音是 19 世纪传入我国的语音术语。按照我国传统音韵学的分析方法，是把音节分析成声母、韵母、声调三部分。

（三）声母、韵母、声调

1. 声母

声母是指音节中元音前头的那部分，大多是音节开头的辅音。声母和辅音不是一个概念。声母由辅音充当，但并不是所有的辅音都能作声母。普通话有 22 个辅音，21 个可以作声母，辅音 ng 不能作声母，只能作韵尾，如“háng（航）”。另外辅音 n 既可作声母，也可作韵尾，如“nán（男）”。有的音节不以辅音开头，元音前头那部分是零，习惯上叫作“零声母”，例如“ài（爱）”。

2. 韵母

韵母是指音节中声母后面的部分。韵母和元音不相等。元音都可充当韵母，但韵母不都是元音。韵母有的由单元音或复元音构成，如“mùbiāo（目标）”中的“u、iao”；有的由元音带辅音构成，如“gān（甘）、gēng（耕）”中的“an、eng”。

3. 声调

声调是指音节中具有区别意义作用的音高变化。例如“底 dǐ”读起来先降低然后再升上去，这种先降后升的音高变化形式就是音节“底”的声调。

元音和辅音同声母和韵母是两对不同性质的语音学术语。元音和辅音是从音素本身的性质来说的，通用于任何一种民族语言；声母、韵母是从音素在音节结构中所处的位置来说的，是汉语音韵学上的传统叫法。

三、汉语拼音方案

汉语拼音方案是采用拉丁字母给汉字标注普通话语音的一套音标。它于 1958 年 2 月 21 日由第一届全国人民代表大会第五次会议批准向全国公布推行。它是对我国 300 多年来创制的各种汉语拼音方案的一个经验总结，是中国语言文字工作的一个重大成就。几十年来的实践证明，方案不仅在识字注音、扫除文盲、统一读音、推广普通话、加强民族共同语的规范化、字典编纂、资料检索、加强语文教学以及帮助外国人学汉语方面发挥了重要作用，而且已经成功地用于盲文、旗语、电脑等领域，并成为拼写中国人名、地名的国际标准。汉语拼音方案的使用范围在不断扩大，已成为我国人民不可缺少的工具。

汉语拼音方案由五部分构成，它们是“字母表、声母表、韵母表、声调符号、隔音符号”(见本章附录一、附录二)。

附录一　汉语拼音方案

一、字母表

字母表见表 1 - 1。

表 1 - 1　字母表

字母	Aa	Bb	Cc	Dd	Ee	Ff	Gg
名称	ㄚ	ㄅㄝ	ㄘㄝ	ㄉㄝ	ㄜ	ㄝㄈ	ㄍㄝ
字母	Hh	Ii	Jj	Kk	Ll	Mm	Nn
名称	ㄏㄚ	ㄧ	ㄐㄧㄝ	ㄎㄝ	ㄝㄌ	ㄝㄇ	ㄋㄝ
字母	Oo	Pp	Qq	Rr	Ss	Tt	
名称	ㄛ	ㄆㄝ	ㄑㄧㄡ	ㄚㄦ	ㄝㄙ	ㄊㄝ	
字母	Uu	Vv	Ww	Xx	Yy	Zz	
名称	ㄨ	ㄪㄝ	ㄨㄚ	ㄒㄧ	ㄧㄚ	ㄗㄝ	

注：V 只用来拼写外来语、少数民族语言和方言。字母的手写体依照拉丁字母的一般书写习惯。

二、声母表

声母表见表 1 - 2。

表 1 - 2　声母表

字母	b	p	m	f	d	t	n	l
名称	ㄅ玻	ㄆ坡	ㄇ摸	ㄈ佛	ㄉ得	ㄊ特	ㄋ讷	ㄌ勒
字母	g	k	h		j	q	x	
名称	ㄍ哥	ㄎ科	ㄏ喝		ㄐ基	ㄑ欺	ㄒ希	
字母	zh	ch	sh	r	z	c	s	
名称	ㄓ知	ㄔ蚩	ㄕ诗	ㄖ日	ㄗ资	ㄘ雌	ㄙ思	

注：在给汉字注音的时候，为了使拼式简短，zh ch sh 可以省作 ẑĉŝ。

三、韵母表

韵母表见表 1 - 3。

(1) “知、蚩、诗、日、资、雌、思”等七个音节的韵母用 i，即知、蚩、诗、日、资、雌、思等字拼作 zhi、chi、shi、ri、zi、ci、si。

表 1－3　韵母表

韵母	i 丨 衣	u ㄨ 乌	ü ㄩ 迂
a ㄚ 啊	ia 丨ㄚ 呀	ua ㄨㄚ 蛙	
o ㄛ 喔		uo ㄨㄛ 窝	
e ㄜ 鹅	ie 丨ㄝ 耶		üe ㄩㄝ 约
ai ㄞ 哀		uai ㄨㄞ 歪	
ei ㄟ 诶		uei ㄨㄟ 威	
ao ㄠ 熬	iao 丨ㄠ 腰		
ou ㄡ 欧	iou 丨ㄡ 忧		
an ㄢ 安	ian 丨ㄢ 烟	uan ㄨㄢ 弯	üan ㄩㄢ 冤
en ㄣ 恩	in 丨ㄣ 因	uen ㄨㄣ 温	ün ㄩㄣ 晕
ang ㄤ 昂	iang 丨ㄤ 央	uang ㄨㄤ 汪	
eng ㄥ 亨的韵母	ing 丨ㄥ 英	ueng ㄨㄥ 翁	
ong ㄨㄥ 轰的韵母	iong ㄩㄥ 雍		

（2）韵母儿写成 er，用作韵尾的时候写成 r。例如："儿童"拼作 értóng，"花儿"拼作 huār。

（3）韵母ㄝ单用的时候写成 ê。

（4）i 行的韵母，前面没有声母的时候，写成 yi（衣），ya（呀），ye（耶），yao（腰），you（忧），yan（烟），yin（因），yang（央），ying（英），yong（雍）。

u 行的韵母，前面没有声母的时候，写成 wu（乌），wa（蛙），wo（窝），wai（歪），wei（威），wan（弯），wen（温），wang（汪），weng（翁）。

ü 行的韵母，前面没有声母的时候，写成 yu（迂），yue（约），yuan（冤），yun（晕），ü 上两点省略。

ü 行的韵母跟声母 j，q，x 拼的时候，写成 ju（居），qu（区），xu（虚），ü 上两点也省略；但是跟声母 n，l 拼的时候，仍然写成 nü（女），lü（吕）。

（5）iou，uei，uen 前面加声母的时候，写成 iu，ui，un。例如 niu（牛），gui（归），lun（论）。

（6）在给汉字注音的时候，为了使拼式简短，ng 可以省作 ŋ。

四、声调符号

阴平	阳平	上声	去声
ˉ	ˊ	ˇ	ˋ

声调符号标在音节的主要母音上。轻声不标。例如：

妈 mā	麻 má	马 mǎ	骂 mà	吗 ma
（阴平）	（阳平）	（上声）	（去声）	（轻声）

五、隔音符号

a，o，e 开头的音节连接在其他音节后面的时候，如果音节的界限发生混淆，用隔音符号（’）隔开，例如 pi’ao（皮袄）。

附录二　三种记音符号对照表

三种记音符号对照表见表 1－4。

表 1－4　三种记音符号对照表

拼音字母	注音符号	国际音标	拼音字母	注音符号	国际音标	拼音字母	注音符号	国际音标
b	ㄅ	[p]	z	ㄗ	[ts]	ia	ㄧㄚ	[iA]
p	ㄆ	[pƶ]	c	ㄘ	[tsƶ]	ie	ㄧㄝ	[iɛ]
m	ㄇ	[m]	s	ㄙ	[s]	iao	ㄧㄠ	[iau]
f	ㄈ	[f]	a	ㄚ	[A]	iou	ㄧㄡ	[ion]
v	ㄪ	[v]	o	ㄛ	[o]	ian	ㄧㄢ	[iɛn]
d	ㄉ	[t]	e	ㄜ	[ɤ]	in	ㄧㄣ	[in]
t	ㄊ	[tƶ]	ê	ㄝ	[ɛ]	iang	ㄧㄤ	[iaŋ]
n	ㄋ	[n]	i	ㄧ	[i]	ing	ㄧㄥ	[iŋ]
l	ㄌ	[l]	—i（前）	ㄓ	[ɿ]	ua	ㄨㄚ	[uA]
g	ㄍ	[k]	—i（后）	ㄭ	[ʅ]	uo	ㄨㄛ	[uo]
k	ㄛ	[kƶ]	u	ㄨ	[u]	uai	ㄨㄞ	[uai]
ng	ㄫ	[ŋ]	ü	ㄩ	[y]	uei	ㄨㄟ	[uei]
h	ㄏ	[x]	er	ㄦ	[ɚ]	uan	ㄨㄢ	[uan]
j	ㄐ	[tɕ]	ai	ㄞ	[ai]	uen	ㄨㄣ	[uən]
q	ㄑ	[tɕƶ]	ei	ㄟ	[ei]	uang	ㄨㄤ	[uaŋ]
/	ㄬ	[ȵ]	ao	ㄠ	[ɑu]	ueng	ㄨㄥ	[uəŋ]
x	ㄒ	[ɕ]	ou	ㄡ	[ou]	ong	ㄨㄥ	[uŋ]
zh	ㄓ	[tʂ]	an	ㄢ	[an]	üe	ㄩㄝ	[yɛ]

续表

拼音字母	注音符号	国际音标	拼音字母	注音符号	国际音标	拼音字母	注音符号	国际音标
ch	ㄔ	[tʂʐ]	en	ㄣ	[ən]	üan	ㄩㄢ	[yɛn]
sh	ㄕ	[ʂ]	ang	ㄤ	[ɑŋ]	ün	ㄩㄣ	[yn]
r	ㄖ	[ʐ]	eng	ㄥ	[əŋ]	iong	ㄩㄥ	[yŋ]

注：本表的国际音标大体上是严式音标，如果用宽式音标，其中的 a、A、ɑ 都可标作 a。

第二章 发音

第一节 声 调

一、声调的含义

声调是指发音时贯穿于整个音节的高低升降变化。不同的声调分别具有或升或降、或平或曲的变化特点，这种变化主要取决于音高。同一个人的不同的音高变化，是由控制声带的松紧决定的：声带越紧，声调越高；声带越松，声调越低；声带先松后紧，声音就由低变高；声带先紧后松，声音就由高变低。控制声带的松紧可以形成不同的音高，从而构成不同的声调。

二、调值、调类

调值是声调的实际读法，也就是音节的高低、升降、曲直、长短的变化形式。普通话有四种基本调值：高平调、中升调、降升调、全降调。通常采用“五度标记法”来标记调方法是用一条竖线作比较线，将声调的音高分为五度，在竖线上分别用1、2、3、4、5表示低音、半低音、中音、半高音、高音，然后在竖线左侧用带箭头的横线、斜线表示不同的调值的音高变化，如图2-1所示。

调类是把全部的字音按不同的调值加以分类后，所得到的声调类别。因此，有几种基本调值就有几个调类。每一个调类确定一种名称，就是调名。普通话有四种基本调值，因而有四种调类。传统的汉语音韵学把这四种调类称为阴平、阳平、上声、去声，教学上也称为第一声、第二声、第三声、第四声。《汉语拼音方案》规定声调的符号：ˉ（阴平）、ˊ（阳平）、ˇ（上声）、ˋ（去声），这些调号的形状基本上是五度标记法的缩写。调号要标在音节的重要元音上。

三、四声

普通话中有四个调类，统称为四声，即阴平、阳平、上声、去声。

（1）阴平又称第一声。高平调，调值55。发音时没有升降变化，由5度到5度，声音高而平直，声带始终均衡紧张。例如：江—山—多—娇。

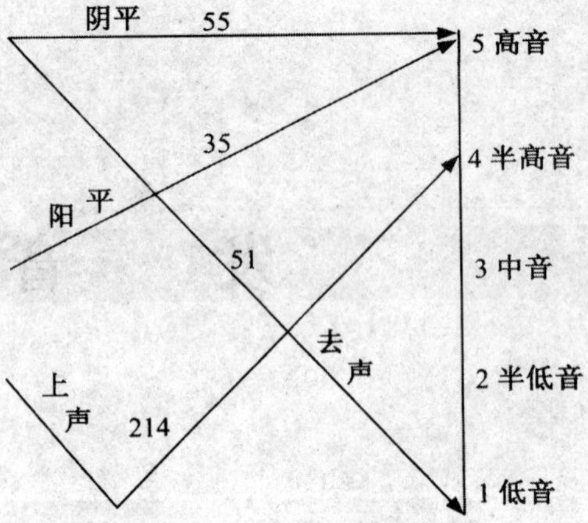

图 2-1　五度标记法

（2）阳平又称第二声。中升调，调值 35。发音时声音由中音 3 度升到高音 5 度。声音上扬，声带由较紧张迅速过渡到紧张。例如：闻—名—全—球。

（3）上声又称第三声。降升调，调值 214。发音时声音先由半低音 2 度降到低音 1 度，再上升至半高音 4 度，声音曲折变化。声带由半松弛状态到松弛下去，紧接着再紧张起来。例如：打—井—引—水。

（4）去声又称第四声。全降调，调值 51。发音时声音由高音 5 度降到低音 1 度。声音由最高降到最低，声带由最紧张状态迅速过渡到最松弛状态。例如：教—育—事—业。

第二节　元　　音

一、元音的特点

语音的音素可以分为两大类，元音（或叫“母音”）和辅音（或叫“子音”）。元音是汉语语音中的主要成分——普通话语音中没有不包含元音的音节，而且有不少音节只由元音充当。除了极少数语气词或象声词是用辅音描写的特殊音节之外，辅音不能自成音节，必须和元音配合使用。元音的特点（以元音 a 为例）如下所述。

（1）气流在口腔中不受显著的阻碍（舌和唇的变化形状只起调节作用，辅音发音时口腔中的阻碍显著）。

（2）气流较弱（辅音发音时气流较强）。

（3）发音器官全部紧张（口腔全部腔壁甚至胸腔以上都用力，而辅音发音时只有阻碍气流的局部肌肉紧张用力）。

（4）颤动声带，声音响亮、清晰（北京话语音的辅音中有一大部分不颤动声带，不响亮）。

（5）都是乐音（辅音都是噪音，或噪音而带有乐音）。

二、元音的发音

元音的发音主要由声带震颤而引起。声带震颤造成的音波经过口腔时受到口腔的形状、大小变化的影响，发出各个不同的元音。普通话语音中的ɑ、o、e、ê、i、u、ü就是这样发出的。口腔的形状、大小不同，取决于以下三个条件。

(1) 口形的开、合。

(2) 舌位的前、后、高、低。

(3) 唇形的圆、展。

第一个条件，口形的变化。口形由合而开或由开而合，可以分成好几种。如果粗分，口形的变化可分成四种：第一种是口闭合（但并不是紧紧闭住），如i、u、ü这三个元音就是这样发出来的；第二种是口半闭，也就是稍微张开一些，o、e这两个元音就是这样发出来的；第三种是口半开，也就是开得更大一些，元音ê就是这样发出来的；第四种是口大开，元音ɑ就是这样发出来的。

第二个条件，舌位的变化。舌头的表面在发元音时向上隆起。隆起部分有在舌面前的，对着上腭的前部；隆起部分有在舌面后的，对着上腭的后部；隆起部分有在中央的，对着上腭中部和后部之间。所说的舌位足以舌面隆起部分最高的且接近上腭的一点为标准，可以叫它"近腭点"。舌位的前、后、高、低形成不同的元音。高、低的变化总是随着口腔的开、合：口开，舌位一定低；口闭，舌位一定高。例如，i、ü的舌位是在前的，高的；u的舌位是在后的，高的；o、e的舌位是在后的，次高的；e的舌位是在前的，次低的；ɑ的舌位是在中央的，低的。

第三个条件，唇形的变化。唇形可以简单地分为两种：一种是圆唇，另一种是展唇（舒展开的，不圆的）。圆唇中有一种是最圆的，就是把上下唇收敛起来，聚在一块儿，中间只剩下一个小圆孔，如u、ü就是这样；有一种是次圆的，如o，上下唇只是稍稍收拢。其余如i、e、ê、ɑ，唇形都是不圆的，属于展唇。不圆的唇形，或是呈扁平形，嘴角展开，如i、e；或是比较自然的样子，如ê、ɑ。

可以对镜观察，最圆的u、ü；次圆的o；不圆的i、e、ê、ɑ。i和u，e和o，舌位大致相同，显著的区别就在唇形上。可以这样试验，念i，它的唇形是扁平的，不圆；拉长声音，不要停止，舌位也不准移动，逐渐收敛嘴唇，使其变圆，这没有停止的声音也随唇形而变为ü了。反过来，先发ü音，是圆唇；拉长声音，展开嘴角，就会变成i。e和o也是一样。

舌头、嘴唇的活动和口的开合同时进行，摆出一定的形状，使口腔内部形成各种不同的腔体，用以调节声带震颤的音波，因而形成不同的元音。下面把元音的实际发音描述一下。

ɑ——声带震颤，口大开，舌面中部（偏后）微微隆起，舌位最低。如说，"啊！我想起来了"，这个叹词"啊"就是ɑ的声音。"拉、哈、沙"等字都包含这个音素。

o——声带震颤，口微开，两唇收敛，略呈圆形，上下唇间距离约一食指宽，上齿可见齿尖，下齿看不见。舌向后缩，舌面后部隆起，舌位次高。如说，"喔！我明白了"，这个叹词"喔"就是o的声音。"玻、坡、摸"等字都包含这个音素。

发o音要注意的是唇形，不可收拢得太小。太小就近似u了。把唇形掌握好再发音，发音时唇形不能动，如开始没有摆好，中间又改动，即成为 ou 或 uo。单发 o，有人感到困难，就可以从“多”duo 音中分析出 o 音来。念“多”，拖长声音，最后停止发音，但口形、唇形、舌位保持着停止发音的原状，再重新呼气发音，就是极准确的 o 音了。o 的舌位实际比 e 略低。

e——声带震颤，口半闭，上下门齿稍微离开，唇不圆，嘴角向左右微展，上下齿都看得见，上下唇间距离约一食指宽，上下齿间距离约一小指宽。舌位大致同 o（比 o 稍高）。

ê——声带震颤，口半开，上下门齿距离较远，大约相当于自己拇指的宽度。唇不圆，舌面的隆起点在前，舌尖抵住下门齿背，舌位次低。如说，“欸！你过来”，这个打招呼的声音就是 ê 的音。“也”字后半部就是 ê 的音。“别、铁、写”等字都包含这个音素。谷单用的机会很少，只有一个叹词“欸”。它经常和 i、ü 结合而成为 ie、üe，在音节中使用。拼音字母 ê，是在单独举出时为了表示与 e 音有别，才标加“ˆ”符号；在 ie、üe 中，不加符号。有人发 ê，开口度不够大，不对；也有人把 ê 发成 ie，也不对。北方多数人不会单发 ê 音。

i——声带震颤，口合拢，嘴角尽量向左右展开，上下嘴唇呈平形，上下门齿接近，舌尖下垂到下门齿背后，舌隆起部分在前，舌尖最高。“衣服”的“衣”就是这个 i 的声音。“批、低、基”等字都包含这个音素。

ü——舌位和 i 相同，只是唇形不同。ü 是圆唇，但和 u 的圆唇形状又有小异。双唇聚拢，唇中间留一个扁平的小孔，没有发 u 音时那样圆，也不像发 u 音时那样双唇向前凸出。有人不会发 ü 音，只会发 i 音，可以利用 i，加上圆唇就是 ü 了。先发 i 音，逐渐收敛双唇和嘴角，即成 ü。“迂回”的“迂”就是这个 ü 的声音。“女、居、须”等字都包含这个音素。

u——声带震颤，口闭拢，上下唇尽量收缩成圆形，双唇向前凸出（动作如噘嘴），中间只留一个小圆孔。舌面隆起点在后，舌位最高。如果和 ü 的唇形相比，u 较圆，ü 略扁；u 双唇向前凸出，ü 不太凸出。“乌鸦”的“乌”就是这个 u 的声音。“呼、朱、姑”等字都包含这个音素。

三、复合音

复合音是由一串音素复合而成，音素间互相影响而发生变化，复合后的声音也可以说是一种新的声音，如复合音 ei 并不等于 e＋i，ian 并不等于 i＋a＋n。

普通话语音中的复合音是由一串“带音”音素（震颤声带的发音，包括元音和鼻音的浊辅音 n、ng）连续发音而成，有的是连续发几个元音，有的在元音之后带上一个鼻辅音作尾音，这一串音素结合得相当紧密。

复合音在普通话语音里已经结合成固定的音组，在大家的口、耳感觉中基本与单元音同等，几乎把它当作一个语音单位了。

复合音共有 29 个，按复合的成分可以分成两大类：复合元音和复合鼻尾音。

（一）复合元音

复合元音共 13 个，它们是：

ai ei ao ou

ia ie iao iou

ua uo uai uei

ue

复合元音是整个音组由元音音素组成，也就是由几个元音音素的舌位连续滑动而形成的。舌位的滑动过程，叫作动程。复合元音中大部分是二合元音，两个字母表示由某一元音的舌位向另一元音舌位的方向做直线（比较而言）滑动。例如，ai 就是由 a（前 a）的舌位开始发音，然后舌位渐升，向 i 的方向滑动。实际上，中间有许多元音音素都在滑动过程中成串地滑过去，a 和 i 只是表示这个动程的起止。另外还有用三个字母表示的，可以叫三合元音，是元音舌位曲折移动而成的。例如，uai 就是先摆好 u 的舌位，开始发音，然后移动舌位向前，向下，到“前 a”再转而上升，向 i 滑动，最后滑动的全程结束，发音终止。

二合元音又分为前响和后响两类。ai、ei、ao、ou 四个属于前响，发音时前面的 a、o、e 要发得响亮且稍长，后面的 i、o、u 是尾音，要轻些、短些，甚至是模糊的。作为尾音的 i、o、u 不像单发 i、u 那样紧张用力，口腔肌肉要放松些。ai、ei 的尾音 i 实际上发音和 ou 的尾音 u 一样，都是“松元音”。ia、ie、ua、uo、ue 五个属于后响，发音时，前面的 i、u、ü 要发得短些、紧张些，后面的 a、o、ê 要发得响亮些、长些。

至于“三合元音”就是前响二合元音之前，再加上一段由 i 或 u 开始的舌位动程，原来的前响元音仍旧保持，所以形成“中响”。

前响、后响、中响应该辨认清楚，拼音字母的声调符号要标在这个响亮的元音（所谓的主要元音）上。最简便的辨认方法是，两三个元音并列时，哪一个发音时嘴开得最大，哪一个就是比较响亮的元音。ai、ao 是前面的 a 的开口度大；ei、ou 是前面的 e、o 开口度大；ia、ua、ie、üe、uo 就是后面的 a、ê、o 的开口度大；iao、iou、uai、uei 是当中的 a、o、e 的开口度大。这些都是主要元音。至于 iou、uei 在拼音时，作为韵母，《汉语拼音方案》规定简写为 iu、ui，后面的 u、i 代表了 ou、ei，也就代表了开口度较大的响亮的部分，所以声调符号就标在最末的 u、i 上。

下面几对复合元音可作口形宽窄对比，也就是舌位动程的大小对比关系。

宽：ai ao ia iao ua uai

窄：ei ou ie iou uo uei

（二）复合鼻尾音

复合鼻尾音共 16 个，它们是：

an en ang eng ong

ia ni niang ing iong

uan uen uang ueng üan

un

复合鼻尾音就是在一个元音或是一串元音之后附带一个鼻辅音（－n 或－ng）作为尾音。

(1)“鼻辅音”是一个弱辅音。辅音气流本强于元音，但在这里却减弱气流：辅音发音本是局部肌肉紧张，而在这里却变得比较松弛了。这样，鼻辅音就与元音音素接近了，所以才能和元音复合到一起。

（2）作为声母，鼻辅音必须除阻，才可与作为韵母的元音拼合。而作为尾音的鼻辅音是以发音渐弱而终止这个声音。终止之后，才恢复口舌的常态或接着发别的音节。

（3）从这个音前后音量来看也与声母不同。声母的鼻音是前弱后强，尾音的鼻音是前强后弱。这里所谓的“强”是比较而言，也就是说这个“鼻尾”是越来越弱才终止发音的。

元音能和鼻辅音复合，中间却无接续痕迹，这是为什么呢？原因有三点。

第一，舌头的连续动作。由元音舌位逐渐改移位置，使舌根升起发－ng，或使舌尖前伸发－n，这是舌头的连续活动，中间也牵带舌位做配合的连续活动。例如，舌尖前伸，舌面前部自然稍稍前移；舌根高抬，舌面后部自然稍稍后缩。

第二，元音和鼻辅音之间有一段短暂的“半鼻音”作为过渡。

第三，元音和鼻辅音都要由声带颤动发音，发音时一口气呼出，声带颤动一直不停，因而听觉上是连续成为一体的。

16 个复合鼻尾音，有 8 个是带－n 的，有 8 个是带－ng 的。为了指称方便，－n 可以叫作“前鼻音”，－ng 可以叫作“后鼻音”。两音对比，带“前鼻音”的称“前鼻尾音”，带“后鼻音”的称“后鼻尾音”。

前：an　en　in　ian　uan　uen　un

后：ang　eng　ing　iang　uang　ong　iong

只有 üan 没有对比关系。

复合鼻尾音口形宽窄对比关系。

宽：an　ang　ian　iang　uan　uang　uan

窄：en　eng　in　ing　uen　uong　ün

只有 iong 没有对比关系。

下面把每一个复合元音的实际发音描述一下。

ai——全部是“前元音”的音素复合。由“前 a”［a］开始，舌尖顶下门齿背，一直不动，舌位逐渐上升（舌面前部逐渐上升，口形渐闭）到接近 i［i］时而止，动程宽，如图 2－2 所示。a 响而长，i 弱而短，“哀、矮、爱”就是这个音，“开、来、太”等字包含这个复合音。

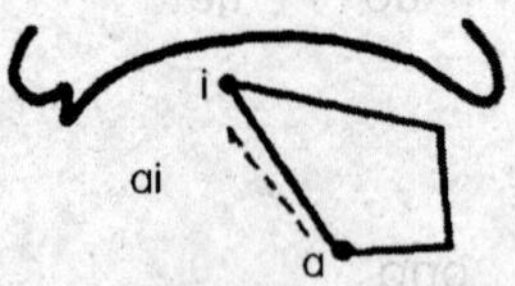

图 2－2　复合元音 ai 的发音示意

ei——全部是“前元音”的音素复合。由“前 e”开始，舌位渐升，到接近 i［i］时而止，动程很窄，如图 2－3 所示。e 响而长，i 弱而短。“飞、煤、雷”等字包含这个复合音。

ao——全部是“后元音”的音素复合，唇形由“后 a”逐渐收敛、拢圆，到接近 o 时而止，动程宽，如图 2－4 所示。a 响而长，o 弱而短。“熬、袄、奥”就是这个音，“包、道、少”等字包含这个复合音。注意，不能发成单韵母 ê［ɛ］音。有人把“后 ɑ”发成“前 ɑ”，或者把末尾 o 念得很响很长，都是不正确的。

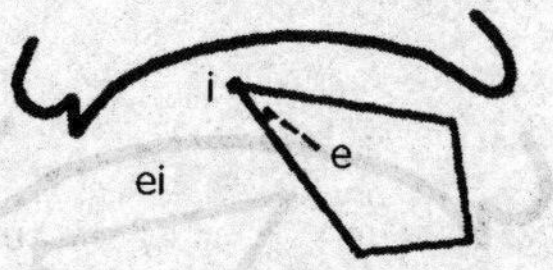

图 2－3 复合元音 ei 的发音示意

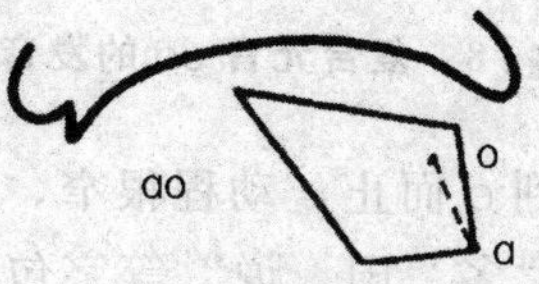

图 2－4 复合元音 ɑo 的发音示意

ou——由“央 o”开始，舌位后移，上升，唇形逐渐收敛，拢圆，到接近 u 时而止，动程最窄，如图 2－5 所示。o 响而长，u 弱而短。“欧、偶、沤”就是这个音；“谋、斗、走”等字包含这个复合音。注意不要发成单元音的 o［o］。

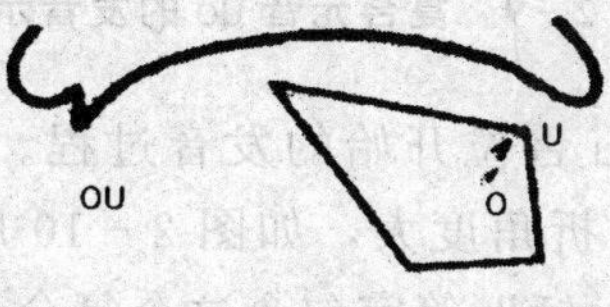

图 2－5 复合元音 ou 的发音示意

iɑ——由 i 开始，舌位渐降，趋向中央，到“央 ɑ”［ɑ］而止，动程宽，如图 2－6 所示。i 紧而短，ɑ 响而长，“鸦、牙、雅、亚”就是这个音；“俩、家、下”等字包含这个复合音。

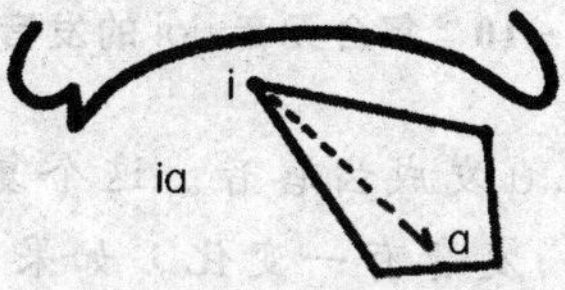

图 2－6 复合元音 iɑ 的发音示意

ie——由 i 开始，舌位渐降，到 ê［ɛ］而止，动程较窄，如图 2－7 所示。i 紧而短，e 响而长。“椰、爷、野、夜”就是这个音；“别、写、铁”等字包含这个复合音。

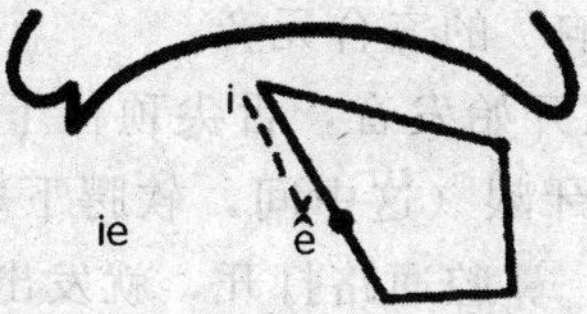

图 2－7 复合元音 ie 的发音示意

ua——由 u 开始，舌位渐降，趋向中央，到“央 a”［a］而止，动程宽，如图 2-8 所示。u 紧而短，a 响而长。“挖、娃、瓦、袜”就是这个音；“瓜、画、耍”等字包含这个复合音。

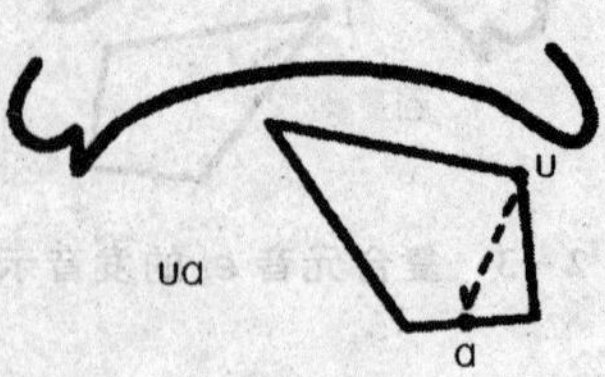

图 2-8　复合元音 ua 的发音示意

uo——由 u 开始，舌位渐降到 o 而止，动程很窄，如图 2-9 所示。u 紧而短，o 响而长。“窝、我、沃”就是这个音；“多、国、说”等字包含这个复合音。

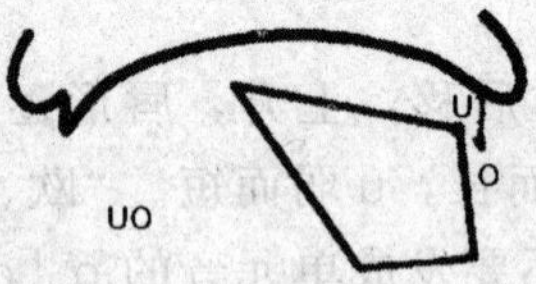

图 2-9　复合元音 uo 的发音示意

uei——ei 前再增加一段由 u 舌位开始的发音过程。舌位活动先降后升，由后到前，呈小曲折形状，幅度不大，但曲折角度大，如图 2-10 所示。u 发音紧而短，“威、围、伟、卫”就是这个音；“堆、轨、锤”等字包含这个复合音。

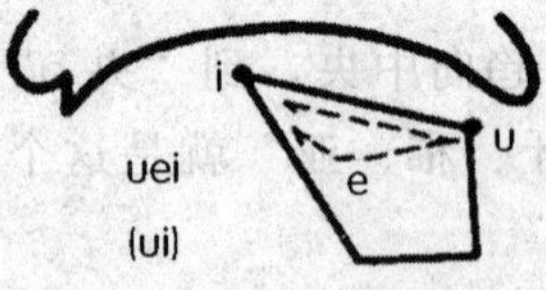

图 2-10　复合元音 uei 的发音示意

注意：uei 自成音节时不要把 u 发成齿唇音。这个复合音自成音节时，或有前拼声母充当韵母时，受声调与声母支配，发音有一变化。如果自成音节，声调是阴平、阳平时，当中的 e 减弱，近于消失；声调是上声、去声时，e 仍旧不变。如果前拼声母是“舌尖阻”的 z、c、s、d、l、zh、ch、sh、r 等，再加上阴平、阳平声调，那么当中的 e 就消失了；声调是上声、去声时，e 只是变弱而不消失。如果前拼声母是“舌根阻”的 g、k、h，再加上阴平、阳平声调，当中的 e 变弱而不消失；声调为上声、去声时 e 仍旧不变。

iao、iou、uai、uei 是“中响”的三合元音。

an——由“前 a”［a］舌位开始发音，舌尖顶住下齿背，发完 a 后，舌面稍升，舌尖离开下齿背直奔上门齿后的上牙龈（这中间，软腭下垂，等待舌尖顶住上牙龈），如图 2-11 所示。口腔出气通路封闭，鼻腔通路打开，就发出纯粹的不除阻的“前鼻音”—n。这时上下齿闭拢——绝不能张开。“安、暗”就是这个音；“班、坦、山”等字包含这个复合音。

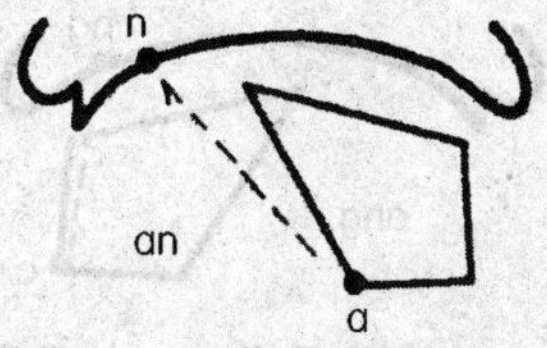

图 2－11　复合元音 an 的发音示意

en——由“央 e”[ə] 舌位开始发音，舌尖随即稍向前伸，顶住上牙龈；同时，软腭下垂，口腔通路封闭，鼻腔通路打开，发出纯粹的不除阻的“前鼻音”－n，这时上下牙齿是闭拢的，如图 2－12 所示。“恩”就是这个音，“门、根、人”等字包含这个复合音。由 e 到 n，舌头位置移动不大。

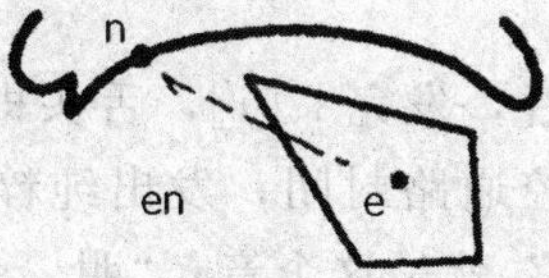

图 2－12　复合元音 en 的发音示意

in——由 i [i] 舌位开始发音，舌尖下垂抵下门齿背，发完 i，就把舌尖猛然上翘顶住上牙龈，同时软腭下降发纯粹的不除阻的“前鼻音”－n，如图 2－13 所示。上下齿始终合拢，口形不动。舌头的活动只是舌尖从下向上的一个翻转动作，切不可向后移动。有的地区的人，只会发 ing 而不会发 in，发 in 时就要注意舌头不准向后缩。“因、银、引、印”就是这个音；“民、林、新”等字包含这个复合音。有人把 in 读成 i＋en 是不对的，当中没有 e 音素。

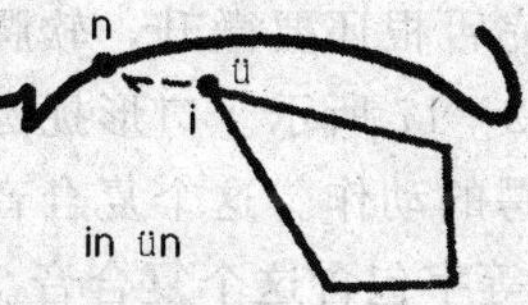

图 2－13　复合元音 in、ün 的发音示意

ün——由 ü [y] 舌位开始发音，舌尖动作如 in，只是唇形变化不同，ün 是由 ü 收敛到－n 时展放，in 是一直无变化。“晕、云、允、运”就是这个音；“俊、群、寻”等字包含这个复合音。有人读成 ü＋en，和 in 的问题一样，也是不对的。

ang——由“后 ɑ”[ɑ] 舌位开始发音，舌头后缩发 ɑ 后，舌根上升，软腭下降，发出纯粹的不除阻的“后鼻音”－ng，如图 2－14 所示。口形大开到微合，“肮、昂”就是这个音；“旁、堂、尚”等字包含这个复合音。有人发这个音是“前 ɑ”[a]，不对。有人错发成“口鼻音”，开始就把鼻腔通路打开了，后半舌根无上升活动，听来虽然也有些相似，但是不对。如发这种“口鼻音”，口形一定始终不变，只是口要大开。

eng——由“央 e”开始发音，发完，舌根上升，软腭下降，封闭口腔通路，发出纯粹的不除阻的“后鼻音”－ng，如图 2－15 所示。由始到终，口形微开，“丰、灯、成”等字包含这个复合音。

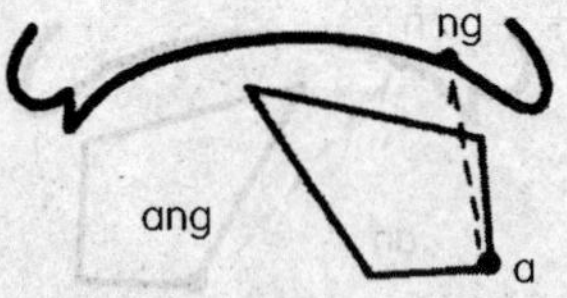

图 2-14　复合元音 ang 的发音示意

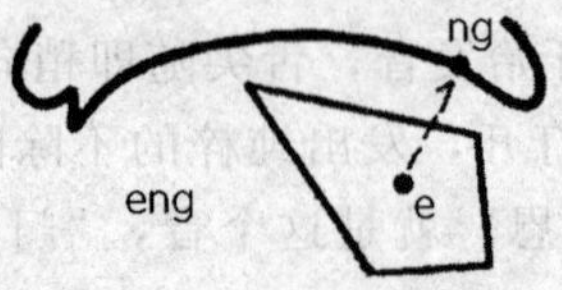

图 2-15　复合元音 eng 的发音示意

ing——由 i［i］舌位开始发音，发完 i［i］，舌头即向后直移，不要降低。这时软腭下垂，舌根微升，顶住软腭，口腔通路封闭，发出纯粹的不除阻的“后鼻音”－ng，如图 2-16 所示。“英、迎、影、硬”就是这个音；“明、令、京”等字包含这个复合音。有人发成 i＋eng，是不对的，还要注意和 in 的分别。

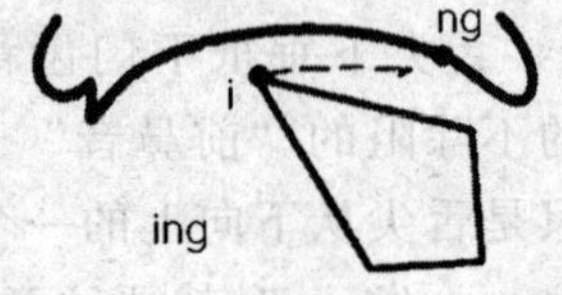

图 2-16　复合元音 ing 的发音示意

ong——单发这个音不太容易发准确。由 o（比 u 舌位稍低，口稍开）舌位开始发音，这个舌位本来已是相当高的，发完舌根还要微升，软腭下降，口腔通路封闭，发出纯粹的不除阻的“后鼻音”－ng，如图 2-17 所示。口形拢圆，先大些，后小些，口形外面先后的变化不明显，主要是舌根、软腭的动作。这个复合音不能单独作为一个音节，只能作为韵母和声母相拼。“东、红、工”等字包含这个复合音。和这个声音近似，可以单独作为音节的是 ueng，ong 不要错发成 ueng，也不要按拼音字母的 o 发开始的音。因实际发的音是在 u 与 o 之间的音。拼音字母在这里用 o 不用 u，是要增加“o”这个字母的使用频率。

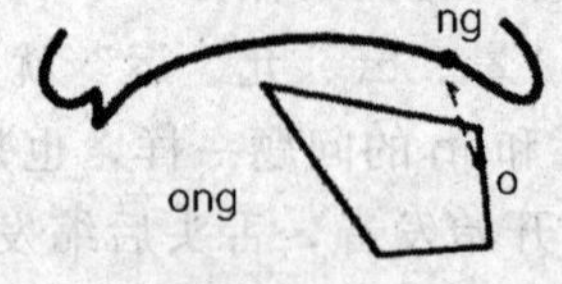

图 2-17　复合元音 ong 的发音示意

以上八个是复合鼻尾音的基本组成，由一个单元音带上鼻音的尾巴，我们这里为了解说方便也不妨称它们为“二合”的关系。

ian——本来是 an 前再增加一段由 i［i］舌位开始的发音动程，但普通话语音的实际发音有一些变化，要把 a［a］的舌位提高，变成 ê。这是因为 ian 的全部动程是一个大迂回往返动作，由前高元音 i 直降到前低元音 a，又要将舌头回升，使舌尖抵下牙床发－n，虽然发—n 的音是舌尖的活动，势必也牵连舌面向上移动，而且口形也要闭合，在快速的语音动程中，低元音、开口元音的 a 在这种大迂回往返动作中不能适应，就要打折扣。所以舌位下降到不再下降，而是赶快回头（同时要赶快闭口）发—n，如图 2－18 所示。“烟、言、眼、雁”就是这个音；“天、连、线”等字包含这个复合音。如果不折不扣地发 i—a—n，不仅听者感觉生硬，说者也感觉费力。

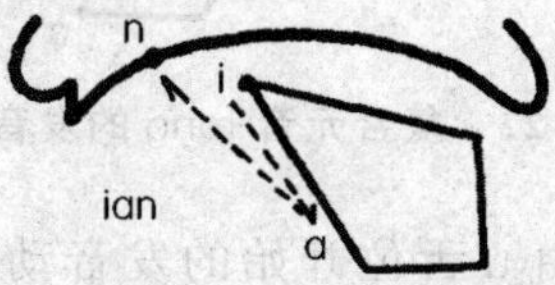

图 2－18　复合元音 ian 的发音示意

有人认为：既然这样，何不把拼音字母的 ian 就定为 ien（e 在 i 后，就是 e）？这里关系到汉语语音的系统。用 ian 和用 an 作韵母的字，从字形上看，不少是彼此有关联的，例如，晏—安，奸—干，钳—甘，堑—斩，仙—山，渐—斩；反过来，俺—奄，感—咸，槛—监，砍—欠，喊—咸。另外，用 an、ian、uan、uan 作韵母的字，也可以从字形“声符”上见关系。例如，椽—缘，淡—炎，完—元，缓—援，官—菅等。

uan——在 an 前再增加一段由 u 舌位开始的发音动程，如图 2－19 所示。动程幅度大，曲折角度不大，“弯、丸、晚、万”就是这个音；“端、款、算”等字包含这个复合音。注意 uan 自成音节时，u 不可发成齿唇音 v。

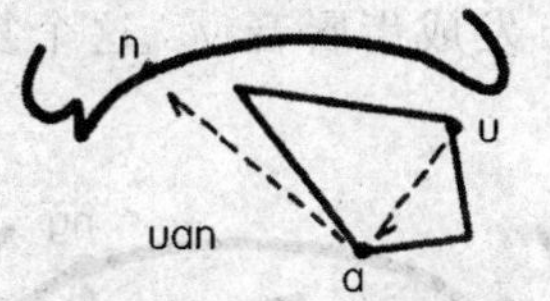

图 2－19　复合元音 uan 的发音示意

üan——本来是 an 前增加一段由 ü 舌位开始的发音动程，可是普通话语音在这个复合音里有变化，a 到 ê 即止，如图 2－20 所示。

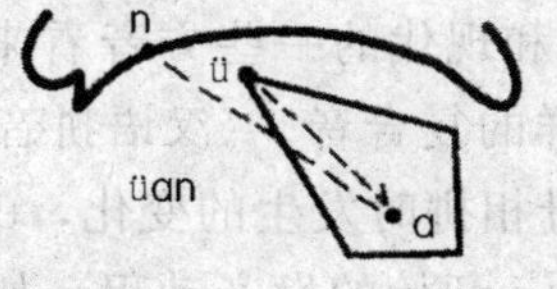

图 2－20　复合元音 üan 的发音示意

uen——en 前再加一段由 u 舌位开始的发音动程，如图 2－21 所示。变化规律与前面所讲的复合元音的 uei 相同。

图 2－21　复合元音 uen 的发音示意

iang——ang 前再增加一段由 i 舌位开始的发音动程，如图 2－22 所示。“央、羊、养、样”就是这个音；“娘、讲、向”等字包含这个复合音。

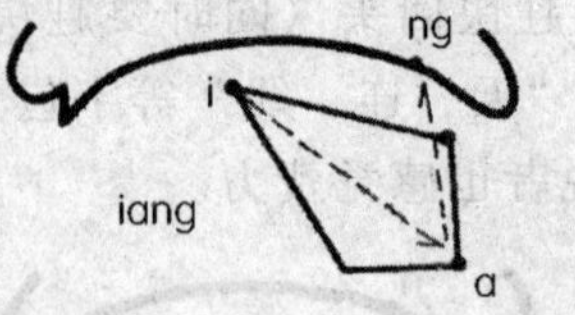

图 2－22　复合元音 iang 的发音示意

uang——ang 前再增加一段由 u 舌位开始的发音动程，如图 2－23 所示。“汪、王、往、望”就是这个音；“光、黄、壮”等字包含这个复合音。这个复合动程虽然也如 ian、üan 的直线往返，但因是后列元音和舌根阻鼻辅音的关系，往返动程不远，所以不产生变化。uang 自成音节时，不可把 u 发成唇齿音 v。

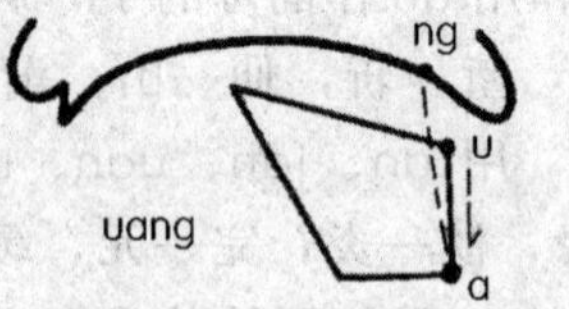

图 2－23　复合元音 uang 的发音示意

ueng——eng 前再增加一段由 u 舌位开始的发音动程，如图 2－24 所示。“翁、瓮”就是这个复合音。不要把开头的 u 发成齿唇音 v。这个复合音只能自己独立成为音节，不能和任何声母相拼。

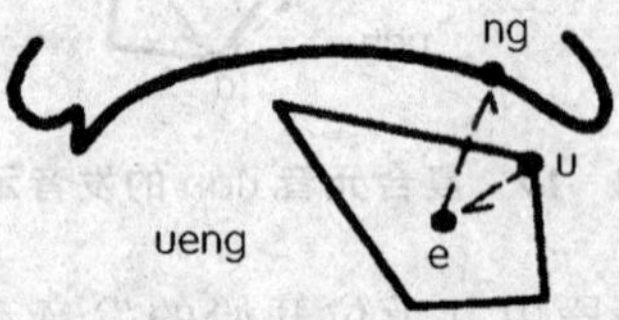

图 2－24　复合元音 ueng 的发音示意

ueng 和 ong 从汉语语音历史和现代的一些方音看来，二者本是一个韵母，拼声母和自成音节时，在不少方言中是同样的复合音。《汉语拼音方案》分作 ueng、ong 是符合真实的语音情况的。ong 是在和声母相拼时发生的变化，ueng 是它的单独发音。

iong——ong 前再增加一段由 i 开始的发音动程，如图 2－25 所示。“拥、永、用”就是这个音；“迥、穷、雄”等字包含这个复合音。

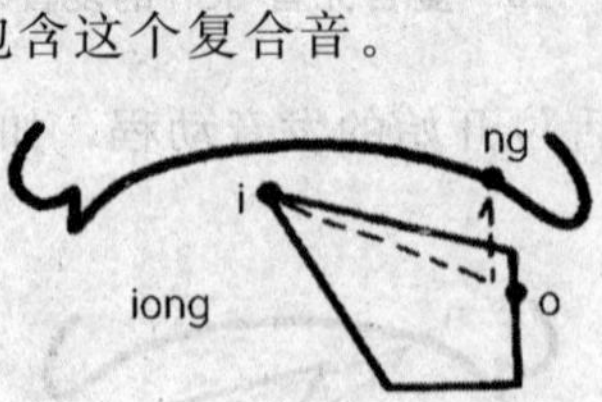

图 2－25　复合元音 iong 的发音示意

以上八个复合鼻尾音都是在鼻尾的前面有两个元音复合。

四、韵母辨正

（一）单韵母辨正

1. e与a的分辨

普通话中一部分读e韵母的音节，在山东的某些地区读成a，如青岛、烟台、潍坊、淄博等地的“喝、割、磕”等音节。

例如：喝水　割断　磕头　瞌睡　胳膊

2. e与uo的分辨

普通话中一部分读e韵母的音节，在山东的不少地区读成了uo，如青岛、烟台、潍坊、临沂、淄博、济宁等地的“哥、河、科、饿、个”等音节。

例如：二哥　河水　凶恶　歌曲　科学　祝贺　天鹅

3. e与ei的分辨

普通话中一部分读e的音节，在山东的许多地区读成ei，如潍坊、淄博、济宁、菏泽、临沂、聊城、滨州等地的“德、格、择、色”等音节。

例如：道德　特别　贵客　色彩　侧面　手册

格式　克服　原则　责任　政策　苦涩

4. o与e的分辨

普通话中一部分读o韵母的音节，在山东的许多地区读成了不圆唇的e，或读成复韵母uo。

例如：玻璃　坡地　冷漠　佛祖　破坏　模范　簸箕　驳斥

萝卜　粉末　偏颇　摸底　压迫　婆娑　薄荷　笔墨

5. 注意er韵母的发音

尽管《汉语拼音方案》用两个字母表示卷舌元音er，但r不代表独立的音素，只是一个表示卷舌动作的描述性符号，也就是说，er是个单元音韵母。它在普通话中只能自成音节，构成“儿、而、耳”等音节，可是，在山东的淄博、滨州、临沂、潍坊等地却都在er前添加了辅音i。

例如：儿童　耳朵　第二　木耳　而且　二楼　尔后　饵料　洱海

（二）复韵母辨正

1. 复韵母的动程问题

复韵母在发音时，舌位、唇形必须有一个逐渐变化移动的过程（这个变化过程，我们把它叫作动程）。山东的许多地区复韵母的发音均存在动程不明显的现象。一般来说，二合的复韵母ai、ei、ao、ou等常常发得近似单韵母；三合复韵母uai、uei、iao、iou等则常常被“压缩”掉某个元音，发得近似二合复韵母。

例如：北海　白菜　油菜　美妙　妩媚　备课　面包　泡菜　跑步

谋略　怀念　坏人　山丘　踹倒　统帅　威海　快乐　奇怪

2. ou与ao的分辨

普通话中一部分ou韵母的音节，山东许多地区读成了ao或者单韵母u。

例如：剖析　解剖　阴谋　谋略　否定　牟取　是否　谋划

3. ie与iai的分辨

山东的某些地区把普通话的ie韵母发成iai。

例如：街道　界限　介绍　解放　皮鞋　和谐　换届

4. ie、üe发音问题

ie、üe都是由前元音音素复合而成，且都是从前高元音开始，到ê为止。两者的不同之处在于ie的起点元音是i，而üe起点元音是ü。在山东的许多地区，如泰安、潍坊、淄博、临沂、滨州等地，在发ie、üe时，往往止点的元音（即ê）舌位后移，接近后半高元音e。有的还把üe中的ê读成圆唇的o。

例如：虐杀　忽略　决心　学习　灭亡　爷爷

　　　月亮　缺陷　告别　贴切　台阶

5. uei的韵头不要丢

在山东的烟台、威海、青岛等地区，uei韵母与d、t、z、c、s等声母拼合时，往往丢失韵头u，如“队、最、碎、崔”等音节。

例如：堆积　对于　兑换　腿脚　最后　嘴脸

　　　退却　陶醉　摧毁　虽然　脆弱　麦穗

（三）鼻韵母辨正

1. 鼻韵母的动程与鼻韵尾的到位

在鼻韵母的发音过程中，一方面要注意各音素之间的有机联系，把握由元音音素到辅音音素的过渡，显示出舌位、唇形的变化过程；另一方面，由于鼻韵母必须以鼻音收尾，这就要求不论—n尾，还是—ng尾都必须到位，否则就无法发好鼻韵母。可是，在山东的许多地区，如济南、济宁、菏泽、泰安、聊城等地，大多数人将鼻韵母读成鼻化音。有类似发音现象的人要注意，在前鼻韵母的发音过程中，当发完主要元音之后，要快速把软腭降下来，打开鼻腔通路，并把舌尖抵住上齿龈发好n，整个韵母发音完毕才除阻：在后鼻韵母的发音过程中，当发完主要元音之后，要快速把软腭降下来，打开鼻腔通路，并把舌根贴近软腭发好ng，整个韵母发音完毕才除阻。

例如：天堑　断然　锻炼　饭碗　安然　斩断　展览　根本　亲人

　　　从容　厂长　近亲　长房　堂皇　想象　亮相　强将

2. uan、uen中的韵头

在山东的烟台、威海、青岛等地区，uan、uen韵母与d、t、n、l、z、c、s等声母拼合时，往往丢失韵头u，如“端、团、暖、算、蹲、屯、论”等音节。

例如：端正　了断　团结　长短　温暖　锻炼　钻研　辛酸　果断

　　　理论　尊重　农村　分寸　遵守　牛顿　沦陷　山峦

3. eng与ong的分辨

在普通话中，eng与ong是两个不同的韵母，可是在山东的胶州一带，如青岛、即墨、胶州、胶南、高密、平度、安丘、诸城、五莲、日照等地却往往将两者混读，或都读成eng，或都读成ong。要解决这个问题，一方面要掌握eng、ong的规范发音，另一方面要记住一批常用字的读音到底是eng韵母还是ong韵母。

例如：电灯 腾飞 能力 冷水 变更 正负

冬天 儿童 农民 隆重 公共 中国

4. ing与iong的分辨

在山东的青岛、即墨、胶州、胶南、高密、平度、安丘、诸城、五莲、日照等地，常把ing、iong混读，或都读作ing，或都读作iong。要解决这个问题，一方面要掌握ing、iong的规范发音，另一方面要记住一批常用字的读音到底是ing韵母还是iong韵母。

例如：北京 晴天 轻松 清静 兴旺 应该

窘迫 穷困 兄长 熊猫 迥然 琼瑶

第三节 辅 音

一、辅音的特点

辅音也叫“子音”。和元音相比，它有以下五个特点。

(1) 气流在口腔中显著地受阻。气流经过口腔，在通路中有阻碍。气流必须突破、冲过或回避所遇到的各种阻碍。例如，p是突破两唇的阻碍，f是冲过唇齿的阻碍，n是回避舌尖与上牙龈之间的阻碍。

(2) 气流较强。多数辅音是用呼出的强烈气流冲激肌肉而形成音波，经过口腔或鼻腔，发生共鸣作用而成声，所以气流较强（元音只是声带震颤形成音波，经过口腔发生共鸣作用而成声）。

(3) 口腔中阻碍气流的部分肌肉紧张，不阻碍气流的部分不紧张（发元音时，发音器官，由胸腔以上至口腔，都均衡地保持紧张）。

(4) 普通话语音中有一大部分辅音在发音时声带不颤动，声音很不响亮（只有少数几个“浊辅音”是颤动声带的，比较响亮）。

(5) 辅音都是噪音，少数几个是噪音而带乐音成分，如浊辅音（元音都是乐音）。

二、辅音的发音

普通话语音音素里，辅音有22个，即：

b p m f

d t n l

g k ng h

j q x

zh ch sh r

z c s

辅音的发音条件比较复杂，下面从“发音部位”和“发音方法”两个方面来讲解。

所谓“发音部位”就是前面所说的气流受到阻碍的地方，也就是发音器官为了让气流变成声音而做出的各种活动的部分。这22个辅音的发音部位共有七处，也就是七种

“阻”，这些“阻”都是由口腔里的两个部分接触或接近而形成的。

（1）双唇阻——上唇和下唇。下唇向上动，上唇微动，互相接触，如：b、p、m。

（2）齿唇阻——上齿和下唇。下唇和上齿靠拢（也叫“唇齿阻”），如：f。

（3）舌尖前阻——舌尖和上门齿背。舌尖平伸，向上门齿背接触或接近，如：z、c、s。

（4）舌尖中阻——舌尖和上牙龈。舌尖和上门齿背后的上牙龈接触，如：d、t、n、l。

（5）舌尖后阻——舌尖和前硬腭（硬腭的最前端，硬腭中央从前到后有一道凹槽，前硬腭就是凹入部分的最前端）。舌尖稍后缩，向前硬腭翘起、接触或接近，如：zh、ch、sh、r。

（6）舌面阻（或“舌面前阻”）——舌面前部和硬腭前部。舌尖下垂至下门齿背后，舌面向上贴、接触或接近，如：j、q、x。

（7）舌根阻（或“舌面后阻”）——舌根（即舌面后部）和软腭。舌头后缩，舌根抬起，和软腭接触或接近，如：g、k、ng、h。

所谓“发音方法”，就是说这个辅音是怎样发出来的，也就是气流透出过程中所受阻碍的不同情况。

辅音的发音，都可以分为三个阶段：成阻—持阻—除阻。各种发音方法，就由这三步情况的不同而定。普通话语音的辅音音素有五种发音方法。

（1）塞音——“成阻”时发音部位的两点闭紧；“持阻”时保持着这种阻碍，同时呼出气流，但停蓄在阻碍部位，好像是发音的作势；“除阻”时突然将阻碍开放，气流透出，因爆发、破裂而成声（也叫“爆发音”或“破裂音”），如：b、p、d、t、g、k。

（2）鼻音——“成阻”时发音部位的两点闭紧，封闭口腔出气的通路；“持阻”时，颤动声带，音波和气流进入口腔，但口腔已被封锁，出不去。同时，软腭、小舌下垂，鼻腔通路开放，气流、音波进入口腔后再转入鼻腔，这时由口腔的形状，再加上鼻腔两重“共鸣”作用，使声带震颤的音波产生变化，最后气流、音波从鼻孔透出，形成纯粹的鼻音。“除阻”时打开口腔的封锁，发音就结束了，如：m、n、ng。

（3）擦音——“成阻”时发音部位的两点相接近，并不太紧，也可以说是留下一道窄缝；“持阻”时气流由发音部位的两点间挤过，发出摩擦的声音（也叫“摩擦音”），到“除阻”时，这种摩擦就结束了，如：f、h、x、sh、r、s。

（4）边音——普通话语音中只有一个 l 是边音。“成阻”时，发音部位的两点（舌尖和上牙龈稍后的部分）接触；“持阻”时，声带震颤，气流和音波从舌头前部两边透出，发音；“除阻”时发音结束。

（5）塞擦音——是“塞音”和“擦音”两种方法的结合。由“成阻”到“持阻”的前段和“塞音”相同，也如“塞音”的作势，但是到“持阻”的后段把阻碍的部位放松一些，即变为擦音的成阻，使气流透出，变成“擦音”的摩擦，持阻后段实为擦音的持阻成声，直到除阻，发音完毕。透出的音波是“塞”与“擦”的合成体，如：j、q、zh、ch、z、c。

以上五种发音方法当中，还有“清、浊”和“送气、不送气”的区别。

所谓“清、浊”，是指声带的不颤动和颤动。清音不颤动声带（也叫“不带音”），气流较强，如 b、p、f、d、t、g、k、h、j、q、x、zh、ch、sh、z、c、s 都是“清辅音”。浊音颤动声带（也叫“带音”），气流较弱，如 m、n、ng、l、r 都是“浊辅音”。在理论上，某一个发音部位，某一种发音方法，既有清辅音，又有同部位、同方法的浊辅音。但实际上各种发音都不一定完全两两相配。普通话语音清辅音多，有 17 个，浊辅音少，只有 5 个。清浊成一对的只有 sh 和 r。

所谓“送气”与“不送气”，是区别气流透出时的两种情况。任何音素没有不用气而能发音的，只不过有的气流微弱而短，自然地放出，如 b、d、g、j、zh、z，就叫它“不送气”；有的是用力地喷出一口气，如 p、t、k、q、ch、c，就叫它“送气”。“送气”与“不送气”是汉语普通话中很重要的辨义因素。“兔子跑了”和“肚子饱了”，就是凭这一点来区别。

下面把发音部位和发音方法结合起来对普通话辅音逐个加以说明。

b——双唇、不送气、清、塞音（是双唇音、不送气音、清音、塞音的简称。以下类推）。发音时，双唇闭合，软腭上升，堵塞鼻腔通路，声带不颤动，较弱的气流冲破双唇的阻碍，迸裂而出，爆发成声。例如：“标兵 biāo bīng”里的 b。

p——双唇、送气、清、塞音。发音的情况和 b 相比，只是有一股较强的气流，其余都相同。例如：“批判 pī pàn”里的 p。

m——双唇、浊、鼻音。发音时，双唇闭合软腭下降，鼻腔畅通。气流振动声带，从鼻腔通过形成鼻音。阻碍解除时，余气冲破双唇的阻碍，发出轻微的塞音。例如：“美妙 měi miào”里的 m。

f——唇齿、清、擦音。发音时，下唇接近上齿，形成窄缝，软腭上升，堵塞鼻腔通路，声带不颤动，气流从唇齿间的窄缝中挤出，摩擦成声。例如：“丰富 fēng fù”里的 f。

z——舌尖前、不送气、清、塞擦音。发音时，舌尖轻轻抵住上齿背，软腭上升，堵塞鼻腔通路，声带不颤动，较弱的气流把舌尖与上齿背的阻碍冲开一道窄缝，并从中挤出，摩擦成声。例如：“粽子 zòng zi”里的 z。

c——舌尖前、送气、清、塞擦音。发音的情况和 z 相比，只是气流较强，其余都相同。例如：“猜测 cāi cè”里的 c。

s——舌尖前、清、擦音。发音时，舌尖接近上齿背，形成窄缝，软腭上升，堵塞鼻腔通路，声带不颤动，气流从舌尖和上齿背的窄缝中擦出而成声。例如：“琐碎 suǒ suì”里的 s。

d——舌尖中、不送气、清、塞音。发音时，舌尖抵住上齿龈，软腭上升，堵塞鼻腔通路，声带不颤动，较弱的气流冲破舌尖的阻碍，迸裂而出，爆裂成声。例如：“电灯 diàn dēng”里的 d。

t——舌尖中、送气、清、塞音。发音的情况和 d 相比，只是气流较强，其余都相同。例如：“团体 tuán tǐ”里的 t。

n——舌尖中、浊、鼻音。发音时，舌尖抵住上齿龈，软腭下降，打开鼻腔通路，气流振动声带，从鼻腔通过发音，阻碍解除时，气流冲破舌尖的阻碍，发出轻微的塞音。例如：“奶牛 nǎi niú”里的 n。

l——舌尖中、浊、边音。发音时，舌尖抵住上齿龈，软腭上升，堵塞鼻腔通路，气流振动声带，从舌头两边或一边通过。例如：“浏览 liú lǎn”里的 l。

zh——舌尖后、不送气、清、塞擦音。发音时，舌尖上翘，抵住硬腭前部，软腭上升，堵塞鼻腔通路，声带不颤动，较弱的气流把舌尖的阻碍冲开一道窄缝，并从中挤出，摩擦成声。例如：“正直 zhèng zhí”里的 zh。

ch——舌尖后、送气、清、塞擦音。发音的情况和 zh 相比，只是气流较强，其余都相同。例如："长城 cháng chéng" 里的 ch。

sh——舌尖后、清、擦音。发音时，舌尖上翘，接近硬腭前部，形成窄缝，软腭上升，堵塞鼻腔通路，声带不颤动，气流从舌尖和硬腭前部形成的窄缝中挤出，摩擦成声。例如："手术 shǒu shù" 里的 sh。

r——舌尖后、浊、擦音。发音的情况和 sh 相近，只是摩擦比 sh 弱，同时声带颤动，气流带音。例如："柔软 róu ruǎn" 里的 r。

j——舌面、不送气、清、塞擦音。发音时，舌面前部抵住硬腭前部，软腭上升，堵塞鼻腔通路，声带不颤动，较弱的气流把舌面的阻碍冲开一道窄缝，并从中挤出，摩擦成声。例如："结局 jié jú" 里的 j。

q——舌面、送气、清、塞擦音。发音的情况和 j 相比，只是气流较强，其余都相同。例如："确切 què qiè" 里的 q。

x——舌面、清、擦音。发音时，舌面前部接近硬腭前部，留出窄缝，软腭上升，堵塞鼻腔通路，声带不颤动，气流从舌面前和硬腭前部形成的窄缝中挤出，摩擦成声。例如："雄心 xióng xīn" 里的 x。

g——舌根、不送气、清、塞音。发音时，舌根抵住软腭，软腭后部上升，堵塞鼻腔通路，声带不颤动，较弱的气流冲破阻碍，爆发成声。例如："改革 gǎi gé" 里的 g。

k——舌根、送气、清、塞音。发音的情况和 g 相比，只是气流较强，其余都相同。例如："开阔 kāi kuò" 里的 k。

h——舌根、清、擦音。发音时，舌根接近软腭，留出窄缝，软腭上升，堵塞鼻腔通路，声带不颤动，气流从舌根和软腭形成的窄缝中挤出，摩擦成声。例如："辉煌 huī huáng" 里的 h。

ng——舌根、浊鼻音。发音时软腭下降，打开鼻腔通路，气流振动声带，从鼻腔出来。它是辅音，不作声母。

舌尖前音、舌尖中音和舌尖后音，都是舌尖起作用，但不是把舌尖分成前、中、后三段，而是把同舌尖相对形成阻碍的部位分为前、中、后，即上齿背、齿龈、硬腭前部。舌尖对着上齿背形成的音叫舌尖前音，舌尖对着上齿龈形成的音叫舌尖中音，舌尖对着硬腭前部形成的音叫舌尖后音。

三、辅音的辨正

（一）b、m、k

普通话音节中个别字音的声母是 b、m、k，潍坊方言读成 p、n、g。辅音辨正如表 2-1所示。

表 2-1　辅音辨正（1）

例字	胞	庇痹	哺捕	谬	弥	括
普通话	bāo	bì	bǔ	miù	mí	kuò
潍坊方言	páo	pì	pú	niú	ní	guó

（二）j、q、x

j、q、x是一组舌面音。山东地区存在的问题是将舌面接触硬腭前部的“面”变成了“点”，发出的j、q、x接近z、c、s，也接近舌叶音。因此在发音时，应把舌尖控制在下齿背后，舌面前部隆起，形成阻碍，发出正确的j、q、x。如：

积极　坚决　讲解　崎岖　齐全　交际　恰巧　现象　弃权　习性　喜讯

（三）z、c、s

在山东地区，有些地方把z、c、s这组舌尖前音的发音部位搞错了，发成了齿间音。齿间音是普通话声母里不存在的发音，是发音时舌尖放在两齿之间所形成的。它存在于青岛、日照、临沂、潍坊、淄博、莱芜、泰安等地，涉及面很广。矫正时，应上下齿轻轻咬合，阻止舌尖的外伸，同时注意发音时舌尖在舌身的拉动下轻轻回缩，形成间隙，按照正确的方法发出准确的z、c、s来。如果容易发成zh、ch、sh，就应将舌尖下压，抵住下齿背，从而控制舌尖的上翘。如：

自在　自尊　罪责　参差　残存　仓促　松散　搜索　诉讼　色素

（四）zh、ch、sh

zh、ch、sh是一组舌尖后音。在山东的一些方言区容易发成舌叶音，如烟台、威海等地。舌叶音就是发音时将舌面前部抬起，使舌尖脱离硬腭前端，舌面前两侧与上齿接触，中间下凹形成小孔，双唇撮起，气流从小孔通过，发出舌叶音。普通话的舌尖后音在山东方言区更多的是发成舌尖前音，也就是把翘舌音发成平舌音，如青岛、潍坊、淄博、莱芜、泰安、菏泽、济宁、枣庄等地。将普通话的舌尖后音声母发成舌叶音和舌尖前音地区的人，在学习普通话时，要把握舌尖后音的发音要领，准确地发出zh、ch、sh来。要掌握方言和普通话的对应规律，分清楚哪些字读翘舌音，哪些字读平舌音。如：

真正　政治　主张　乘车　城池　出差　伤势　神圣　声势　专政　驰骋　深水

（五）r

r是舌尖后浊擦音。在山东的一些方言中，有的将r发成i，如青岛、烟台等地；有的将r发成l，如淄博等地；有的将r发成舌尖前浊擦音z，如济宁等地。学习普通话时，一要把握r声母的发音要领，舌尖上抬接近硬腭前部，气流振动声带，从成阻部位的窄缝中摩擦成声；二要掌握方言和普通话的对应规律，分清楚哪些字读r声母。如青岛、烟台人不要把“人”读成“银”；淄博人不要把“让”读成“浪”。

（六）d、t

普通话舌尖中音声母d、t与i或以i开头韵母相拼的音节，在山东寿光南部的有些乡镇如潍坊等地习惯读成j、q声母的音节。辅音辨正如表2-2所示。

2-2　辅音的辨正（2）

普通话	潍坊方言	例字
d	j	低、堤、滴、敌、笛、抵、掂、电、刁、碉、爹、定
t	q	梯、提、田、填、条、笤、贴、铁、厅、听、蜓

第三章　发　声

人们都希望自己的声音准确、清晰、响亮、圆润，并具有一定的魅力。但在现实生活中，并不是每一个人都能做到这一点，尤其是有些人，说了一段话就感到口干舌燥，声音嘶哑，气喘吁吁；有的人，人未老，声先衰，尽管知识丰富，却有口难开。这种现象是不懂得科学的用气发声所造成的。

声带发出的声音既小又不优美，只有在气息的推动下，经过各共鸣腔体扩大音量、美化音色之后，才传出体外。为此，发声技能训练，将分用气、共鸣和吐字归音三个环节进行。

第一节　用　气

一、日常一般呼吸方式

“气乃音之本”，“气动则声发”，呼吸是发声的动力。口语表达中的亮度、力度、清晰度以及音色的甜润、优美、持久等，主要取决于气息的控制和呼吸的方式。掌握科学的方法，发声训练的根本。

我们通常把主管吸气动作的肌肉，称为吸气肌肉群。把主管呼气动作的肌肉，称为呼气肌肉群。当吸气肌肉群活动时，胸腔内部气压小于体外的气压，空气便由口鼻进入肺叶，使肺扩张起来，这就是吸气；当呼气肌肉群活动时，或自然放松胸腔的压力时，胸腔随即变小，肺叶里的气被挤压出来，这就是呼气。

日常生活中，一般呼吸方式是一种不受主观控制的自然神经反射活动，是下意识的，不能满足发声训练的需要。下面介绍几种呼吸方式及特点。

（1）胸式呼吸。胸式呼吸又称浅呼吸，其表现是抬肩，颈静脉凸起，吸进的气拥塞于胸部，实际吸气量比可能吸气量少得多，又因难以控制，势必束紧喉头（不自觉地）以控制气息外流，因而造成声音挤压、粗糙、有杂音，并损坏声带。

（2）腹式呼吸。腹式呼吸又称单纯横膈式呼吸。其表现是腹部外凸，胸廓没有明显活动，主要靠膈肌的收缩或放松，使腹部一起一伏地进行活动，吸进的气少且弱，不能控制，声音无力，不能持久。

（3）胸腹联合呼吸。胸腹联合呼吸又称深呼吸。它是胸腹两种呼吸方式的结合。由于胸腹联合呼吸时，全面地扩大了胸腔的容积，所以吸气量大，且具有一定的厚度，容易产生坚实的音色。这种呼吸方式比前两种虽有较明显的优越之处，但其最大的缺陷是气息难以控制，吸进快，排出也快，胸部和腹部大起大落。

二、有控制的胸腹联合呼吸方式

胸腹联合呼吸，其作用如下。

(1) 吸气量大：吸气时，两肋展开，横膈下降，胸腔容量扩大，因而进气快，部位深，气量大。

(2) 便于控制：呼气时，吸气肌肉群仍要持续工作，用两肋展开和小腹内收“拉住”呼出的气流，有控制地将气流均匀、平衡地呼出。这是有控制的胸腹联合呼吸方式训练的关键。

(3) 调节自如：这种呼吸方式可以因情、因景、因实际需要自如地调节用气，使快慢、长短、松紧、上提、下松等多种气息状态，随着思想感情的变化而运动，从而引发出各种不同的声音形式，以达到“以情运气、以气托声、声情并茂”的口语表达效果。

三、用气演练

用气演练要讲究科学性，具体地讲，喉松鼻通，肩部放松，脖颈与下巴颏角度要适中。过于前伸，角度过大，后咽壁会松软无力；过于强直，角度过小，后咽壁会失去弹性，变得僵硬。胸部稍向前倾，小腹自然内收，这是控制呼吸的关键。

(一) 吸气

吸气要注意良好的方式方法。

1. 深呼吸

仰卧床上，双肩自然并拢，体会呼吸状态。小腹如不会收，可用双手帮助由两侧向丹田推动。吸气，数“一”，呼气，数“一”；吸气，数“一”，呼气，数“一、二”；吸气，数“一”，呼气，数“一、二、三”，以此类推。

2. 闻花香

站立，胸自然挺起，两肩下垂，小腹微收。从容地如闻花香一样地吸气。感觉两肋渐开，气吸进肺底，腰带周围胀满；控制一两秒钟，再缓缓呼出。

3. 急吸气

体会用力抬起一件重物之前，先要憋住一口气的感觉：气息自然下沉，腹肌收缩，腰带周围有胀满的感觉。

4. 半打哈欠

不张大嘴地打哈欠，体会进气最后一刻的感觉。腰带周围也有明显的胀满的感觉。

(二) 呼气

良好的呼气方法如下。

1. 模仿吹响空瓶

模仿噘起双唇吹响空瓶。

气息要均匀而缓慢地流出，呼气时间逐渐延长，达到25～30秒钟为合格。

2. 数数字

一口气从 1 数到 30。声音要规整、圆润，不感到挤压、力竭。

3. 数葫芦

边呼气边说“一口气数不了十个葫芦，一个葫芦，两个葫芦，三个葫芦，四个……”一口气能数到二十五个葫芦为合格。

4. 喊人

想象喊 80～100 米以外的熟人：“小——强——”“小——光——”由远渐近，由近渐远地喊名字，由实声较多到逐渐加大回声，并且带着感情色彩喊，使情、气、声自然地融为一体。

(三) 有控制的胸腹联合呼吸

有控制的胸腹联合呼吸要注意经常练习，现介绍几种常见的方法。

1. 快吸慢呼

突然发现远处来了一个人，是多年不见的老朋友，惊喜不禁，急吸一口气，停住，然后缓缓呼出。吸气时两肋突然张开。重复此项练习，要逐渐延长呼气时间。

2. 补气

快速吸气。

呼气 5～6 秒钟后补气：收小腹，口鼻进气，两肋张开。反复十几次。

呼气时从容发声（“V”为吸气记号）。

V 一二三四 V 五六七八 V

二二三四 V 五六七八 V

三二三四五六七八 V

四二三四五六七八

长句子补气练习，吸足气后，一口气将一段话说完，中间采取带进少量气息的方法补气。可用短文进行练习。

3. 诗词

床前明月光，疑是地上霜。

举头望明月，低头思故乡。

朗读此诗，应体会作者在静静的夜晚，思念故乡的深沉感情。先用一口气读一句，再用一口气读两句，最后用一口气读完全诗。

4. 长句

“那次作伪证的意图是要从一个贫苦的土著寡妇及其无依靠的儿女手里夺取一块贫瘠的香蕉园，那是他们失去亲人之后的凄凉生活中唯一的依靠和唯一的生活来源。”

两个长句，读前的吸气量要大，读时要控制好气息，气要“拉住”，不能随意顿歇和补气，否则，就会破坏语意的完整。

发声训练的根本原则是，声音和意义相比，意义永远占主导地位。必须坚持“以情运气、以气托声、声情并茂”的原则，充分发挥感情在发声过程中的作用。

第二节 共 鸣

气息是发声的动力，也是共鸣的基础。声带本身发出的声音是很微弱的，必须借助于共鸣器官，才能扩大音量，美化音色。

一、共鸣器官

共鸣，从语音角度来讲，是指人的发音器官因共振而发声的现象。人体发音器官能起共鸣作用的有口腔、胸腔、咽腔、喉腔、鼻腔。其中最主要的是口腔、胸腔和鼻腔。

（1）口腔。口腔是语音的制造场，也是人体最主要且灵活多变的共鸣腔体，口腔的开合、舌头的伸缩、软腭的升降等都可以改变口腔的形状，对共鸣有重要的影响。

（2）胸腔。随着声音的高低变化，胸部会感到有一个较为集中的响点。这一“胸腔响点”沿着胸骨的上下移动便产生了胸腔的振动。由这种振动造成的共鸣，可以使音量扩大，声音浑厚有力。

（3）咽腔。咽腔的容积较大，对于扩大音量和美化音色起着重要的作用。

（4）喉腔。喉腔是人体的第一个共鸣腔。如果它被挤扁，声音就会“横”着出来。如果喉部束紧，声音就会“拔高”“单薄”。因此，它的形状变化对音质有着较大的影响。

（5）鼻腔。鼻腔的共鸣是由于腔内空气振动和骨骼的传导而产生的，它对高音的共鸣作用很大。

以上各共鸣器官协调地工作，就能使发出的声音明亮、坚实、丰满、浑厚。

二、共鸣方式

在口语表达中，人们主要运用的是以口腔为主，中、低、高三腔共鸣的方式。中音共鸣就是口腔共鸣，它是指硬腭、软腭以下，胸腔以上各共鸣腔体。低音共鸣主要是指胸腔共鸣。高音共鸣主要是鼻腔共鸣，它是指硬腭、软腭以上的共鸣腔体。高音共鸣过多，声音显得单薄、飘浮；低音共鸣过多，会使声音发闷，影响字音清晰。因此。“以口腔为主，三腔共鸣”，才是科学的共鸣方式。

三、共鸣演练

（一）口腔共鸣

1．牙关练习

做牙关开合的咀嚼练习。

放松下巴。用手扶住放松而微收的下巴缓缓抬头以打开口腔，再缓缓低头以闭上口腔。从容地发复韵母，如：ai、ei、ao、ou。

打开后槽牙，不是张大嘴；上下槽牙呈 U 形。读韵母时体会声束沿上腭中线前滑，挂在前腭的感觉。

2. 竖起后咽壁练习

调节颈部姿势，使后咽壁竖起来，发单韵母，如：i、u、e、o，体会上下贯通的共鸣感觉。

颈部的角度要适中，不直不僵，不松不软，才能把声音从喉咙中“吊”出来，使声音“站得住”。

3. 声束冲击练习

发较短促的ba、bi、bu、pa、pi、pu、ma、mi、mu，或学发汽笛的长鸣“di——”，体会声束集中冲击硬腭前部的感觉和声音的力度。

（二）胸腔共鸣

1. 音高练习

有层次的声音爬高或降低。选一句话，在本人音域范围内，先用低调说，一级一级地升高，然后再一级一级地下降。

一句高，一句低，高低交替。

一句话内由低到高，再由高到低，体会胸腔共鸣的加强。

2. 低音读韵母练习

放松胸部，用低音读韵母，产生声音从胸腔透出的感觉，浑厚有力。例如：

a——a——a——

iao——iao——iao——

ang——ang——ang——

用同样状态读，体会声音在胸部回荡和气息压力的变化。

3. 加强胸部响点的练习

用较低的声音弹发音节ha，感觉声音像从胸部发生，体会胸部的响点。由低到高一声声地弹发，体会胸部响点的上移。然后由高到低地弹发，体会胸中响点的下移。

（三）头腔共鸣

1. 提腭练习

半打哈欠。做半打哈欠状打开牙关，提起上腭，再缓缓闭拢。软腭升降。先提起软腭，发单元音a、o、e，再垂下软腭发鼻化元音a、o、e，体会发音时软腭的不同状态。

2. 口音鼻音交替练习

交替发口音a和鼻音ma。

a——ma——a——ma——

发口音时软腭上挺，堵住鼻腔通路，体会口腔共鸣；发鼻音时，软腭下垂，打开鼻腔通路，体会头腔共鸣。反复练习，体会软腭上挺和软腭下垂的感觉。

（四）“三腔”共鸣

1. 拔音练习

由本人的最低音拔向最高音发a、i、u，体会共鸣状态的变化。

2. 绕音练习

上绕音：由低至高螺旋形向上发a、i、u。

下绕音：由高至低螺旋形向下发 a、i、u。

3. 夸张四声练习

选择韵母音素较多的成语或词语，运用共鸣技能作夸张四声的训练：山——清——水——秀——，黑——白——分——明——，融——会——贯——通——。

4. 大声呼唤练习

假设一个目标在 80～100 米处，呼唤以下句子：

老——王——等——等——！

苗——苗——，早——点——回——家——！

小——明——，快——回——来——！

呼唤时注意控制气息，并注意体会延长音节时“三腔”共鸣的特点。

第三节　吐字归音

吐字归音是我国传统说唱艺术理论中的咬字运用的一个术语。它把一个音节的发音过程分为出字、立字和归音三个阶段。出字是指声母和韵头（介音）的发音过程，立字是指韵腹（主要元音）的发音过程，归音是指音节的收尾（韵尾）过程。吐字归音对每个发音阶段都提出了具体的要求，以取得字音清晰、声音饱满、弹发有力的效果。有人口齿不清或出现“吃字”“倒字”“丢音”等现象，大多是因为缺乏吐字归音的训练所造成的。

一、唇的练习

（1）撮唇。双唇前撮，再展开；反复进行。

（2）增强唇力练习。噘起嘴，向上、下、左、右动，噘起嘴，转唇。

（3）双唇打响。嘴唇微闭，上唇向中间缩，力量集中于上唇中部，然后反复发 ba，有清晰的爆破声，除阻时能感觉到唇上肌向两侧斜上方的牵动。

（4）四呼发音。面对镜子，按照四呼的口形要求，依次发开口呼、齐齿呼、合口呼、撮口呼韵母，听声音，看口形；声音要准确圆润，口形要自然、美观。

二、舌的练习

（1）弹舌。舌尖上翘，以较快速度来回弹上齿下缘。

（2）刮舌。先将舌尖抵下齿背，上齿缘接触舌叶；然后舌前部逐渐挺起，上齿缘沿舌的中纵线向后刮，口腔好像被撑开，直至不能再张大。

（3）伸卷。用力伸舌出口外，使舌前端呈尖形，向上卷回。

（4）舌左右立。舌在口内翻动 90°，使左边缘向上立起，再反方向翻动 180°，使右边缘向上立起。

（5）顶腮接围口转。闭唇，以舌尖用力顶左腮，再用力顶右腮，然后将舌前端置于齿外唇内，舌尖依上—左—下—右的方向转动，再反方向转动。

（6）发音。用短促的声音反复发 di—da。

第四章

声　　母

第一节　普通话的声母

一、声母的发音

声母是音节开头的辅音。普通话共有21个辅音字母。不同的声母是由不同的发音部位和发音方法造成的。

(一) 声母的发音部位

发音时，气流受到阻碍的位置为发音部位，按发音部位分，声母可以分为以下七类。

1. 双唇音

b、p、m。由上唇和下唇阻碍气流而形成。例词如：

b　败北　板报　包办　北部

p　澎湃　婆婆　偏旁　评判

m　明媚　美满　买卖　面貌

2. 唇齿音

f。由上齿和下唇接近阻碍气流而形成。例词如：

f　非凡　方法　反复　丰富

3. 舌尖前音

z、c、s。由舌尖抵住或接近齿背阻碍气流而形成。例词如：

z　藏族　自足　最早　祖宗

c　层次　草丛　匆匆　仓促

s　思索　嫂嫂　搜索　三思

4. 舌尖中音

d、t、n、l。由舌尖抵住上齿龈阻碍气流而形成。例词如：

d　达到　等待　地点　懂得

t　天天　团体　疼痛　探讨

n　奶奶　男女　南宁　能耐

l　力量　理论　联络　流露

5. 舌尖后音

zh、ch、sh、r。由舌尖抵住或接近硬腭前端阻碍气流而形成。例词如：

zh　政治　正在　战争　主张

ch　处处　长城　出差　超出

sh　事实　少数　实施　叔叔

r　仍然　软弱　容忍　荣辱

6. 舌面音

j、q、x。由舌面前部抵住或接近硬腭前端阻碍气流而形成。例词如：

j　经济　解决　积极　季节

q　亲切　请求　亲戚　确切

x　学习　现象　相信　详细

7. 舌根音

g、k、h。由舌面后部抵住或接近软腭阻碍气流而形成。例词如：

g　各个　哥哥　公共　改革

k　可靠　宽阔　刻苦　开垦

h　合乎　辉煌　后悔　缓和

（二）声母的发音方法

声母的发音方法指的是，发音时喉头、口腔和鼻腔节制气流的方式和状况。可以从阻碍的方式，声带是否颤动，气流的强弱等三个方面来观察。

1. 阻碍的方式

根据形成阻碍和解除阻碍的方式不同，声母可分为五类：

（1）塞音。b、p、d、t、g、k 发音时，发音部位形成闭塞，软腭上升，堵塞鼻腔的通路，气流冲破阻碍，迸裂而出，爆破成声。例词如：

b　八百　标兵　爸爸　辨别

p　偏偏　批评　匹配　偏颇

d　地点　弟弟　道德　大地

t　抬头　谈天　淘汰　体贴

g　刚刚　各国　灌溉　古怪

k　看看　困苦　开阔　克扣

（2）擦音。f、h、x、sh、r、s 发音时，发音部位接近，留下窄缝，软腭上升，堵塞鼻腔的通路，气流从窄缝中挤出，摩擦成声。例词如：

f　夫妇　奋发　纷纷　反复

h　欢呼　荷花　呼唤　好汉

x　小学　虚心　新鲜　休息

sh　手术　少数　试试　上升

r　人人　忍让　冉冉　闰日

s　私塾　飒飒　诉讼　撕碎

（3）塞擦音。j、q、zh、ch、z、c 发音时，发音部位先形成闭塞，软腭上升，堵塞鼻腔的通路，然后气流把阻塞部位冲开一条窄缝，从窄缝中齐出，摩擦成声。先破裂，后摩擦，结合成一个音。就是说塞擦音的前一半是塞音，后一半是擦音，前后两半结合紧密，成为一个语音单位，是一个辅音，并不是两个辅音的复合。例词如：

j　仅仅　阶级　将军　姐姐

q　悄悄　情趣　气球　企求

zh　指正　主张　住宅　执照

ch　橱窗　超出　惆怅　拆穿

z　总则　枣子　在座　造作

c　寸草　从此　粗糙　猜测

(4) 鼻音。m、n 发音时，口腔中的发音部位完全闭塞，软腭下垂，打开鼻腔通路，气流振动声带，从鼻腔通过发音。例词如：

m　妹妹　盲目　弥漫　眉毛

n　拿捏　奶娘　囡囡　袅娜

(5) 边音。l 发音时，舌尖与上齿龈接触，但舌头的两边仍留有空隙，同时软腭上升，阻塞鼻腔通路，气流振动声带，从舌头的两边或一边通过发音。例词如：

l　玲珑　历来　流露　浏览

2. 声带是否颤动

根据发音时声带是否颤动，声母可以分为浊音、清音两类：

(1) 浊音。发音时声带颤动的音。普通话中有四个浊音：m、n、l、r。

(2) 清音。发音时声带不颤动的音。普通话声母除上述四个浊音外，其余都是清音。

3. 气流的强弱

根据发音时呼出气流的强弱，塞音和塞擦音可以分为送气音和不送气音两类：

(1) 送气音发音时气流较强的音。普通话中有六个送气音：p、t、k、q、ch、c。

(2) 不送气音发音时气流较弱的音。普通话有六个不送气音：b、d、g、j、zh、z。

二、声母辨正

各地方言的声母与普通话的声母不尽相同，为了帮助方言区的人学习普通话声母，把需要分辨的几组声母说明如下。

(一) 分辨 zh、ch、sh 和 z、c、s

普通话舌尖后音 zh、ch、sh 和舌尖前音 z、c、s 分得很清楚，但江苏、江西、福建和部分北方话都存在“平翘不分”的现象，大多把普通话分别读作 zh、ch、sh 和 z、c、s 的声母都读成 z、c、s。如上海、苏州、南昌、梅县、广州及山东的鲁西南地区，“诗人 shīrén”读成“sīrén”，“山水 shānshuǐ”读成“sānsuǐ”。

以上方言区的人要分清平翘舌音，首先要注意发音部位。平舌音 z、c、s 的发音部位是舌尖和上齿背，发音时舌头平伸，舌尖抵住或接近上齿背。翘舌音 zh、ch、sh 的发音部位是舌尖和硬腭前部，发音时舌尖翘起抵住或接近硬腭前部。方言中没有翘舌音的，练习时可从训练翘舌动作开始，把舌尖尽量后缩，反复训练直到有了翘舌能力，再将舌尖前后位置移动，直到能够发出相对明晰的翘舌音。

其次要能准确、迅速地判断普通话中哪些字的声母是平舌音，哪些字的声母是翘舌音，这就需要下功夫去记，可采用以下几种方法：

第一，记少不记多。据统计，在普通话 3500 个常用汉字中，属于舌尖前音的只有 260 多个，大大少于舌尖后音，因此，只需记住这些平舌音，翘舌音自然也就知道了。

第二，利用汉字声旁类推。汉字中形声字的声旁往往代表字的读音，因此，只要记住“代表字”的正确读音，就可以利用声旁类推出很多字的读音来（参见本章附录《声母代表字类推表》）。

第三，借助声韵配合规律分辨。普通话中声母和韵母的拼合是有一定规律的，例如：声母 z、c、s 不能与韵母 ua、uai、uang 相拼，因此，这三个韵母有翘舌音声母而没有平舌音声母。

（二）分辨 n 和 l

江苏部分方言中 n、l 相混，如将“留念”读成“留恋”，“女客”读成“旅客”。要读准它们的关键在于掌握发音方法。它们发音部位相同（都是舌尖抵住上齿龈），不同的只是发音方法。n 是鼻音，发音时气流从鼻腔流出，l 是边音，发音时气流从舌的两边流出。如感觉不到，可将鼻子堵住，发音困难的就是鼻音，因为气流出不来。相反，发音不困难的就是边音。练习发边音时，可适当把嘴咧开一些，这样就可以帮助气流从舌头两边顺利流出。有的人不是不会发 n、l，而是受方言影响不知道哪些音节该发 n、l，这就需要根据音节表去牢记（参见本章附录《声母代表字类推表》）。

（三）分辨 r 和 l

吴方言、江淮方言和山东方言的部分地区，没有 r 声母，凡普通话 r 声母的字，通常改读成［l］、［z］、［y］声母或 i、ü 开头的零声母字。如青岛话中除“辱、蕊、锐、仍、扔”等个别字读成 l 声母外，其余都读成 i、ü 开头的零声母字，如将“日子 rìzi”读成 yìzi，“染红 rǎnhóng”读成 yǎnhóng。淮阴、镇江等地把 r 声母读成与 z、c、s 同部位的浊擦音［z］。而扬州等地 n、l、r 不分，“闹”“扰”“老”，“暖”“软”“卵”。

从发音部位看，r 是舌尖后音，同 zh、ch、sh 发音部位一样，是由舌尖和硬腭前部构成阻碍而发的音。从发音方法看，r 是浊擦音，发音时，舌尖上翘，抵硬腭前部留一小缝，让气流从小缝中摩擦而出，同时声带震动。为找到正确的感觉，可以先发 sh 音，然后振动声带，即是 r 音。

r 和 l 的区别是发音部位不同，舌尖抵搭的位置有前后之别。r 的发音部位在硬腭，l 的发音部位在齿龈；发音方法也不同，r 发音除阻时，气流的通道很窄，限于舌尖和硬腭之间的一点点缝隙，摩擦很重；而 l 音除阻时，气流的通道在舌侧两边，很宽松，摩擦不十分明显。

（四）分辨 f 和 h

普通话里 f 和 h 是两个差别较大的声母，但在许多方言里有混读的情况。如闽方言把两者都读成 h 声母，吴方言把一部分 f 声母字读成 h 声母，而湘方言、赣方言、客家方言、粤方言则把一部分 h 声母字读成 f 声母字。江淮方言中也有混读情况，如将“老虎”读成“老府”，“妇女”读成“护女”。

这两个声母的区别主要在发音部位，f 是唇齿擦音，发音时，下唇靠抵上齿并留一小缝，让气流从小缝中摩擦而出，声带不震动。h是舌面后擦音，发音时，舌面后部上抬至软腭并留一小缝，让气流从小缝中摩擦而出，声带不震动。f、h不分的地区，可根据后面的声母代表字类推表熟读、熟记（参见本章附录）。

（五）读准零声母字

普通话一部分读零声母的字，在有些方言中读成了有声母的字，大致情况如下：

在读以 a、o、e 开头的零声母字时，常在前面加舌根鼻音 ng，如青岛人将“安”读成 ngan，“欧”读成 ngou，“恩”读成 ngen。纠正时，只要去掉舌根鼻音 ng，直接发元音就行了。

普通话中合口呼的零声母字，有的方言读成了［v］（唇齿浊擦音）声母，如“万、闻、问、物、尾”等字，在吴方言中读成［v］声母。这只要在发音时注意把双唇拢圆，不要让下唇和上齿接触，就可以改正。

第二节 声母训练

一、声母读音训练

b	辨别 biànbié	壁报 bìbào	白布 báibù
	卑鄙 bēibǐ	奔波 bēnbō	板报 bǎnbào
	包办 bāobàn	步兵 bùbīng	臂膀 bìbǎng
p	评判 píngpàn	乒乓 pīngpāng	澎湃 péngpài
	偏僻 piānpì	偏旁 piānpáng	铺平 pūpíng
	琵琶 pípa	批评 pīpíng	爬坡 pápō
m	牧民 mùmín	面貌 miànmào	埋没 máimò
	麻木 mámù	明媚 míngmèi	命名 mìngmíng
	磨灭 mómiè	美妙 měimiào	命脉 mìngmài
f	丰富 fēngfù	肺腑 fèifǔ	反复 fǎnfù
	非凡 fēifán	吩咐 fēnfù	非法 fēifǎ
	芬芳 fēnfāng	发放 fāfàng	仿佛 fǎngfú
d	大地 dàdì	担当 dāndāng	等待 děngdài
	单独 dāndú	道德 dàodé	地点 dìdiǎn
	顶点 dǐngdiǎn	导弹 dǎodàn	颠倒 diāndǎo
t	探讨 tàntǎo	团体 tuántǐ	贪图 tāntú
	吞吐 tūntǔ	天堂 tiāntáng	淘汰 táotài
	探听 tàntīng	推脱 tuītuō	体贴 tǐtiē
n	男女 nánnǚ	恼怒 nǎonù	年年 niánnián
	能耐 néngnài	呢喃 nínán	扭捏 niǔnie
	泥泞 nínìng	南宁 nánníng	捏弄 niēnòng

l	力量 lìliàng	联络 liánluò	理论 lǐlùn
	来历 láilì	劳力 láolì	玲珑 línglóng
	浏览 liúlǎn	磊落 lěiluò	留恋 liúliàn
g	各个 gègè	哥哥 gēge	刚刚 gānggāng
	公共 gōnggòng	改革 gǎigé	规格 guīgé
	广告 guǎnggào	灌溉 guàngài	观光 guānguāng
k	可靠 kěkào	宽阔 kuānkuò	刻苦 kèkǔ
	开垦 kāikěn	慷慨 kāngkǎi	看看 kànkan
	可口 kěkǒu	开课 kāikè	坎坷 kǎnkě
h	合乎 héhū	辉煌 huīhuáng	后悔 hòuhuǐ
	缓和 huǎnhé	欢呼 huānhū	荷花 héhuā
	黄河 huánghé	绘画 huìhuà	航海 hánghǎi
j	降级 jiàngjí	救济 jiùjì	经济 jīngjì
	解决 jiějué	积极 jījí	坚决 jiānjué
	季节 jìjié	阶级 jiējí	究竟 jiūjìng
q	亲切 qīnqiè	请求 qǐngqiú	确切 quèqiè
	情趣 qíngqù	崎岖 qíqū	恰巧 qiàqiǎo
	悄悄 qiāoqiāo	气球 qìqiú	前期 qiánqī
x	学习 xuéxí	现象 xiànxiàng	相信 xiāngxìn
	消息 xiāoxi	虚心 xūxīn	详细 xiángxì
	小心 xiǎoxīn	休息 xiūxi	想象 xiǎngxiàng
zh	政治 zhèngzhì	战争 zhànzhēng	真正 zhēnzhèng
	主张 zhǔzhāng	挣扎 zhēngzhá	指正 zhǐzhèng
	整整 zhěngzhěng	蜘蛛 zhīzhū	专著 zhuānzhù
ch	常常 chángcháng	长城 chángchéng	出差 chūchāi
	出产 chūchǎn	车床 chēchuáng	橱窗 chúchuāng
	惆怅 chóuchàng	长春 chángchūn	踌躇 chóuchú
sh	生身 shēngshēn	世事 shìshì	事实 shìshí
	少数 shǎoshù	实施 shíshī	叔叔 shūshu
	闪烁 shǎnshuò	瞬时 shùnshí	上升 shàngshēng
r	仍然 réngrán	软弱 ruǎnruò	人人 rénrén
	柔软 róuruǎn	容忍 róngrěn	嚷嚷 rāngrang
	扰攘 rǎorǎng	荏苒 rěnrǎn	柔韧 róurèn
z	总则 zǒngzé	宗族 zōngzú	罪责 zuìzé
	藏族 zàngzú	自作 zìzuò	栽赃 zāizāng
	造作 zàozuò	自在 zìzai	走卒 zǒuzú
c	参差 cēncī	苍翠 cāngcuì	粗糙 cūcāo
	草丛 cǎocóng	层次 céngcì	仓促 cāngcù
	摧残 cuīcán	猜测 cāicè	残存 cáncún

s	琐碎 suǒsuì	松散 sōngsǎn	思索 sīsuǒ
	色素 sèsù	送死 sòngsǐ	诉讼 sùsòng
	洒扫 sǎsǎo	撕碎 sīsuì	搜索 sōusuǒ

二、声母正音训练

（一）zh、ch、sh 与 z、c、s 的辨读

1. 朗读下列词语，注意读准声母

（1）	制造 zhìzào	主宰 zhǔzǎi	知足 zhīzú
	职责 zhízé	正在 zhèngzài	著作 zhùzuò
	沼泽 zhǎozé	张嘴 zhāngzuǐ	准则 zhǔnzé
（2）	出操 chūcāo	纯粹 chúncuì	尺寸 chǐcùn
	场次 chǎngcì	春蚕 chūncán	筹措 chóucuò
	揣测 chuǎicè	长辞 chángcí	船舱 chuáncāng
（3）	上司 shàngsi	誓死 shìsǐ	深思 shēnsī
	世俗 shìsú	伸缩 shēnsuō	生死 shēngsǐ
	申诉 shēnsù	哨所 shàosuǒ	失散 shīsàn
（4）	自治 zìzhì	尊重 zūnzhòng	增长 zēngzhǎng
	作者 zuòzhě	杂志 zázhì	宗旨 zōngzhǐ
	组织 zǔzhī	最终 zuìzhōng	赞助 zànzhù
（5）	财产 cáichǎn	促成 cùchéng	操场 cāochǎng
	错处 cuòchù	草场 cǎochǎng	采茶 cǎichá
	彩车 cǎichē	操持 cāochí	残喘 cánchuǎn
（6）	丧失 sàngshī	琐事 suǒshì	算术 suànshù
	松鼠 sōngshǔ	宿舍 sùshè	随时 suíshí
	四书 sìshū	撒手 sāshǒu	损失 sǔnshī

2. 对比辨读下列词语

外在 wàizài / 外债 wàizhài	赞助 zànzhù / 站住 zhànzhù	增兵 zēngbīng / 征兵 zhēngbīng
弟子 dìzǐ / 地址 dìzhǐ	增光 zēngguāng / 争光 zhēngguāng	滋补 zībǔ / 织补 zhībǔ
石子 shízǐ / 食指 shízhǐ	自负 zìfù / 致富 zhìfù	字汇 zìhuì / 智慧 zhìhuì
自荐 zìjiàn / 制件 zhìjiàn	自述 zìshù / 质数 zhìshù	自序 zìxù / 秩序 zhìxù
身藏 shēncáng / 身长 shēncháng	上层 shàngcéng / 上乘 shàngchéng	十层 shícéng / 石城 shíchéng
岩层 yáncéng / 盐城 yánchéng	塞子 sāizi / 筛子 shāizi	老叟 lǎosǒu / 老手 lǎoshǒu

私生 sīshēng 师生 shīshēng	私事 sīshì 失事 shīshì	诉说 sùshuō 述说 shùshuō
因素 yīnsù 因数 yīnshù	寄宿 jìsù 技术 jìshù	肃穆 sùmù 树木 shùmù

3．绕口令练习

（1）四是四，十是十，十四是十四，四十是四十，不要把十四说成是“实事”，也不要把四十说成是“细席”。要想说对四，舌头碰牙齿；要想说对十，舌头别伸直。要想练对四和十，多多练习十和四。

Sì shì sì，shí shì shí，shísì shì shísì，sìshí shì sìshí，búyào bǎ shísì shuō chéng shì “shíshì”，yě búyào bǎ sìshí shuō chéng shì “xìxí”。Yàoxiǎng shuō duì sì，shétou pèng yáchǐ；yàoxiǎng shuō duì shí，shétou bié shēn zhí。Yàoxiǎng liànduì sì hé shí，duō duō liànxí shí hé sì。

（2）史老师，讲时事，常学时事长知识。时事学习看报纸，报纸登的是时事，心里装着天下事。

Shǐ lǎoshī，jiǎng shíshì，cháng xué shíshì zhǎng zhī shi，Shíshì xuéxí kàn bàozhǐ，bàozhǐ dēng de shì shíshì，xīnli zhuāngzhe tiānxiàshì。

（二）n与l的辨读

1．朗读下列词语，注意读准声母

（1）	嫩绿 nènlǜ	纳凉 nàliáng	年轮 niánlún
	耐劳 nàiláo	耐力 nàilì	脑颅 nǎolú
	逆流 nìliú	努力 nǔlì	能量 néngliàng
（2）	留念 liúniàn	龙年 lóngnián	岭南 lǐngnán
	连年 liánnián	冷凝 lěngníng	流脑 liúnǎo
	老农 lǎonóng	羚牛 língniú	落难 luònàn

2．对比辨读下列词语

捺笔 nàbǐ 蜡笔 làbǐ	无奈 wúnài 无赖 wúlài	内线 nèixiàn 泪腺 lèixiàn
年长 niánzhǎng 连长 liánzhǎng	黏合 niánhé 联合 liánhé	年息 niánxī 怜惜 liánxī
青年 qīngnián 清廉 qīnglián	留念 liúniàn 留恋 liúliàn	水牛 shuǐniú 水流 shuǐliú
大娘 dàniáng 大梁 dàliáng	喂鸟 wèiniǎo 未了 wèiliǎo	南岭 nánlǐng 蓝领 lánlǐng
牛心 niúxīn 留心 liúxīn	种牛 zhǒngniú 肿瘤 zhǒngliú	脓头 nóngtóu 龙头 lóngtóu
难色 nánsè 蓝色 lánsè	暴怒 bàonù 暴露 bàolù	大怒 dànù 大陆 dàlù
湖南 húnán 湖蓝 húlán	抓挠 zhuānáo 抓牢 zhuāláo	泥巴 níba 篱笆 líba

油泥 yóuní 游离 yóulí	莫逆 mònì 茉莉 mòlì	滑腻 huánì 华丽 huálì

3. 绕口令练习

（1）男旅客穿着蓝上衣，女旅客穿着呢大衣，男旅客扶着拎篮子的老大娘，女旅客搀着拿笼子的小男孩儿。

Nán lǚ kè chuānzhe lánshàngyī，nǚ lǚ kè chuānzhe ní dàyī，nán lǚ kè fúzhe līn lánzi de lǎodàniáng，nǚ lǚ kè chānzhe ná lóngzi de xiǎonánháir。

（2）哪辆牛车轧坏了路？两个老农正恼怒。努力拿泥来补路，柳树里不好拉泥土，又不能拦人走南路。

Nǎ liàng niúchē yàhuài le lù? Liǎng gè lǎo nóng zhèng nǎonù。Nǔ lì ná ní lái bǔ lù，liǔ shù li bùhǎo lā ní tǔ，yòu bùnéng lán rén zǒu nánlù。

（三）r 与 l 的辨读

1. 朗读下列词语，注意读准声母

（1）锐利 ruìlì	日历 rìlì	扰乱 rǎoluàn
热烈 rèliè	认领 rènlǐng	容量 róngliàng
人力 rénlì	日落 rìluò	让路 rànglù
燃料 ránliào	热浪 rèlàng	肉类 ròulèi
（2）老人 lǎorén	烈日 lièrì	例如 lìrú
利刃 lìrèn	来人 láirén	利润 lìrùn
留任 liúrèn	炼乳 liànrǔ	猎人 lièrén
列入 lièrù	缭绕 liáorào	礼让 lǐràng

2. 对比辨读下列词语

碧蓝 bìlán 必然 bìrán	阻拦 zǔlán 阻燃 zǔrán	囚牢 qiúláo 求饶 qiúráo
娱乐 yúlè 余热 yúrè	露馅 lòuxiàn 肉馅 ròuxiàn	卤质 lǔzhì 乳汁 rǔzhī
路口 lùkǒu 入口 rùkǒu	流露 liúlù 流入 liúrù	路子 lùzi 褥子 rùzi
衰落 shuāiluò 衰弱 shuāiruò	脸色 liǎnsè 染色 rǎnsè	收录 shōulù 收入 shōurù

（四）f 与 h 的辨读

1. 朗读下列词语，注意读准声母

（1）发火 fāhuǒ	繁华 fánhuá	返回 fǎnhuí
防护 fánghù	飞蝗 fēihuáng	焚毁 fénhuǐ
分会 fēnhuì	富户 fùhù	发挥 fāhuī
（2）划分 huàfēn	回访 huífǎng	混纺 hùnfǎng
荒废 huāngfèi	花费 huāfèi	恢复 huīfù
花房 huāfáng	焕发 huànfā	化肥 huàféi

2. 对比辨读下列词语

发白 fābái 花白 huābái	诽谤 fěibàng 毁谤 huǐbàng	爆发 bàofā 刨花 bàohuā
发布 fābù 花布 huābù	财阀 cáifá 才华 cáihuá	仓房 cāngfáng 仓皇 cānghuáng
芳草 fāngcǎo 荒草 huāngcǎo	复查 fùchá 互查 hùchá	反冲 fǎnchōng 缓冲 huǎnchōng
船夫 chuánfū 传呼 chuánhū	电费 diànfèi 电汇 diànhuì	幅度 fúdù 弧度 húdù
二伏 èrfú 二胡 èrhú	防范 fángfàn 防患 fánghuàn	公费 gōngfèi 工会 gōnghuì
废话 fèihuà 绘画 huìhuà	发还 fāhuán 花环 huāhuán	飞蝗 fēihuáng 辉煌 huīhuáng
花费 huāfèi 花卉 huāhuì	肌肤 jīfū 几乎 jīhū	犯忌 fànjì 换季 huànjì
寄费 jìfèi 忌讳 jìhuì	肩负 jiānfù 监护 jiānhù	舅父 jiùfù 救护 jiùhù
复句 fùjù 沪剧 hùjù	均分 jūnfēn 军婚 jūnhūn	

3. 绕口令练习

粉红墙上画凤凰，凤凰画在粉红墙。红凤凰，粉凤凰，红粉凤凰，花凤凰。

Fěnhóngqiáng shang huà fènghuang，fènghuang huà zài fěnhóng qiáng。hóng fènghuang，fěn fènghuang，hóng fěn fènghuang，huā fènghuang。

（五）读准零声母

1. 词语朗读

阿姨 āyí	哀乐 āiyuè	挨饿 ái'èr	安逸 ānyì
昂扬 ángyáng	熬药 áoyào	偶尔 ǒu'ěr	扼要 èyào
压抑 yáyì	沿用 yányòng	演义 yǎnyì	扬言 yángyán
洋溢 yángyì	谣言 yáoyán	意义 yìyì	用意 yòngyì
幽雅 yōuyǎ	友谊 yǒuyì	外围 wàiwéi	忘我 wàngwǒ
委婉 wěiwǎn	唯物 wéiwù	文物 wénwù	王位 wángwèi
万般 wànbān	文风 wénfēng	万丈 wànzhàng	文字 wénzì
无谓 wúwèi	妩媚 wǔmèi		

2. 对比辨读下列词语

大义 dàyì 大逆 dànì	仪容 yíróng 呢绒 níróng	爱心 àixīn 耐心 nàixīn
海岸 hǎi'àn 海难 hǎinàn	小袄 xiǎo'ǎo 小脑 xiǎonǎo	傲气 àoqì 闹气 nàoqì

疑心 yíxīn 泥心 níxīn	语序 yǔxù 女婿 nǚxu	文风 wénfēng 门风 ménfēng
余味 yúwèi 愚昧 yúmèi	每晚 měiwǎn 美满 měimǎn	纹路 wénlù 门路 ménlù
万丈 wànzhàng 幔帐 mànzhàng	五味 wǔwèi 妩媚 wǔmèi	

3. 谚语

（1）严于律己，宽以待人。

Yán yú lǜ jǐ，kuān yǐ dài rén。

（2）安不可忘危。

Ān bù kě wàng wēi。

附录　声母代表字类推表

一、zh、ch、sh 与 z、c、s 偏旁类推字表

（一）zh 声母代表字

丈——zhàng 丈仗杖

专——zhuān 专砖 zhuǎn 转 zhuàn 传

支——zhī 支枝肢吱

中——zhōng 中忠钟衷 zhǒng 种肿 zhòng 仲种

长——zhǎng 长 zhāng 张 zhàng 胀帐账

正——zhēng 正征 zhèng 症怔证政

主——zhǔ 主 zhù 住注柱驻蛀

占——zhān 占沾粘毡 zhàn 占站战

召——zhào 召照 zhāo 招昭 zhǎo 沼

只——zhī 只织 zhí 职 zhì 帜

至——zhì 至致窒 zhí 侄

执——zhí 执 zhì 挚

止——zhǐ 止址趾

折——zhē 折 zhé 哲 zhè 浙

者——zhě 者 zhū 猪诸 zhǔ 煮 zhù 著

直——zhí 直值殖 zhì 置

知——zhī 知蜘 zhì 智

珍——zhēn 珍 zhěn 诊疹

真——zhēn 真 zhèn 镇

振——zhèn 振震

章——zhāng 章彰樟 zhàng 障

啄——zhuó 啄琢

詹——zhān 詹瞻

州——zhōu 州洲

朝——zhāo 朝

爪——zhuǎ 爪 zhuā 抓

枕——zhěn 枕

之——zhī 之芝

贞——zhēn 贞侦桢

朱——zhū 朱蛛珠株

旨——zhǐ 指旨 zhī 脂

争——zhēng 争睁挣铮狰筝

乍——zhà 炸榨诈 zhǎi 窄（例外字：zǎ 咋 zuó 昨 zuò 作）

斩——zhǎn 斩崭（例外字：zàn 暂 cán 惭）

庄——zhuāng 庄桩（例外字：zāng 脏赃）

壮——zhuàng 壮状 zāng 装妆

撞——zhuàng 撞幢

周——zhōu 周（chóu 绸稠）

隹——zhuī 锥椎 zhǔn 准（例外字：sǔn 榫 suī 睢）

卓——zhuó 卓 zhuō 桌 zhào 罩

遮——zhē 遮 zhè 蔗

（二）ch 声母代表字

叉——chā 叉 chà 杈衩

斥——chì 斥 chāi 拆（例外字：sù 诉）

出——chū 出 chǔ 础（zhuó 茁 zhuō 拙）

池——chí 池驰弛（shī 施）

产——chǎn 产铲

场——chǎng 场 cháng 肠 chàng 畅

成——chéng 成城诚盛

抄——chāo 抄钞 chǎo 吵炒

辰——chén 辰晨 chún 唇（zhèn 震振）

呈——chéng 呈程 chěng 逞

昌——chāng 昌猖 chàng 唱倡

垂——chuí 垂棰锤（shuì 睡）

春——chūn 春椿 chǔn 蠢

喘——chuǎn 喘 chuāi 揣

厨——chú 厨橱

筹——chóu 筹畴

查——chá 查碴（zhā 渣喳）

搀——chān 搀 chán 馋
颤——chàn 颤（shàn 擅）
尝——cháng 尝偿
撤——chè 撤澈（zhé 辙）
乘——chéng 乘
橙——chéng 橙澄
丞——chéng 丞（zhēng 蒸 zhěng 拯）
尺——chǐ 尺 chí 迟
虫——chóng 虫 chù 触（zhú 烛 zhuó 浊）
愁——chóu 愁 chǒu 瞅
车——chē 车（zhèn 阵）
吹——chuī 吹炊
刍——chú 刍雏

（三）sh 声母代表字

少——shǎo 少 shā 沙纱砂
市——shì 市柿
申——shēn 伸呻绅 shén 神 shěn 审婶
生——shēng 牲笙甥 shèng 胜
式——shì 试拭
师——shī 狮 shāi 筛
诗——shī 诗 shì 恃侍
叔——shū 叔淑
尚——shàng 尚 shǎng 赏 shang 裳
受——shòu 受授
舍——shě 舍 shá 啥
刷——shuā 刷 shuàn 涮
删——shān 删珊
稍——shāo 稍捎梢 shào 哨
率——shuài 率蟀 shuāi 摔
善——shàn 善蟮
暑——shǔ 暑署薯曙
衫——shān 衫杉
单——shàn 单（chán 蝉 chǎn 阐）
勺——sháo 勺芍（zhuó 酌灼）
舌——shé 舌 shè 舍 shì 适
失——shī 失（zhì 秩）
十——shí 十什（zhēn 针 zhī 汁）
史——shǐ 史驶
寿——shòu 寿（chóu 畴筹 zhù 铸）

疏——shū 疏蔬梳

属——shǔ 属（zhǔ 嘱）

栓——shuān 栓拴

说——shuō 说 shuì 税

（四）z 声母代表字

子——zī 孜 zǐ 仔籽 zì 字

宗——zōng 宗综踪鬃 zòng 粽（cóng 琮淙）

卒——zú 卒 zuì 醉（cù 猝 cuì 淬悴瘁粹翠 suì 碎）

责——zé 责啧箦（zì 渍）（例外字：zhài 债）

兹——zī 兹滋孳（cí 慈磁鹚糍）

曾——zēng 曾憎增 zèng 赠甑

尊——zūn 尊遵樽

赞——zǎn 攒趱 zàn 赞瓒

（五）c 声母代表字

从——cóng 从丛 cōng 苁枞

采——cǎi 采睬彩踩 cài 菜

曹——cáo 曹漕嘈槽艚螬

崔——cuī 崔催摧 cuǐ 璀

才——cái 才材财（例外字：chái 豺）

寸——cūn 村 cǔn 忖 cùn 寸

仓——cāng 仓伧沧苍舱（伧又音 chen 寒伧）

（六）s 声母代表字

四——sì 四泗驷

司——sī 司 sì 伺饲（cí 祠）

孙——sūn 孙荪狲

思——sāi 腮鳃 sī 思锶

叟——sǎo 嫂 sōu 溲嗖馊飕艘螋 sǒu 叟（例外字：shòu 瘦）

桑——sāng 桑 sǎng 搡嗓颡

遂——suì 遂燧隧

散——sā 撒 sǎ 撒 sǎn 馓 sàn 散

斯——sī 斯厮撕嘶澌

二、n、l 偏旁类推字表

（一）n 声母代表字

那——nā 那 nǎ 哪 nà 那娜 né 哪 nuó 挪

乃——nǎi 乃奶

奈——nài 奈（nà 捺）

南——nán 南喃楠
脑——nǎo 恼瑙脑
内——nèi 内 nè 讷 nà 呐钠衲
尼——ne 呢 ní 尼泥 nì 昵泥
倪——ní 倪霓
念——niàn 念 niǎn 捻
聂——niè 聂蹑
宁——níng 宁拧咛狞柠 nìng 宁泞
纽——niǔ 纽扭钮 niū 妞
农——nóng 农浓脓
奴——nú 奴孥驽 nǔ 努 nù 怒
诺——nuò 诺 nì 匿
懦——nuò 懦糯
虐——nüè 虐

(二) l 声母代表字

剌——là 剌辣瘌 lǎ 喇 lài 赖癞籁 lǎn 懒
腊——là 腊蜡 liè 猎
兰——lán 兰拦栏 làn 烂
览——lǎn 览揽缆榄
蓝——lán 蓝篮 làn 滥
老——lǎo 老姥
劳——lāo 捞 láo 劳 lào 涝痨
乐——lè 乐 lì 砾
垒——lěi 垒
累——léi 累 luó 骡螺
雷——léi 雷镭 lèi 擂 lěi 蕾
立——lì 立粒笠 lā 拉啦垃
厉——lì 厉励
里——lí 厘狸 lǐ 里理 liàng 量
利——lí 梨犁 lì 俐痢
离——lí 离篱璃
力——lì 力荔 liè 劣 lèi 肋 lēi 勒
历——lì 历沥
廉——lián 廉镰濂
脸——liǎn 脸殓敛
炼——liàn 炼练
恋——liàn 恋 luán 鸾孪滦
良——liáng 良粮 láng 郎廊狼琅榔螂 lǎng 朗 làng 浪
梁——liáng 梁粱

凉——liáng 凉 liàng 谅晾 lüè 掠
两——liǎng 两俩（伎俩）liàng 辆 liǎ 俩
列——liè 咧列裂烈 lì 例
林——lín 林淋琳霖 lán 婪
鳞——lín 嶙磷鳞麟
令——líng 伶玲铃羚聆蛉零龄 lǐng 领岭 lìng 令 lěng 冷 lín 邻 lián 怜
菱——líng 凌陵菱 léng 棱
留——liú 溜留馏榴瘤
流——liú 流琉
柳——liǔ 柳 liáo 聊
龙——lóng 龙咙聋笼 lǒng 陇垄拢
隆——lóng 隆窿癃
娄——lóu 娄喽楼 lǒu 搂篓
卢——lú 卢泸庐芦炉颅轳 lú 驴
鲁——lǔ 鲁橹
录——lù 录禄碌 lǜ 绿氯
鹿——lù 鹿辘
路——lù 路鹭露
戮——lù 戮
仑——lún 抡仑伦沦轮论
罗——luó 罗逻萝锣箩
洛——luò 洛落络骆烙 lào 酪 lüè 略
吕——lǚ 吕侣铝
虑——lǜ 虑滤

三、f、h 偏旁类推字表

（一）f 声母代表字

夫——fū 夫肤麸 fú 扶芙
父——fǔ 斧釜 fù 父
付——fú 符 fǔ 府俯腑腐 fù 付附 fu 咐
弗——fú 弗拂 fó 佛 fèi 沸费
伏——fú 伏茯袱
甫——fū 敷 fǔ 甫辅 fù 傅缚
孚——fū 孵 fú 孚俘浮
复——fù 复腹馥覆
福——fú 幅福辐蝠 fù 副富
分——fēn 分芬吩纷 fěn 粉 fèn 份忿
凡——fān 帆 fán 凡矾

反——fǎn 返 fàn 饭贩

番——fān 翻番

方——fāng 方芳 fáng 防妨房肪 fǎng 仿访纺 fàng 放

乏——fá 乏 fàn 泛

发——fāng 发 fèi 废

伐——fá 伐阀筏

风——fēng 风疯枫 fěng 讽

非——fēi 非菲啡扉 fěi 诽匪 fèi 痱

蜂——fēng 峰烽锋蜂

（二）h 声母代表字

火——huǒ 火伙

或——huò 惑或

户——hù 户护沪戽

乎——hū 乎呼

虎——hǔ 虎唬

忽——hū 忽唿

胡——hú 湖糊湖蝴葫

狐——hú 弧狐

化——huā 花哗 huá 华哗铧 huà 化华（姓）

活——huó 活 huà 话

灰——huī 灰恢

回——huí 回蛔茴 huái 徊

会——huì 会绘烩

挥——huī 挥辉 hún 浑

悔——huǐ 悔诲 huì 晦

惠——huì 惠蕙

红——hóng 红虹鸿

洪——hōng 哄 hóng 洪 hǒng 哄 hòng 哄

怀——huái 怀 huài 坏

淮——huái 淮

还——huán 还环

涣——huàn 涣换唤焕痪

混——hún 混馄 hùn 混

荒——huāng 荒慌 huǎng 谎

皇——huáng 皇凰惶徨蝗

晃——huǎng 晃恍幌 huàng 晃

黄——huáng 黄簧潢

第五章

韵　母

第一节　普通话的韵母

一、韵母的分类和结构

韵母是指一个音节中声母后面的部分。韵母的主要成分是元音。有的韵母由一个元音构成，有的由两个或三个元音构成，还有的由一个或两个元音加上一个鼻辅音构成。

普通话共有 39 个韵母，依据不同的标准可以分为不同的类型。按照韵母结构的不同，可分为三种：

单元音韵母——由单元音构成的韵母。

复元音韵母——由复元音构成的韵母。

带鼻音韵母——由元音和鼻辅音韵尾构成的韵母。

按照韵母开头元音的发音口型来分，可分为“四呼”：

开口呼——韵母不是 i、u、ü 或不以 i、u、ü 起头的韵母。

齐齿呼——i 或以 i 起头的韵母。

合口呼——u 或以 u 起头的韵母。

撮口呼——ü 或以 ü 起头的韵母。

韵母还可以按韵尾的情况进行分类，没有韵尾的叫无韵尾韵母（共 15 个）；有元音 i、u（o）作韵尾的叫元音韵尾韵母（共 8 个）；有鼻音 n、ng 作韵尾的叫鼻音韵尾韵母（共 16 个）。详见表 5－1 普通话韵母总表。

韵母的结构可以分为韵头、韵腹、韵尾三个部分。

韵头是韵腹前面的元音，又叫介音，由 i、u、ü 充当。它的发音轻而短，只表示韵母发音的起点，一发就滑向另一个元音了。

韵腹——是韵母的主干，也叫主要元音。一个韵母可以没有韵头、韵尾，但不能没有韵腹。韵腹一般由元音充当，ɑ、o、e、ê、i、u、ü、－i、er 都可以作韵腹。和韵头、韵尾相比，韵腹的发音最清晰响亮。

韵尾——是韵腹后面的音素。由 i、u、n、ng 充当，音值含混而不固定，只表示韵母滑动的最后方向。

5－1　普通话韵母总表

按结构分	按口形分				按韵尾分
	开口呼	齐齿分	合口呼	撮口呼	
单元音韵母	－i [ɿ] [ʅ]	i [i]	u [u]	ü [y]	无韵尾韵母
	ɑ [A]	iɑ [iA]	uɑ [uA]		
	o [o]		uo [uo]		
	e [ɤ]				
	ê [ɛ]	ie [iɛ]		üe [yɛ]	
	er [ɚ]				
复元音韵母	ai [ai]		uai [uai]		元音韵尾韵母
	ei [ei]		uei [uei]		
	ɑo [ɑu]	iɑo [iɑu]			
	ou [ou]	iou [iou]			
带鼻音韵母	ɑn [an]	iɑn [iɛn]	nɑn [uan]	üɑn [yɛn]	鼻音韵尾韵母
	en [ən]	in [in]	uen [uən]	ün [yn]	
	ɑng [ɑŋ]	iɑng [iɑŋ]	uɑng [uɑŋ]		
	eng [əŋ]	ing [iŋ]	ueng [uəŋ]		
			ong [uŋ]	iong [yŋ]	

二、韵母的发音

(一) 单元音韵母

单元音韵母由一个元音构成，简称单韵母。普通话共有 10 个单韵母，分为三类：舌面元音 ɑ、o、e、ê、i、u、ü；舌尖元音－i [ɿ] －i [ʅ]；卷舌元音 er。单韵母发音的特点是舌位、唇形及开口度始终不变。

单元音的不同主要由不同的口形及舌位造成，舌头的升降伸缩、唇形的平展圆敛以及口腔的开合，都可以造成不同形式的共鸣器，因而形成各种不同音色的元音。可以根据以下三个方面来观察元音。

第一，舌位的高低。发音时，舌头高低的部位叫“舌位”，口腔开合的程度叫开口度。舌位的高低同开口度的大小有关，舌位越高开口度越小，舌位越低开口度越大。根据舌位的高低和开口度的大小可以把元音分为高元音（如 i、u、ü）、半高元音（如 e、ê）、半低元音（如 ê）、低元音（如 ɑ）等。

第二，舌位的前后。以此为标准，元音可以分为前元音（如 i、ü）、央元音（如 e [ə]）、后元音（如 u、o）三种。

第三，圆唇不圆唇。发音时嘴唇拢圆的元音为圆唇元音（如 ü、o），嘴唇不拢圆的元音为不圆唇元音（如 i、ɑ）。

综合上述三个条件，普通话七个舌面元音单韵母的发音情况可用舌位唇形图表示（图 5-1）

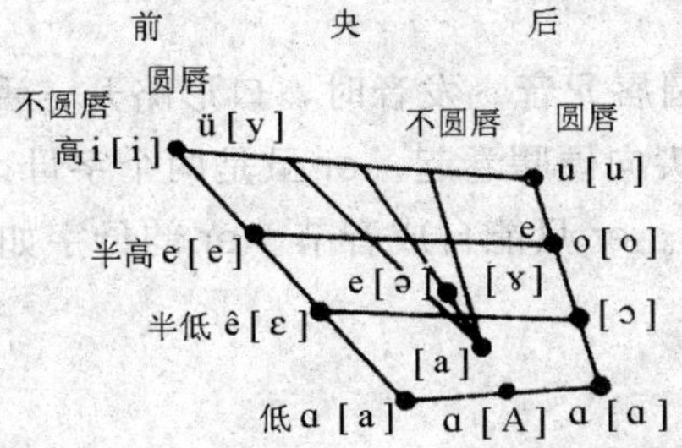

图 5-1　舌面元音舌位唇形图

1. 舌面元音单韵母

ɑ　舌面、央、低、不圆唇元音。发音时，口大开，舌位低，舌头居中，唇形不圆，ɑ韵母字如：

打靶　大厦　发达　喇叭

o　舌面、后、半高、圆唇元音。发音时，口半闭，舌位半高，舌头后缩，唇拢圆。o韵母字如：

婆婆　泼墨　磨破　薄膜

e　舌面、后、半高、不圆唇元音。发音状况与o基本相同，只是双唇要自然展开。e韵母字如：

客车　隔阂　可贺　苛刻

ê　舌面、前、半低、不圆唇元音。发音时，口半开，舌位半低，舌头前伸使舌尖抵住下齿背，唇形不圆。在普通话中只有"欸"这个字念ê（零声母）。这个韵母可与i、ü构成复韵母ie、ue。

i　舌面、前、高、不圆唇元音。发音时，唇形呈扁平状，舌头前伸使舌尖抵住下齿背。i韵母字如：

洗衣　习题　谜底　激励

u　舌面、后、高、圆唇元音。发音时，双唇拢圆，留一小孔，舌头后缩，使舌根接近软腭。u韵母字如：

书橱　读物　补助　瀑布

ü　舌面、前、高、圆唇元音。发音状况与i基本相同，但唇形拢圆。ü韵母字如：

区域　渔具　语序　序曲

2. 舌尖元音单韵母

-i［ɿ］舌尖前、高、不圆唇元音。发音时，舌尖前伸接近上齿背，并与上齿背间留下一条窄缝，气流通过时不摩擦，唇形不圆（可念"私"字，把音拉长，字音后面的部分便是-i［ɿ］）。-i［ɿ］韵母只能与声母z、c、s相拼。例如：

私自　此次　刺死　四字

-i［ʅ］舌尖后、高、不圆唇元音。发音时，舌尖上翘接近硬腭前部，并与硬腭间留下一条窄缝，气流通过时不摩擦，唇形不圆（可念"知"字，把音拉长，字音后面便是

—i［ʅ］）。—i［ʅ］韵母只能与声母 zh、ch、sh、r 相拼。例如：

知识　值日　指示　咫尺

3. 卷舌元音单韵母

er　卷舌、央、中、不圆唇元音。发音时，口形略开，舌位居中，舌头稍后缩，唇形不圆，在发音 e 的同时，舌尖向硬腭卷起。er 虽是两个字母，但 r 只表示卷舌动作，不代表音素，所以 er 仍是单韵母。er 只能自成音节。er 韵母字如：

儿　而　耳　二

（二）复元音韵母

复元音韵母由两个或三个元音构成，简称复韵母。普通话共有 13 个复韵母。其中用两个元音符号表示首音、中音、尾音的，叫“三合元音”（有 4 个）。

复韵母的发音特点有二：①从一个元音的发音状态快速滑向另一个元音，中间有一串过渡音，气流不中断；②同一个韵母的几个元音发音时清晰响亮的程度不同。

复韵母根据韵腹所处位置的不同，可以分为三种。

1. 前响二合复韵母

ai、ei、ao、ou 共有四个，韵腹在前。发音时，前边的元音响亮清晰，时间长些，后面的元音轻短，音值不太固定，只表示舌位滑动的方向。词语如：

爱戴　采摘　配备　肥美　早操　报考　口头　收购

2. 后响二合复韵母

ia、ie、ua、uo、üe，共有五个，韵腹在后。发音时，前边的元音轻而短，只表示舌位从那里开始移动，后面的元音清晰响亮，时间稍长。词语如：

压价　假牙　铁屑　结业　挂花

耍滑　错落　硕果　绝学　雀跃

3. 中响三合复韵母

iao、iou、uai、uei，共有四个，韵腹在中间。发音时，韵头轻而短，韵腹响亮清晰，时间稍长，韵尾含混，只表示舌位滑动的方向。词语如：

逍遥　巧妙　久留　绣球　怀揣　外快　归队　荟萃

（三）带鼻音韵母

带鼻音韵母由一个或两个元音加上一个鼻音辅音构成，简称鼻韵母。普通话共有 16 个鼻韵母，分为两大类：一类是带舌尖鼻音 n 的前鼻音韵母（共有 8 个）；另一类是带舌根鼻音 ng 的后鼻音韵母（共有 8 个）。

鼻韵母的发音要点由两个：第一，由元音的发音状态向鼻辅音过渡，鼻音色彩逐渐增加，最后发音部位闭塞，形成鼻辅音；第二，鼻辅音韵尾除阻阶段不发音，即发音停止后，再解除口腔中 n、ng 的发音状态。

1. 前鼻音韵母

an、en、in、ün，这四个韵母，只有一个元音（韵腹），发音时，先发元音，紧接着增加鼻音色彩，舌尖往上齿龈移动，最后抵住上齿龈发 n，整个韵母发音完毕才除阻。词语如：

翻山 赞叹 认真 根本 引进 濒临 军训 群运

ian、uan、üan、uen，这四个韵母有两个元音，发音时，作韵头的元音要轻短，一发便滑到作韵腹的主要元音上，紧接着软腭下降，打开鼻腔通路，舌尖移向并抵住上齿龈，气流从鼻腔流出。词语如：

艰险 田间 贯穿 婉转 源泉 轩辕 论文 昆仑

2. 后鼻音韵母

ang、eng、ing、ong、iong，发音时，先发元音，紧接着舌根往软腭移动，并抵住软腭发 ng，整个韵母发音完毕才除阻。词语如：

帮忙 商场 风筝 承蒙 叮咛

经营 工农 隆重 汹涌 穷凶

iang、uang、ueng，发音时，前面的韵头轻短，只表示舌位从那里移动，紧接着发 ang、eng。词语如：

响亮 洋相 状况 双簧 嗡嗡 水瓮

三、韵母辨正

不少方言韵母和普通话韵母不同，有的甚至差别很大，学习普通话时应将重点放在相异的韵母上，改方言韵母为普通话韵母。方言与普通话韵母对应关系比较复杂，就大多数方言来说，需要分辨的主要有以下几个方面。

1. 分清 e、o 和 uo

有些方言韵母 o 和 e 不分。如客家话、粤方言把舌根音与 e 相拼的字读为 o 韵，如“哥、科、喝”等。舌尖后音与 e 相拼的字在粤方言里读为 e 韵，如“遮、车、社、热”等。而在山东方言中，这两个韵母的拼读情况更为复杂，以青岛话为例，唇音声母与 o 相拼的字，青岛人一部分读成 e 韵，如“菠、坡、佛、摸”等；一部分读成 ei 韵，如“伯、迫、墨”等。舌根音声母与 e 相拼的字，一部分读成 a 韵，如“割、胳、蛤、瞌、渴、喝”等；一部分读成 uo 韵或 ei 韵，如“哥、棵、和、刻、客”。在江淮方言中，普通话韵母 uo、ao、ou、e 等在与相应的声母相拼时都变成了 o 韵母，应根据表 5-2 中的对应规律进行分读。

表 5-2 普通话韵母与声母相拼时的对应规律

声母	方言韵母	普通话韵母	例字
m	o	o	模磨
m、n	o	u	母幕努奴
m	o	ao	贸茂
m	o	ou	某谋
n、l	o	uo	挪糯罗螺裸
d、t	o	uo	多躲拖妥

续表

声母	方言韵母	普通话韵母	例字
z、c、s	o	uo	做左错搓所锁
g、k、h	o	uo	过果阔火货
g、k、h	o	e	个哥科课和河
ø	o	uo、e	我卧鹅讹

要分清 e、o 和 uo，首先要掌握发音要领。e 和 o 都是单元音，发音部位相同，发音时舌位、唇形始终不变。唯一的区别在于 o 的唇形圆，e 的唇形不圆，可以有意识地变换唇形来练习发音。其次还可利用普通话的声韵配合规律，o 韵只跟唇音声母相拼，而 e 韵不跟唇音声母相拼。uo 是复元音，发音时有动程，从 u 的发音状态滑向 o 的发音状态，舌位由高到半高，开口度由闭到半闭，掌握了这些规律，区分 e、o 和 uo 是不困难的。

2. 分清 i 和 ü

有些方言没有撮口呼韵母，如江淮方言、吴方言、客家方言和闽方言中的部分地区，这些方言往往把 ü 和以 ü 起头的韵母念成 i 和 i 韵头的韵母。比如把“拒绝”jùjué 念得同“季节”jìjié 样，把“有趣”yǒuqù 念得同“有气”yǒuqì 一样。

不习惯发 ü 的人，可由 i 引发。先展开嘴唇发 i，声音拖长，舌位不动，慢慢把嘴唇拢圆，就能发出 ü 来了。读带 ü 的音节时，一开始就要把嘴唇拢圆，这样可以迅速读准包含 ü 的音节。

3. 读准复韵母

有些方言没有普通话 ai、ei、ao、ou 这一类韵母，把它们分别读成相应的单韵母，吴方言最为突出，湘、闽、客家方言和西北方言的部分地区也有这种现象，如普通话“开 kai”在上海、西安、昆明等地读 ke。与此相反，普通话单韵母在湘、闽、粤等方言中读成复韵母，如普通话“杜 du”在长沙、广州读 dou。普通话单韵母和复韵母的发音状态完全不同。单韵母发音时舌位、唇形始终不变，气流连续平稳；复韵母发音时从一个元音滑向另一个元音，舌位、唇形有一个移动变化的过程，气流不中断，每个元音的响亮程度也不同。练习时可用一面小镜子仔细观察口形变与不变的区别，只要认真发好每一个元音，发好复元音韵母是不难的。

4. 避免韵头 u 的丢失或增加

山东方言、江淮方言、吴方言往往有丢失或增加韵头 u 的现象，例如普通话韵母 uan、uen、uei 与声母 d、t、n、l、z、c、s 相拼时，山东青岛方言常丢掉韵头 u，韵母变成了 an、en、ei。如“推断”tuīduàn 读成 teidan，“退队”tuìduì 读成 teidei，吴方言、江淮方言以及江苏的徐州、邳州等方言也把“对、退、尊、存、准、春”等字读成 ei、en 韵母，而有些普通话 ei 韵母字，以上各地方言又有读成 uei 韵母的现象，增加了 u 韵头，如“内、累、雷、类、泪”，要分清哪些字有 u 韵头，哪些字没有 u 韵头，除了个别字死记外，还可利用声旁类推的方法。下面以青岛话为例与普通话对照如表 5－3 所示。

表 5-3 青岛话为例与普通话对照

常用字	普通话	青岛话
嘴最罪醉	zui	zei
崔催摧脆粹萃悴瘁翠	cui	cei
虽尿荽隋随绥遂髓岁碎穗祟	sui	sei
堆对队兑碓	dui	dei
推颓腿退蜕褪	tui	tei
钻纂攥	zuan	zan
蹿氽窜篡	cuan	can
酸算蒜	suan	san
端短段缎锻断	duan	dan
湍团抟疃	tuan	tan
暖	nuan	nan
峦孪栾挛滦卵乱	luan	lan
尊遵樽	zun	zen
村皴存忖寸	cun	cen
孙荪狲损笋榫隼	sun	sen
敦墩吨蹲礅盹顿囤炖盾遁沌	dun	den
吞屯囤臀豚褪	tun	ten
抡仑囵沦轮纶论	lun	len

5．eng 和 ong、ing 和 iong 不要混读

普通话的这四个韵母，在山东胶州湾周围的青岛、胶南、日照等地方言中都有，但与声母相拼时，常出现混读情况，或者 eng、ong 混读，或者 ing、iong 混读。例如“红灯 hóngdēng”读成 hongdong，“刮风 guāfēng”读成 guafong，“英雄 yīngxióng”读成 yongxiong 或 yingxing，“东方红 dōngfānghóng”读成 dengfanghong。江淮东南方言中也存在 ong 和 eng 混读的情况，例如“崩、蓬、梦、风”和“东、同、农、工”同韵，而普通话前组韵母读 eng，后组韵母读 ong。普通话中用这四个韵母构成的字较多，在方言中混读的情况又没有明显的规律，纠正这种现象可以从以下几方面着手：首先要发准这四个韵母，掌握其主要差异。这四个韵母最主要的区别在于 ong 和 iong 圆唇，eng 和 ing 不圆唇，发音时有意识地注意唇形变化。其次可以利用声韵配合规律。普通话中 b、p、m、f 四个声母决不与 ong 相拼，因此，凡遇到“蹦、朋、猛、风”等字，韵母只能是 eng，不能是 ong。可参照本章附录 en、eng、ong 和 in、ing、iong 对照辨音表练习。

6．分清前鼻音韵母和后鼻音韵母

有些方言这两种鼻音尾韵母分不清，或者都读成 n 收尾，或者都读成 ng 收尾。这种混同现象，大多表现在 en 和 eng，in 和 ing 两对韵母上，而 an 和 ang，ian 和 iang，uan 和 uang 混同的较少。南京话、长沙话一般把这五对韵母的韵尾读成前鼻音 n；上海

话、昆明话、重庆话、桂林话、兰州话一般把 en 和 eng、in 和 ing 的韵尾读成前鼻音 n；而广西灵川话、广东潮州话等，却把 an 和 ang、en 和 eng、in 和 ing、uan 和 uang 的韵尾都读成后鼻音 ng。

另外，有些方言中的部分鼻韵母被读成鼻化韵，即发这些韵母的主要元音时稍带有点鼻音，而没有把韵尾切实读出来。如山东方言除胶东以外的大部分地区，江苏省的徐州等地区，把普通话的八个前鼻音韵母都读成鼻化韵。在吴方言中，an、ian、uan、uan 这四个韵母甚至消失韵尾 n，读成开尾韵母。“蓝”读如“来”；“一篇”读成“一批”；“肩头”读成“街头”；“关口”读成“归口”。而在粤、客家、闽南方言中，部分前鼻音 n 韵尾字，读为双唇鼻音 m 尾。如普通话“甘 gan”字，上述方言读 gam。

要分清前后鼻音尾韵母，首先要发准 n 和 ng 这两个鼻音。n 发音时，舌尖要抵住上齿龈，ng 发音时，舌根后缩抵住软腭，气流振动声带后都从鼻腔流出，发音完毕再使舌位恢复自然状态。这两个鼻音发音方法相同，主要区别在于发音部位不同，练习时重点要把握这个要领。习惯发鼻化韵的人要注意在发完主要元音后，紧接着把软腭降下来，打开鼻腔通路发好鼻韵尾。练习时不妨特意把鼻韵尾发得清楚并拖长一点，以养成发鼻韵尾的习惯。

第二节　韵母训练

一、韵母读音训练

（一）朗读下列词语，注意读准单韵母

1. 相同单韵母词语训练

a	发达 fādá	沙茶 shāchá	哪怕 nǎpà
o	伯伯 bóbo	摸佛 mōfó	磨墨 mómò
e	合格 hégé	折射 zhéshè	车辙 chēzhé
j	集体 jítǐ	提议 tíyì	记忆 jìyì
ü	树木 shùmù	孤独 gūdú	互助 hùzhù
o	语句 yǔjù	旅居 lǚjū	曲剧 qǔjù
ê	欸 ê		
－i［ɿ］	字词 zìcí	恣肆 zìsì	子嗣 zǐsì
－i［ʅ］	支持 zhīchí	事实 shiìshí	史诗 shǐshī
er	儿 ér	耳 ěr	二 èr

2. 单韵母组合词语训练

刹车 shāchē	法则 fǎzé	爬坡 pápō	沙漠 shāmò
法医 fǎyī	大意 dàyì	摸底 mōdǐ	摩擦 mócā
薄荷 bòhe	布帛 bùbó	合股 hégǔ	合法 héfǎ
客气 kèqi	克服 kèfú	刻薄 kèbó	合计 héjì

拘束 jūshù	许可 xǔkě	基础 jīchǔ	激发 jīfā
取乐 qǔlè	局促 júcù	取齐 qǔqí	入耳 rùěr
顾惜 gùxī	末日 mòrì	耳目 ěrmù	预测 yùcè
赤字 chìzì	计策 jìcè	抵达 dǐdá	舞女 wǔnǚ
戏法 xìfǎ	朱砂 zhūshā	预科 yùkē	主持 zhǔchí
师资 shīzī	辞职 cízhí	丝织 sīzhī	主席 zhǔxí
芝麻 zhīma	欺诈 qīzhà	余额 yú'é	职责 zhízé
曲折 qūzhé	齐楚 qíchǔ	彻底 chèdǐ	舍得 shěde

（二）朗读下列词语，注意读准复韵母

1. 相同复韵母词语训练

ai	卖呆 màidāi	海带 hǎidài	开采 kāicǎi
	开斋 kāizhāi	买卖 mǎimài	晒台 shàitái
	拍卖 pāimài	灾害 zāihài	彩排 cǎipái
ei	菲菲 fēifēi	黑煤 hēiméi	蓓蕾 bèilěi
	北美 běiměi	非得 fēiděi	配备 pèibèi
	每每 měiměi	北碚 běibèi	废垒 fèilěi
ao	号召 hàozhào	茅草 máocǎo	操劳 cāoláo
	抛锚 pāomáo	号啕 háotáo	吵闹 chǎonào
	高潮 gāocháo	宝岛 bǎodǎo	报告 bàogào
ou	兜售 dōushòu	后手 hòushǒu	瘦肉 shòuròu
	守候 shǒuhòu	漏斗 lòudǒu	绸缪 chóumóu
	抖擞 dǒusǒu	走兽 zǒushòu	叩首 kòushǒu
ia	加压 jiāyā	哑哑 yāyā	贾家 jiǎjiā
	恰恰 qiàqià	架下 jiàxià	下家 xiàjiā
ie	爷爷 yéye	谢谢 xièxie	趔趄 lièqie
	野猎 yěliè	结节 jiéjié	姐姐 jiějie
	斜切 xiéqiē	铁镊 tiěniè	贴切 tiēqiè
ua	画画 huàhuà	花袜 huāwà	娃娃 wáwa
	瓜花 guāhuā	挂画 guàhuà	抓蛙 zhuāwā
	挖跨 wākuà	挂花 guàhuā	花褂 huāguà
uo	过错 guòcuò	阔绰 kuòchuò	啰唆 luōsuo
	懦弱 nuòruò	躲过 duǒguò	说妥 shuōtuǒ
	堕落 duòluò	火锅 huǒguō	活捉 huózhuō
ue	缺月 quēyuè	掘穴 juéxué	决绝 juéjué
	月月 yuèyuè	缺略 quēlüè	缺雪 quēxuě
	绝学 juéxué	乐阕 yuèquè	学乐 xuéyuè
iao	调料 tiáoliào	苗条 miáotiáo	小巧 xiǎoqiǎo
	巧笑 qiǎoxiào	小鸟 xiǎoniǎo	调笑 tiáoxiào

	飘摇 piāoyáo	笑料 xiàoliào	悄悄 qiāoqiāo
iou	琉球 liúqiú	牛油 niúyóu	悠久 yōujiǔ
	有救 yǒujiù	优秀 yōuxiù	求救 qiújiù
	绣球 xiùqiú	秋游 qiūyóu	舅舅 jiùjiu
uai	怀揣 huáichuāi	乖乖 guāiguāi	摔坏 shuāihuài
	快拽 kuàizhuài	外快 wàikuài	外踝 wàihuái
uei	吹灰 chuīhuī	催税 cuīshuì	水位 shuǐwèi
	退回 tuìhuí	追随 zhuīsuí	摧毁 cuīhuǐ
	回味 huíwèi	回归 huíguī	魁伟 kuíwěi

2. 复韵母组合词语训练

排列 páiliè	悲哀 bēi'āi	百草 bǎicǎo	白费 báifèi
肥皂 féizào	北斗 běidǒu	茅台 máotái	报仇 bàochóu
堡垒 bǎolěi	佩带 pèidài	内债 nèizhài	埋头 máitóu
栽培 zāipéi	稿费 gǎofèi	胚胎 pēitāi	黑白 hēibái
败北 bàiběi	购买 gòumǎi	脑袋 nǎodai	飞刀 fēidāo
筹备 chóubèi	雅座 yǎzuò	守备 shǒubèi	逗号 dòuhào
走开 zǒukāi	枷锁 jiāsuǒ	下月 xiàyuè	接洽 jiēqià
佳话 jiāhuà	鞋袜 xiéwà	家伙 jiāhuo	结果 jiéguǒ
下列 xiàliè	国家 guójiā	瓦解 wǎjiě	火花 huǒhuā
化学 huàxué	活跃 huóyuè	唾液 tuòyè	雪茄 xuějiā
花朵 huāduǒ	削弱 xuēruò	学业 xuéyè	节约 jiéyuē
解决 jiějué	国画 guóhuà	血液 xuèyè	郊游 jiāoyóu
要求 yāoqiú	表率 biǎoshuài	瓜果 guāguǒ	邮票 yóupiào
漂流 piāoliú	牛角 niújiǎo	校友 xiàoyǒu	描绘 miáohuì
流水 liúshuǐ	怀表 huáibiǎo	幼苗 yòumiáo	翠鸟 cuìniǎo
垂柳 chuíliǔ	歪斜 wāixié	毁坏 huǐhuài	跳水 tiàoshuǐ
鬼怪 guǐguài	油料 yóuliào	诱拐 yòuguǎi	微妙 wēimiào
推脱 tuītuō	推销 tuīxiāo	推导 tuīdǎo	

（三）朗读下列词语，注意读准鼻韵母

1. 相同鼻韵母词语训练

an	展览 zhǎnlǎn	谈判 tánpàn	蹒跚 pánshān
	橄榄 gǎnlǎn	漫谈 màntán	烂漫 lànmàn
en	神人 shénrén	身份 shēnfèn	本分 běnfèn
	嫩根 nèngēn	认真 rènzhēn	沉闷 chénmèn
in	贫民 pínmín	信心 xìnxīn	薪金 xīnjīn
	亲近 qīnjìn	拼音 pīnyīn	尽心 jìnxīn
un	逡巡 qūnxún	均匀 jūnyún	芸芸 yúnyún
	军训 jūnxùn	蕈菌 xùnjūn	云云 yúnyún

ian	浅显 qiǎnxiǎn	连年 liánnián	变迁 biànqiān
	天险 tiānxiǎn	牵连 qiānlián	电线 diànxiàn
uan	换算 huànsuàn	转弯 zhuǎnwān	万端 wànduān
	宽缓 kuānhuǎn	专断 zhuānduàn	软缎 ruǎnduàn
uan	源泉 yuánquán	选员 xuǎnyuán	轩辕 xuānyuán
	渊源 yuānyuán	全权 quánquán	旋圆 xuànyuán
un	春笋 chūnsǔn	昆仑 kūnlún	温顺 wēnshùn
	温存 wēncún	温润 wēnrùn	论文 lùnwén
ang	张榜 zhāngbǎng	沧桑 cāngsāng	苍茫 cāngmáng
eng	更正 gēngzhèng	丰盛 fēngshèng	逞能 chěngnéng
	鹏程 péngchéng	生成 shēngchéng	冷风 lěngfēng
ing	行星 xíngxīng	命名 mìngmíng	宁静 níngjìng
	清静 qīngjìng	明星 míngxīng	晶莹 jīngyíng
ong	共同 gòngtóng	总统 zǒngtǒng	隆重 lóngzhòng
	从容 cóngróng	中农 zhōngnóng	红松 hóngsōng
iong	炯炯 jiǒngjiǒng	困窘 kùnjiǒng	英勇 yīngyǒng
	穷凶 qióngxiōng	吉凶 jíxiōng	汹涌 xiōngyǒng
iang	江洋 jiāngyáng	湘江 xiāngjiāng	酱香 jiàngxiāng
	两样 liǎngyàng	向阳 xiàngyáng	想象 xiǎngxiàng
uang	窗框 chuāngkuàng	狂妄 kuángwàng	装潢 zhuānghuáng
	王庄 wángzhuāng	状况 zhuàngkuàng	矿床 kuàngchuáng
ueng	老翁 lǎowēng	水瓮 shuǐwèng	嗡嗡 wēngwēng

2．鼻韵母组合词语训练

版本 bǎnběn	三千 sānqiān	判断 pànduàn
残忍 cánrěn	联欢 liánhuān	简单 jiǎndān
文件 wénjiàn	锻炼 duànliàn	反问 fǎnwèn
人民 rénmín	专门 zhuānmén	面粉 miànfěn
前进 qiánjìn	谦逊 qiānxùn	光明 guāngmíng
阳光 yángguāng	爽朗 shuǎnglǎng	慌忙 huāngmáng
英勇 yīngyǒng	成功 chénggōng	航空 hángkōng
黄蜂 huángfēng	正常 zhèngcháng	猖狂 chāngkuáng
缆绳 lǎnshéng	蓝鲸 lánjīng	浪漫 làngmàn
生产 shēngchǎn	品种 pǐnzhǒng	芬芳 fēnfāng
勇敢 yǒnggǎn	品评 pǐnpíng	频繁 pínfán
精神 jīngshén	平淡 píngdàn	银行 yínháng
人性 rénxìng	前锋 qiánfēng	战争 zhànzhēng
仁政 rénzhèng	坚韧 jiānrèn	散场 sànchǎng
散装 sǎnzhuāng	伞兵 sǎnbīng	桑蚕 sāngcán
申请 shēnqǐng	丧命 sàngmìng	桑椹 sāngshèn

长短 chángduǎn	双全 shuāngquán	慌乱 huāngluàn
春光 chūnguāng	黄昏 huánghūn	浑圆 húnyuán
痛心 tòngxīn	动人 dòngrén	

二、韵母正音训练

（一）分清 e—o—uo

1. 朗读下列词语，注意韵母的发音

默默 mòmò	伯伯 bóbo	饽饽 bōbo	婆婆 pópo
薄弱 bóruò	磨破 mópò	泼墨 pōmò	脉脉 mòmò
摸佛 mōfó	合格 hégé	特色 tèsè	隔阂 géhé
褐色 hèsè	客车 kèchē	折射 zhéshè	色泽 sèzé
可歌 kěgē	塞责 sèzé	堕落 duòluò	过错 guòcuò
火锅 huǒguō	懦弱 nuòruò	错落 cuòluò	啰唆 luōsuo
脱落 tuōluò	躲过 duǒguò	说妥 shuōtuǒ	龌龊 wòchuò

2. 对比辨读下列词语，注意区分 e、o、uo

墨盒 mòhé	波折 bōzhé	破格 pògé	薄荷 bòhe
胳膊 gēbo	折磨 zhémó	刻薄 kèbó	隔膜 gémó
鹁鸽 bógē	菠萝 bōluó	破获 pòhuò	剥夺 bōduó
没落 mòluò	琢磨 zhuómó	活泼 huópō	唾沫 tuòmo
戳破 chuōpò	过河 guòhé	拨付 bōfù	波涛 bōtāo
波谷 bōgǔ	伯父 bófù	剥落 bōluò	伯母 bómǔ
博物 bówù	薄弱 bóruò	搏斗 bódòu	坡度 pōdù
婆娑 pósuō	叵测 pǒcè	博得 bódé	波幅 bōfú
摸索 mōsuǒ	蘑菇 mógu	默读 mòdú	莫若 mòruò
笸箩 pǒluo	破落 pòluò	莫如 mòrú	薄膜 báomó

3. 读准下列绕口令中的 uo、o、e 韵字

（1）分果果	FEN GUOGUO
多多和哥哥，	Duōduo hé gēge，
坐下分果果。	Zuòxià fēn guǒguo。
哥哥让多多，	Gēge ràng duōduo，
多多让哥哥。	Duōduo ràng gēge。
都说要小个，	Dōu shuō yào xiǎo gè，
外婆乐呵呵。	Wàipó lè hēhē。
（2）买饽饽	MAI BOBO
张伯伯，李伯伯，	Zhāng bóbo，lǐ bóbo，
饽饽铺里买饽饽。	Bōbo pù li mǎi bōbo。
张伯伯买了个饽饽大，	Zhāng bóbo mǎi le ge bōbo dà，
李伯伯买了个大饽饽。	Lǐ bóbo mǎi le ge dà bōbo。

拿到家里给婆婆，	Ná dào jiā li gěi pópo，
婆婆又去比饽饽。	Pópo yòu qù bǐ bōbo。
也不知是张伯伯	Yě bù zhī shì zhāng bóbo
买的饽饽大，	Mǎi de bōbo dà，
还是李伯伯	Hái shi lǐ bóbo
买了个大饽饽。	Mǎi le ge dà bōbo。

（二）分清齐齿呼 i 与撮口呼 ü 韵母

1．朗读下列词语，注意区分 i 与 ü

（1）词语训练

集体 jítǐ	提议 tíyì	袭击 xíjī	地理 dìlǐ
稀奇 xīqí	笔记 bǐjì	记忆 jìyì	机器 jīqì
积极 jījí	区域 qūyù	曲剧 qǔjù	序曲 xùqǔ
语句 yǔjù	旅居 lǚjū	聚居 jùjū	女婿 nǚxu
蓄意 xùyì	雨具 yǔjù	居奇 jūqí	移居 yíjū
距离 jùlí	寓意 yùyì	奇遇 qíyù	雨衣 yǔyī
旗语 qíyǔ	羽翼 yǔyì	喜雨 xǐyǔ	余悸 yújì
急需 jíxū	依据 yījù	逾期 yúqī	积蓄 jīxù
淤泥 yūní	一律 yílǜ	履历 lǚlì	七律 qīlǜ
几许 jǐxǔ	急于 jíyú	滤器 lǜqì	记叙 jìxù

（2）对比训练

登记 dēngjì	农技 nóngjì	雨季 yǔjì
灯具 dēngjù	农具 nóngjù	雨具 yǔjù
出气 chūqì	瓷器 cíqì	气味 qìwèi
出去 chūqù	辞去 cíqù	趣味 qùwèi
里程 lǐchéng	理由 lǐyóu	情理 qínglǐ
旅程 lǚchéng	旅游 lǚyóu	情侣 qínglǚ
拟人 nǐrén	熄火 xīhuǒ	西线 xīxiàn
女人 nǚrén	虚火 xūhuǒ	虚线 xūxiàn
以前 yǐqián	意气 yìqì	易碎 yìsuì
雨前 yǔqián	玉器 yùqì	玉碎 yùsuì
比翼 bǐyì	得意 déyì	机遇 jīyù
比喻 bǐyù	德育 déyù	拘役 jūyì

2．朗读下列词语，注意区分 ie、in、ian 与 üe、ün、üan

（1）词语训练

谢绝 xièjué	决裂 juéliè	解决 jiějué	确切 quèqiè
节略 jiélüè	劫掠 jiélüè	学界 xuéjiè	学业 xuéyè
血液 xuèyè	喋血 diéxuè	节约 jiéyuē	协约 xiéyuē
月夜 yuèyè	越界 yuèjiè	军心 jūnxīn	进军 jìnjūn

寻衅 xúnxìn	音讯 yīnxùn	云锦 yúnjǐn	阴云 yīnyún
音韵 yīnyùn	捐钱 juānqián	捐献 juānxiàn	卷烟 juǎnyān
烟卷 yānjuǎn	厌倦 yànjuàn	线圈 xiànquān	眼圈 yǎnquān
权限 quánxiàn	泉眼 quányǎn	盐泉 yánquán	宣言 xuānyán
原盐 yuányán	减员 jiǎnyuán	演员 yǎnyuán	元件 yuánjiàn
远见 yuǎnjiàn	怨言 yuànyán	全歼 quánjiān	

（2）对比训练

切实 qièshí 确实 quèshí	列表 lièbiǎo 略表 lüèbiǎo	猎取 lièqǔ 掠取 lüèqǔ
日夜 rìyè 日月 rìyuè	竹叶 zhúyè 逐月 zhúyuè	午夜 wǔyè 五岳 wǔyuè
真金 zhēnjīn 真菌 zhēnjūn	平津 píngjīn 平均 píngjūn	晋级 jìnjí 峻急 jùnjí
餐巾 cānjīn 参军 cānjūn	建议 jiànyì 倦意 juànyì	前线 qiánxiàn 权限 quánxiàn
当前 dāngqián 当权 dāngquán	前程 qiánchéng 全程 quánchéng	潜能 qiánnéng 全能 quánnéng
庄严 zhuāngyán 庄园 zhuāngyuán	方言 fāngyán 方圆 fāngyuán	延年 yánnián 元年 yuánnián

3．读准下列绕口令中 i、ü 韵字

（1）赶毛驴　GAN MAO LÜ

清早起来雨兮兮，　Qīngzǎo qǐlái yǔ xīxī，
王七上街去买席，　Wángqī shàngjiē qù mǎi xí，
骑着毛驴跑得急，　Qí zhe máolǘ pǎo de jí，
捎带买蛋又贩梨。　Shāo dài mǎi dàn yòu fàn lí。
一跑跑到小桥西，　Yì pǎo pǎo dào xiǎo qiáo xī，
毛驴一下失了蹄，　Máolǘ yí xià shī le tí，
打了蛋，撒了梨，　Dǎ le dàn，sǎ le lí，
跑了驴，　Pǎo le lǘ，
急得王七眼泪滴，　Jí de wángqī yǎnlèi dī，
又哭鸡蛋又骂驴，　Yòu kū jīdàn yòu mà lǘ。

（2）颜远眼和袁眼圆　YAN YUAN YAN HE YUAN YAN YUAN

山前有个颜远眼，　Shān qián yǒu ge Yán Yuǎnyǎn，
山后有个袁眼圆。　Shān hòu yǒu ge Yuán Yǎnyuán。
两个人爬上山头来比眼，　Liǎng ge rén páshàng shāntóu lái bǐ yǎn，
也不知是颜远眼的眼　Yě bù zhī shì Yán Yuǎnyǎn de yǎn
比袁眼圆的眼看得远，　bǐ Yuán Yǎnyuán de yǎn kàn de yuǎn，
还是袁眼圆的眼比　Hái shi yuán yǎnyuán de yǎn bǐ
颜远眼的眼生得圆。　Yán Yuǎnyǎn de yǎn shēng de yuán。

(三) 读准复韵母

1. 朗读下列词语，注意区分 ai 与 ei

摆布 bǎibù	成败 chéngbài	拜望 bàiwàng	北部 běibù
成倍 chéngbèi	备忘 bèiwàng	来迟 láichí	埋头 máitóu
买回 mǎihuí	雷池 léichí	眉头 méitóu	每回 měihuí
卖力 màilì	耐热 nàirè	耐心 nàixīn	魅力 mèilì
内热 nèirè	内心 nèixīn	耐寒 nàihán	奈何 nàihé
牌价 páijià	内涵 nèihán	内河 nèihé	安培 ānpéi
陪嫁 péijià	支派 zhīpài	安排 ānpái	分配 fēnpèi

2. 朗读下列词语，注意区分 ao 与 ou

思潮 sīcháo	朝代 cháodài	刀锋 dāofēng	丝绸 sīchóu
绸带 chóudài	兜风 dōufēng	暗道 àndào	高洁 gāojié
镐头 gǎotóu	暗斗 àndòu	勾结 gōujié	狗头 gǒutóu
豪杰 háojié	浩瀚 hàohàn	嗜好 shìhào	喉结 hóujié
后汉 hòuhàn	事后 shìhòu	缺考 quēkǎo	牢房 láofáng
大牢 dàláo	缺口 quēkǒu	楼房 lóufáng	大楼 dàlóu
掏钱 tāoqián	逃奔 táobèn	外逃 wàitáo	偷钱 tōuqián
投奔 tóubèn	外头 wàitou		

3. 读准下列词语，不要丢失或增加韵头 u

累累 léiléi	蓓蕾 bèilěi	水雷 shuǐléi	累赘 léizhuì
泪水 lèishuǐ	对垒 duìlěi	类推 lèituī	挥泪 huīlèi
卑微 bēiwēi	垂危 chuíwēi	崔巍 cuīwēi	最为 zuìwéi
违背 wéibèi	魁伟 kuíwěi	罪魁 zuìkuí	畏罪 wèizuì
醉鬼 zuìguǐ	尾随 wěisuí	配备 pèibèi	配对 pèiduì
归类 guīlèi	会费 huìfèi	肥美 féiměi	催肥 cuīféi
汇兑 huìduì	汇费 huìfèi	追悔 zhuīhuǐ	回归 huíguī

4. 绕口令练习

(1) 小艾和小戴　　XIAO'AI HE XIAODAI

小艾和小戴，　　Xiǎo'ài hé xiǎodài，
一起来买菜。　　Yìqǐ lái mǎi cài。
小艾把一斤菜给小戴，　　Xiǎo'ài bǎ yìjīn cài gěi xiǎodài，
小戴有比小艾多一倍的菜，　　Xiǎodài yǒu bǐ Xiǎo'ài duō yíbèi de cài，
小戴把一斤菜给小艾，　　Xiǎodài bǎ yìjīn cài gěi Xiǎo'ài，
小艾小戴就有一般多的菜。　　Xiǎo'ài xiǎodài jiù yǒu yībān duō de cài。
请你想想猜猜，　　Qǐng nǐ xiǎngxiǎng cāicāi，
小艾小戴各买多少菜？　　Xiǎo'ài xiǎodài gè mǎi duōshǎo cài。

(2) 东西胡同　　DONGXI HUTONG

东西胡同南北走，　　Dōngxī hútòng nán běi zǒu，

遇到一个人咬狗，	Yù dào yí gè rén yǎo gǒu,
伸手拾狗砸石头，	Shēn shǒu shí gǒu zá shítou,
又被石头咬一口。	Yòu bèi shítou yǎo yì kǒu。
从来不说颠倒话，	Cóng lái bù shuō diāndǎo huà,
布袋驮着驴子走。	Bùdài tuózhe lǘzi zǒu。
（3）北风吹	BEI FENG CHUI
北风吹，雪花飞，	Běi fēng chuī, xuě huā fēi,
雪花飞来是宝贝，	Xuě huā fēilái shì bǎobèi,
去给麦子盖上被，	Qù gěi màizi gài shàng bèi,
明年麦子多几倍。	Míngnián màizi duō jǐ bèi。
（4）比腿	BI TUI
山前有个崔腿粗，	Shānqián yǒu gè Cuī Tuǐcū,
山后有个雷粗腿，	Shānhòu yǒu gè Léi Cūtuǐ,
两人山前来比腿，	Liǎng rén shānqián lái bǐtuǐ,
不知是崔腿粗比雷粗腿的腿粗，	Bù zhī shì Cuī Tuǐcū bǐ Léi Cūtuǐ de tuǐ cū,
还是雷粗腿比崔腿粗的腿肥。	Hái shì Léi Cūtuǐ bǐ Cuī Tuǐcū de tuǐ féi。

（四）分清前鼻音韵母和后鼻音韵母

1. 朗读下列词语，注意区分 en 与 eng

（1）词语训练

认真 rènzhēn	身份 shēnfèn	根本 gēnběn
深沉 shēnchén	门诊 ménzhěn	振奋 zhènfèn
审慎 shěnshèn	闷人 mènrén	蓁蓁 zhēnzhēn
人参 rénshēn	妊娠 rènshēn	纷纷 fēnfēn
更正 gēngzhèng	丰盛 fēngshèng	风筝 fēngzhēng
整风 zhěngfēng	增生 zēngshēng	能登 néngdēng
甭哼 bénghēng	更冷 gènglěng	省城 shěngchéng
奉承 fèngcheng	逞能 chěngnéng	丰登 fēngdēng
生冷 shēnglěng	萌生 méngshēng	猛增 měngzēng
蒸腾 zhēngténg		

（2）对比训练

分头 fēntóu	春分 chūnfēn	秋分 qiūfēn
风头 fēngtou	春风 chūnfēng	秋风 qiūfēng
通分 tōngfēn	学分 xuéfēn	分币 fēnbì
通风 tōngfēng	学风 xuéfēng	封闭 fēngbì
深化 shēnhuà	伸手 shēnshǒu	深水 shēnshuǐ
生化 shēnghuà	生手 shēngshǒu	生水 shēngshuǐ
深思 shēnsī	深造 shēnzào	半身 bànshēn
生丝 shēngsī	生造 shēngzào	半生 bànshēng

出身 chūshēn	人参 rénshēn	申诉 shēnsù
出生 chūshēng	人生 rénshēng	声速 shēngsù
真相 zhēnxiàng	清真 qīngzhēn	诊治 zhěnzhì
征象 zhēngxiàng	清蒸 qīngzhēng	整治 zhěngzhì

2. 朗读下列词语，注意区分 in 与 ing

(1) 词语训练

拼音 pīnyīn	信心 xìnxīn	亲近 qīnjìn	殷勤 yīnqín
濒临 bīnlín	薪金 xīnjīn	仅仅 jǐnjǐn	侵秦 qīnqín
辛勤 xīnqín	音信 yīnxìn	金银 jīnyín	引进 yǐnjìn
评定 píngdìng	倾听 qīngtīng	命令 mìnglìng	性情 xìngqíng
精英 jīngyīng	姓名 xìngmíng	行星 xíngxīng	聆听 língtīng
精明 jīngmíng	兵营 bīngyíng	定睛 dìngjīng	晶莹 jīngyíng
清净 qīngjìng	领情 lǐngqíng	清醒 qīngxǐng	行刑 xíngxíng

(2) 对比训练

今昔 jīnxī	金条 jīntiáo	跃进 yuèjìn
惊悉 jīngxī	荆条 jīngtiáo	越境 yuèjìng
进化 jìnhuà	隐晦 yǐnhuì	民师 mínshī
净化 jìnghuà	颖慧 yǐnghuì	名师 míngshī
人民 rénmín	黎民 límín	贫民 pínmín
人名 rénmíng	黎明 límíng	平民 píngmín
侵权 qīnquán	亲生 qīnshēng	风琴 fēngqín
清泉 qīngquán	轻生 qīngshēng	风情 fēngqíng
内勤 nèiqín	心计 xīnjì	恒心 héngxīn
内情 nèiqíng	星际 xīngjì	恒星 héngxīng
红心 hóngxīn	会心 huìxīn	留心 liúxīn
红星 hóngxīng	彗星 huìxīng	流星 liúxīng

3. 朗读下列词语，注意读准鼻韵尾 n

伙伴 huǒbàn	搅拌 jiǎobàn	花瓣 huābàn	快餐 kuàicān
栅栏 zhàlan	天蓝 tiānlán	博览 bólǎn	偷懒 tōulǎn
侦探 zhēntàn	积攒 jīzǎn	称赞 chēngzàn	短暂 duǎnzàn
宫殿 gōngdiàn	沉淀 chéndiàn	通电 tōngdiàn	每天 měitiān
加减 jiājiǎn	刀剪 dāojiǎn	请柬 qǐngjiǎn	体检 tǐjiǎn
发言 fāyán	屋檐 wūyán	姓阎 xìngyán	表演 biǎoyǎn
长短 chángduǎn	一段 yíduàn	隔断 géduàn	绸缎 chóuduàn
温暖 wēnnuǎn	产卵 chǎnluǎn	混乱 hùnluàn	贷款 dàikuǎn
好转 hǎozhuǎn	小传 xiǎozhuàn	电钻 diànzuàn	当晚 dāngwǎn
募捐 mùjuān	卷烟 juǎnyān	考卷 kǎojuàn	疲倦 píjuàn
完全 wánquán	温泉 wēnquán	打拳 dǎquán	规劝 guīquàn
证券 zhèngquàn	凯旋 kǎixuán	评选 píngxuǎn	脚癣 jiǎoxuǎn

4. eng、ong、ing、iong 混合训练

更正 gēngzhèng	恒星 héngxīng	供应 gōngyìng
公正 gōngzhèng	红星 hóngxīng	功用 gōngyòng
公证 gōngzhèng	征用 zhēngyòng	龙灯 lóngdēng
公众 gōngzhòng	中用 zhōngyòng	隆冬 lóngdōng
耕种 gēngzhòng	征程 zhēngchéng	正视 zhèngshì
工种 gōngzhǒng	忠诚 zhōngchéng	重视 zhòngshì
行为 xíngwéi	形容 xíngróng	穷冬 qióngdōng
雄伟 xióngwěi	汹涌 xiōngyǒng	擎灯 qíngdēng
登峰 dēngfēng	更疼 gèngténg	庆幸 qìngxìng
东风 dōngfēng	共同 gòngtóng	穷凶 qióngxiōng

5. 绕口令练习

(1) 扁担和板凳	BIANDAN HE BANDENG
扁担长，板凳宽，	Biǎndan cháng，bǎndèng kuān，
扁担没有板凳宽，	Biǎndan méiyǒu bǎndèng kuān，
板凳没有扁担长。	Bǎndèng méiyǒu biǎndan cháng。
扁担绑在板凳上，	Biǎndan bǎng zài bǎndèng shàng，
板凳不让扁担绑	Bǎndèng bú ràng biǎndan bǎng
在板凳上，	zài bǎndèng shàng，
扁担偏要绑在板凳上。	Biǎndan piān yào bǎng zài bǎndèng shàng。
(2) 船和床	CHUAN HE CHUANG
你说船比床长，	Nǐ shuō chuán bǐ chuáng cháng，
他说床比船长，	Tā shuō chuáng bǐ chuán cháng，
我说船不比床长，	Wǒ shuō chuán bù bǐ chuáng cháng，
床也不比船长，	Chuáng yě bù bǐ chuán cháng，
船床一样长。	Chuán chuáng yí yàng cháng。
(3) 小青和小琴	XIAOQING HE XIAOQIN
小青和小琴，	Xiǎo qīng hé xiǎo qín，
小琴手很勤，	Xiǎo qín shǒu hěn qín，
小青人很精，	Xiǎo qīng rén hěn jīng，
手勤人精，琴勤青精，	Shǒu qín rén jīng，qín qín qīng jīng，
你学小琴还是学小青。	Nǐ xué xiǎo qín hái shì xué xiǎo qīng。
(4) 冬冬和锋锋	DONGDONG HE FENGFENG
冬冬和锋锋，	Dōngdōng hé fēngfēng，
晴空放风筝。	Qíng kōng fàng fēngzheng。
冬冬放蜻蜓，	Dōngdōng fàng qīngtíng，
锋锋放雄鹰。	Fēngfēng fàng xióngyīng。
迎面空中起东风，	Yíng miàn kōng zhōng qǐ dōng fēng，
蜻蜓雄鹰乘风行。	Qīngtíng xióngyīng chéng fēng xíng。

附录一 en、eng和ong对照辨音字表

en、eng和ong对照辨音字表见表5-4。

表5-4 en、eng和ong对照辨音字表

声母	韵母		
	en	eng	ong
	例字		
	①恩④摁		
b	①奔贲③本苯④笨	①崩②甭③绷④迸蹦泵	
p	①喷②盆④喷	①烹②朋棚硼鹏彭澎膨③捧④碰	
m	①闷②门们扪④闷焖	①蒙②萌盟蒙檬朦艨③猛锰蜢艋蒙④梦孟	
f	①分芬纷吩氛酚②坟焚汾③粉④份忿奋粪愤	①风枫疯峰烽蜂锋丰封②逢缝冯③讽④奉俸凤缝	
d	④扽	①登灯③等④邓凳磴镫瞪	①冬东③董懂④洞恫侗冻栋动
t		②疼腾誊滕藤	①通②同桐铜童瞳潼③筒桶捅④痛
n	④嫩	②能	
l		②棱③冷④愣	②隆窿龙咙聋笼③拢垄陇④弄
g	①根跟②哏④艮	①耕庚赓更羹③耿埂哽绠梗鲠④更	①工功攻公蚣弓躬供恭宫③拱巩汞④共贡供
k	③肯啃垦恳④裉	①坑	①空③孔恐④空控
h	②痕③很狠④恨	①亨哼②横衡恒④横	①烘哄轰②红虹宏洪鸿弘③哄④讧哄
zh	①真贞侦祯桢针珍胗斟③诊疹枕缜④振赈震镇阵	①争挣峥狰铮筝睁正怔征症蒸③整拯④正政证症郑诤	①中忠盅钟衷终③种肿④中仲重众
ch	①嗔抻②辰宸晨沉忱陈臣尘③碜④衬趁称	①称撑②成城诚盛承呈程惩澄橙乘丞③逞骋④秤	①冲忡充舂②虫重崇③宠④冲铳
sh	①申伸呻绅砷身深娠②神③沈审婶④甚葚慎肾渗蜃	①生牲笙甥升声②绳③省④胜圣盛剩	
r	②人仁壬③忍荏④任饪妊衽认刃纫韧轫	①扔②仍	②容溶蓉榕熔绒荣融茸
z	③怎	①曾增憎缯④赠	①宗综棕踪鬃③总④纵粽
c	①参②岑	②曾层④蹭	①囱匆葱聪②丛从淙
s	①森	①僧	①松嵩③怂耸竦④宋送颂讼诵

注：表中的①②③④分别指阴平、阳平、上声、去声四种声调。

附录二 in、ing和iong对照辨音字表

in、ing和iong对照辨音字表见表5-5。

表5-5 in、ing和iong对照辨音字表

声母	韵母		
	in	ing	iong
	例字		
y	①因洇茵姻氤殷音阴荫②垠龈吟寅淫鄞③引蚓隐瘾饮尹④印荫	①英瑛应鹰婴缨樱撄嘤莺膺鹦罂②荧莹营萤蝇盈迎赢③影颖④映硬应	①佣拥庸③永泳咏勇涌蛹踊④用
b	①宾傧滨缤槟镔彬④摈殡鬓	①兵冰③丙柄炳秉禀④病并	
p	①拼②贫频嫔③品④聘	①乒②平评坪苹枰屏瓶凭	
m	②民③敏皿闽悯泯	②名茗铭明鸣冥溟暝瞑螟③酩④命	
d		①丁叮仃钉疔盯③顶鼎④定锭碇腚订	
t		①听厅汀②亭停婷廷庭蜓霆③挺艇铤梃④梃	
n	②您	②宁咛狞柠凝③拧④宁泞佞	
l	②林淋琳霖邻粼遴嶙辚磷鳞麟③凛廪檩④吝赁蔺	②灵伶泠苓瓴聆翎玲铃蛉零龄凌陵菱绫棱③岭领④另令	
j	①今衿矜斤金津襟筋③紧锦仅谨馑瑾槿④妗尽烬浕瑾劲觐近晋缙禁噤浸	①京惊鲸茎泾经菁睛精晶荆兢粳③景颈井警儆④敬竞竟境净靖静径劲胫痉	③窘迥
q	①衾亲侵钦②芩琴芹秦禽擒噙勤③寝④沁	①氢轻青清蜻倾卿②情晴擎③顷请④庆亲	②穷琼
x	①忻昕新欣新薪辛锌心馨④信衅	①星猩腥兴②形刑邢型行③省醒④幸姓性杏兴	①兄凶匈汹胸②熊雄

说明：表中的①②③④分别指阴平、阳平、上声、去声四种声调。

第六章

声　　调

第一节　普通话的声调

一、声调的性质和作用

声调，指的是音节中具有区别意义作用的音高变化。声调的变化主要决定于音高，而音高的变化又是由发音时声带的松紧决定的。发音时，声带越紧，声音就越高；声带越松，声音就越低。这就造成了不同的音高变化，形成了不同的声调。

声调具有区别意义的作用，它是音节结构中不可缺少的成分。例如“主力”（zhǔlì）和“助理”（zhùlǐ）；“射击”（shèjī）和“舍己”（shějǐ）等都是靠声调来区别的。

二、调值和调类

汉语的声调可以从调值和调类两个方面来分析。

调值，指音节高低升降曲折长短的变化形式，也就是声调的实际读法。例如“zhōng”（中）这个音节读高平调，“yǔ”（雨）这个音节读先降后升的曲折调，这类“高平”“曲折”就是声调的调值。

调值的语音特点有二：第一，调值的音高是相对音高，不是绝对音高。第二，调值的升降变化是滑动的，中间没有停顿，没有跳跃。所谓相对音高，就是用比较的方法确定的同一基调的音高变化形式和幅度。例如，一个成年人和一个小孩要想读“去”（qù），都要从他们各自的最高音降到最低音，可能小孩的最低音比成年人的最高音还要高，也就是说他们的绝对音高不同，但发音时两人语音下降的幅度是相同的，即相对音高相同，因此他们可以很顺利地听懂对方的话。

描写普通话的调值，一般采用“五度标法”，即用一条分为五度的竖线作为标尺，自下而上，用数字表示声音由低而高，再用自左至右的辅线表示声调的起止度数，如图6－1所示。

调类，就是声调的种类，是把调值相同的归纳在一起得出的声调类别。因此，有几种值就有几种调类。普通话有四种调值，因而阴平、阳平、上声、去声四个调类。

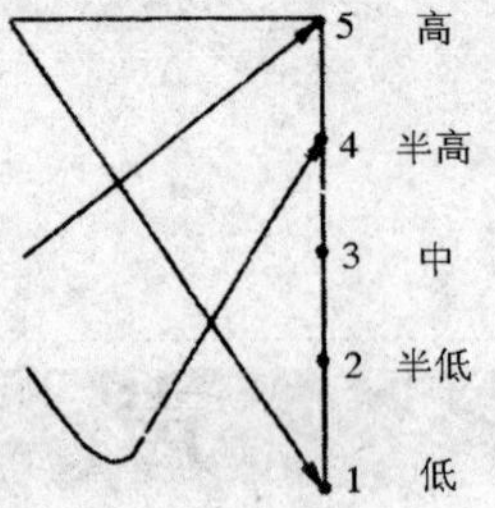

图 6－1 普通话调值五度标记图

三、普通话的四声

普通话的四个调类统称“四声”，它们的高低升降变化情况如下：

1. 阴平

第一声，高平调，调值 55，发音时高而平直，基本没有升降变化。例如：

春天花开　青春光辉　工商欢欣

高空飞机　公司通知　新屋出租

2. 阳平

第二声，中升调，调值 35，发音时由中音升到高音，是个高升的调子。例如：

人民银行　河流长存　连年和平

农民犁田　圆形循环　池塘鲢鱼

3. 上声

第三声，降升调，调值 214，发音时由 2 度降到 1 度再升到 4 度，是个先降后升的调子例如：

彼此理解　永远友好　理想美满

管理水火　老李买伞　展览可以

4. 去声

第四声，全降调，调值 51，发音时由 5 度降到 1 度，是个全降的调子。例如：

计划会议　创造利润　报告胜利

现在上课　下次注意　世界教育

为了便于记忆，我们可以熟读下面一段顺口溜：

阴平高高一路平，阳平从中往上升，

上声低降再扬起，去声从高滑到底。

标记声调的符号叫调号。普通话四个声调的调号分别为：阴平一，阳平ˊ，上声ˇ，去声ˋ。调号要标在音节的主要元音（韵腹）上。例如：

guī mó hěn dà 规模很大

huā hóng liǔ lǜ 花红柳绿

为准确标注调号，可熟记以下口诀：

ɑ o e i u ü，标调依然按顺序，

i u并列标后面，i上标调点抹去。

四、声调辨正

声调辨正就是辨别方言声调跟普通话声调之间的差异，找出它们的对应关系，纠正自己的方音。方言声调与普通话声调的差异主要表现在三个方面：一是调类相同，调值不同；二是方言调类多于或少于普通话调类；三是古入声的保留或归并情况不同。因此，方言区的人学习普通话声调要注意以下三点。

（一）改变调值

方言调值跟普通话调值没有完全相同的，即使是北方方言也是这样。北方方言区，从沈阳、济南、郑州、太原、西安、兰州、成都、昆明、汉口、南京十个点的调查材料看，除太原、南京保留入声外，其他各点调类跟普通话一样，都是阴平、阳平、上声、去声四个，但调值并不完全相同。比如济南话、青岛话的调值是：阴平 213，阳平 42，上声 55，去声 31。

济南人和青岛人把“山东聊城”念得像普通话的“陕懂料秤”。因为在方言中，他们的阴平调值跟普通话的上声调值差不多，而上声调值又跟普通话的阴平调值相同。因此，济南人、青岛人学习普通话声调，就要利用“平变曲，曲变平，低降变高降，高降变中升”这个对应规律，把方言中的高平调改读降升调，就成了普通话的上声调值，例如“表”字，由 55 调改读 214 调。把方言中的降升调改读高平调，就成了普通话的阴平调值，例如“钟”字，由 213 调改读 55 调。去声的调型与普通话相同，只要把起点由 2 度提高到 5 度即可。困难较大的是阳平，要把高降（42）变为中升（35）确实不易，不过只要反复练习，也能变难为易。

（二）调整调类

普通话是四个调类。方言调类同普通话相比，有的比普通话调类少，比如山东即墨、河北滦县等地为三个调类；有的又比普通话多，如上海、长沙、福州、广州等地分别是 5、6、7、9 个调类。比普通话调类少的地区，学习普通话要分开调类。如山东即墨的阳平字和去声字不分，统念 42 调，学习声调时要分化成阳平和去声两个调类，把其中的阳平字改读 35 调，去声字读为 51 调。滦县的平声字不分阴平阳平，统念 11 调，学习时要分化为阴平阳平两个调类，并按阴平 55、阳平 35 的调值去读。比普通话调类多的地区则要注意合并调类。比如吴方言区的无锡、常熟等地有八个调类，即：阴平、阳平、阴上、阳上、阴去、阳去、阴入、阳入，学习声调时要依据与普通话的对应规律，合并调类，并按普通话的调值读。

（三）改读古入声字

“入声”是古代汉语四声（平、上、去、入）中的一个调类。这个调类包含的字称为古入声字。入声字读音比较短促．音节念不长。古入声演变到现在，有的方言里还有，如南京话有一个入声，上海话有两个入声，广西玉林话有四个入声（见本章附录古入声字普通话对照表）；在另一些方言中，入声调全部消失，入声字归入了别的调类，如重庆话、成都话，古入声字全部归入阳平调类中。普通话是没有入声的，古入声字普通话分别归入阴平、阳平、上声、去声四个调类。据粗略地统计，600 个左右常用的古入声字，在普通话中读去声的约占 40%，读阳平的约占 31%，读阴平的约占 21%，读上声的只有 7%～8%。方言区的人学习普通话声调要做到知己知彼。对于保留入声区的人来讲，入声字有独立的念法，很容易识别，只需记住它们的普通话声调即可改读。对于消失入声区的人来讲，则多了一项工作，即先要弄清入声字在自己方言里的去向，把它们从所属调类中找出来。其次才是记住它们的普通话声调进行改读。

要知道哪些字是古入声字以及它们在普通话中的声调，可以查阅古入声字普通话读音表。为了帮助识别和记忆古入声字，这里介绍几种方法：

(1) 声母是 b、d、g、j、zh、z 的阳平字，绝大部分是古入声字。如：拔 bá、白 bái、答 dá、革 gé、吉 jí、颊 jiá、哲 zhé、责 zé、杂 zá 等。

(2) 声母是 zh、ch、sh、r 的 uo 韵母字都是古入声字。如：捉 zhuō、桌 zhuō、戳 chuō、说 shuō、烁 shuò、弱 ruò 等。

(3) 声母是 f 的 a 和 o 韵母字都是古入声字。如：发 fā、乏 fá、法 fǎ、珐 fà、佛 fó 等。

(4) 声母是 p、t、m、n、l 的 ie 韵母字，绝大部分是古入声字。如：撇 piē、瞥 piē、贴 tiē、铁 tiě、灭 miè、蔑 miè、捏 niē、聂 niè、列 liè、猎 liè、嗟 jiē 等。

(5) üe 韵母字除“瘸”qué、“靴”xuē 几个字以外也都是古入声字。如：虐 nüè、略 lüè、缺 quē、雀 què、学 xué、雪 xuě 等。

另外，绝大多数入声字都分布在单韵母 a、o、e、i、u、ü、－i（后）和复韵母 ia、ie、üe、uo 里面，其他的复韵母只有极少的入声字，普通话中有 19 个韵母没有入声字，它们是 16 个带鼻音韵母和－i（前）、er、uei 三个元音韵母。掌握了以上规律，联系自己方言声调与普通话声调的对应规律去学习，古入声字的改读问题是不难解决的。

第二节 声调训练

一、声调读音训练

(一) 单音节四声训练

(1)	ā	á	ǎ	à	妈	麻	马	骂
	ō	ó	ǒ	ò	坡	婆	叵	破
	ē	é	ě	è	哥	革	葛	个
	ī	í	ǐ	ì	西	席	洗	细
	ū	ú	ǔ	ù	突	图	土	兔
	ǖ	ǘ	ǚ	ǜ	居	局	举	剧
(2)	fēi	féi	fěi	fèi	非	肥	匪	费
	jiē	jié	jiě	jiè	街	结	解	界
	yōu	yóu	yǒu	yòu	优	油	有	又
	huī	huí	huǐ	huì	辉	回	毁	惠

fān	fán	fǎn	fàn	翻	凡	反	贩
pēng	péng	pěng	pèng	抨	膨	捧	碰
tōng	tóng	tǒng	tòng	通	童	统	痛

（二）双音节同调训练

1. 阴平

波涛 bōtāo　炊烟 chuīyān　鲜花 xiānhuā
芳香 fāngxiāng　剥削 bōxuē　突出 tūchū
切割 qiēgē　压缩 yāsuō　推敲 tuīqiāo
夸张 kuāzhāng　欢呼 huānhū　刊登 kāndēng

2. 阳平

文学 wénxué　驰名 chímíng　前途 qiántú
蓬勃 péngbó　觉察 juéchá　国籍 guójí
习俗 xísú　洁白 jiébái　竹楼 zhúlóu
河塘 hétáng　传奇 chuánqí　昂扬 ángyáng

3. 上声

水果 shuǐguǒ　理想 lǐxiǎng　领导 lǐngdǎo
海岛 hǎidǎo　铁塔 tiětǎ　整体 zhěngtǐ
典礼 diǎnlǐ　体检 tǐjiǎn　野马 yěmǎ
委婉 wěiwǎn　冷暖 lěngnuǎn　抢险 qiǎngxiǎn

4. 去声

热爱 rèài　缔造 dìzào　荡漾 dàngyàng
胜利 shènglì　寂寞 jìmò　沐浴 mùyù
陆续 lùxù　毕业 bìyè　认证 rènzhèng
败诉 bàisù　护照 hùzhào　浪漫 làngmàn

（三）双音节异调训练

1. 阴—阳

积极 jījí　凄凉 qīliáng　挖掘 wājué
碑文 bēiwén　帆船 fānchuán　功劳 gōngláo
苍茫 cāngmáng　风行 fēngxíng　煎熬 jiān'áo
迁移 qiānyí　梯田 tītián　忧愁 yōuchóu
清明 qīngmíng　胸膛 xiōngtáng　脂肪 zhīfáng

2. 阴—上

金属 jīnshǔ　参考 cānkǎo　歌曲 gēqǔ
标点 biāodiǎn　纲领 gānglǐng　深浅 shēnqiǎn
餐饮 cānyǐn　嘉奖 jiājiǎng　施展 shīzhǎn
春水 chūnshuǐ　捐款 juānkuǎn　温暖 wēnnuǎn
多少 duōshǎo　夸口 kuākǒu　修理 xiūlǐ

3．阴—去

拍摄 pāishè　扑灭 pūmiè　督促 dūcù
鞭炮 biānpào　将要 jiāngyào　收获 shōuhuò
称赞 chēngzàn　精干 jīnggàn　松树 sōngshù
纲要 gāngyào　飘荡 piāodàng　凶恶 xiōng'è
欢乐 huānlè　趋向 qūxiàng　优秀 yōuxiù

4．阳—阴

伏击 fújī　节约 jiéyuē　学说 xuéshuō
节拍 jiépāi　烛光 zhúguāng　石雕 shídiāo
人间 rénjiān　结晶 jiéjīng　行家 hángjiā
农村 nóngcūn　才思 cáisī　文科 wénkē
良宵 liángxiāo　台灯 táidēng　情操 qíngcāo

5．阳—上

滑雪 huáxuě　狭窄 xiázhǎi　平等 píngděng
尘土 chéntǔ　明显 míngxiǎn　言语 yányǔ
诚恳 chéngkěn　男女 nánnǚ　遥远 yáoyuǎn
传统 chuántǒng　能手 néngshǒu　游泳 yóuyǒng
航海 hánghǎi　情感 qínggǎn　媒体 méitǐ

6．阳—去

跋涉 báshè　格式 géshì　决策 juécè
残废 cánfèi　迟到 chídào　答辩 dábiàn
茶叶 cháyè　厨具 chújù　凡是 fánshì
牢靠 láokào　农历 nónglì　投票 tóupiào
伶俐 línglì　前线 qiánxiàn　疑虑 yílǜ

7．上—阴

启发 qǐfā　委托 wěituō　广播 guǎngbō
水晶 shuǐjīng　小说 xiǎoshuō　尾声 wěishēng
野花 yěhuā　首都 shǒudū　女装 nǚzhuāng
写真 xiězhēn　产销 chǎnxiāo　短波 duǎnbō
警钟 jǐngzhōng　火锅 huǒguō　板书 bǎnshū

8．上—阳

北伐 běifá　笔直 bǐzhí　匹敌 pǐdí
朴实 pǔshí　扫描 sǎomiáo　假名 jiǎmíng
引航 yǐnháng　鲤鱼 lǐyú　法庭 fǎtíng
藕荷 ǒuhé　鸟笼 niǎolóng　指南 zhǐnán
舞台 wǔtái　草莓 cǎoméi　启迪 qǐdí

9．上—去

笔墨 bǐmò　法律 fǎlǜ　礼貌 lǐmào

改善 gǎishàn	缓慢 huǎnmàn	喜庆 xǐqìng
奖励 jiǎnglì	榜样 bǎngyàng	巧遇 qiǎoyù
款式 kuǎnshì	捧腹 pěngfù	典故 diǎngù
礼聘 lǐpìn	统帅 tǒngshuài	藕色 ǒusè

10. 去—阴

唱歌 chànggē	教师 jiàoshī	健康 jiànkāng
桂花 guìhuā	信心 xìnxīn	故乡 gùxiāng
电灯 diàndēng	自尊 zìzūn	客厅 kètīng
大家 dàjiā	象征 xiàngzhēng	丧失 sàngshī
乐章 yuèzhāng	踏青 tàqīng	帽徽 màohuī

11. 去—阳

斥责 chìzé	克服 kèfú	祝福 zhùfú
玉石 yùshí	善良 shànliáng	汽油 qìyóu
预防 yùfáng	地图 dìtú	共同 gòngtóng
漫谈 màntán	树林 shùlín	睡眠 shuìmián
伴随 bànsuí	画廊 huàláng	少年 shàonián

12. 去—上

肋骨 lèigǔ	烈属 lièshǔ	彻底 chèdǐ
乐曲 yuèqǔ	地址 dìzhǐ	汉语 hànyǔ
跳舞 tiàowǔ	翅膀 chìbǎng	电影 diànyǐng
历史 lìshǐ	字典 zìdiǎn	后果 hòuguǒ
呐喊 nàhǎn	敬礼 jìnglǐ	庆典 qìngdiǎn

（四）四音节声调训练

1. 四字同调

春天花开 chūntiānhuākāi	江山多娇 jiāngshānduōjiāo
珍惜光阴 zhēnxīguāngyīn	丰收归仓 fēngshōuguīcāng
豪情昂扬 háoqíngángyáng	严格执行 yángézhíxíng
牛羊成群 niúyángchéngqún	犁田锄苗 lítiánchúmiáo
美好理想 měihǎolǐxiǎng	主演小品 zhǔyǎnxiǎopǐn
领导处理 lǐngdǎochǔlǐ	水果可口 shuǐguǒkěkǒu
变幻莫测 biànhuànmòcè	创造纪录 chuàngzàojìlù
废物利用 fèiwùlìyòng	浩浩荡荡 hàohàodàngdàng

2. 四声顺序

中华有志 zhōnghuáyǒuzhì	新型体制 xīnxíngtǐzhì
发扬巩固 fāyánggǒnggù	中华伟大 zhōnghuáwěidà
山河美丽 shānhéměilì	花红柳绿 huāhóngliǔlǜ
风调雨顺 fēngtiáoyǔshùn	光明磊落 guāngmínglěiluò
钻研努力 zuānyánnǔlì	千锤百炼 qiānchuíbǎiliàn

3. 四声逆序

破釜沉舟 pòfǔchénzhōu　　奋起直追 fènqǐzhízhuī
逆水行舟 nìshuǐxíngzhōu　　救死扶伤 jiùsǐfúshāng
妙手回春 miàoshǒuhuíchūn　　袖手旁观 xiùshǒupángguān
弄巧成拙 nòngqiǎochéngzhuō　　调虎离山 diàohǔlíshān
覆水难收 fùshuǐnánshōu　　痛改前非 tònggǎiqiánfēi

4. 四声无序

趾高气扬 zhǐgāoqìyáng　　和风细雨 héfēngxìyǔ
眉飞色舞 méifēisèwǔ　　心满意足 xīnmǎnyìzú
追本溯源 zhuīběnsùyuán　　掌上明珠 zhǎngshàngmíngzhū
轻重缓急 qīngzhònghuǎnjí　　天长地久 tiānchángdìjiǔ
虚怀若谷 xūhuáiruògǔ　　春意盎然 chūnyìàngrán

（五）对比辨读下列词语，体会声调的辨义作用

按时 ànshí 暗示 ànshì 安适 ānshì	边界 biānjiè 变节 biànjié 辩解 biànjiě	补发 bǔfā 步伐 bùfá 不法 bùfǎ
餐具 cānjù 残局 cánjú 惨剧 cǎnjù	穿通 chāntōng 传统 chuántǒng 串通 chuàntōng	初期 chūqī 出奇 chūqí 出气 chūqì
抵制 dǐzhì 地址 dìzhǐ 地质 dìzhì	抚育 fǔyù 赋予 fùyǔ 富裕 fùyù	官吏 guānlì 管理 guǎnlǐ 惯例 guànlì
礼节 lǐjié 理解 lǐjiě 历届 lìjiè	声称 shēngchēng 生成 shēngchéng 省城 shěngchéng	诗集 shījí 时机 shíjī 实际 shíjì
通知 tōngzhī 同志 tóngzhì 统治 tǒngzhì	仙境 xiānjìng 险境 xiǎnjìng 陷阱 xiànjǐng	妖艳 yāoyàn 谣言 yáoyán 耀眼 yàoyǎn

（六）熟读下面一段绕口令

大大妈大模大样骑大马，　　Dà dàmā dàmúdàyàng qí dà mǎ，
老姥姥老夫老妻赶老羊。　　Lǎo lǎolao lǎofū lǎoqī gǎn lǎo yáng。
姥姥喝酪，酪落姥姥捞酪，　　Lǎolao hēlào，lào luò lǎolao lāo lào，
舅舅架鸠，鸠飞舅舅揪鸠。　　Jiùjiu jià jiù，jiù fēi jiùjiu jiūjiù。
妈妈骑马，马慢妈妈骂马。　　Māma qí mǎ，mǎ màn māma màmǎ。
妞妞轰牛，牛拧妞妞拧牛。　　Niūniu hōng niú，niú nìng niūniu níng niú。

（七）朗读下列诗文，注意每个字的声调

（1）不论平地与山尖，　　Búlùn píngdì yǔ shānjiān，
无限风光尽被占。　　Wúxiàn fēngguāng jìn bèizhàn。

采得百花成蜜后，　　Cǎidé bǎihuā chéng mì hòu，
为谁辛苦为谁甜。　　Wèishuí xīnkǔ wèishuí tián。

（唐　罗隐　蜂）

（2）黄四娘家花满蹊，　　Huángsìniáng jiā huāmǎnxī，
千朵万朵压枝低。　　Qiānduǒ wànduǒ yāzhīdī。
留连戏蝶时时舞，　　Liúlián xìdié shíshíwǔ，
自在娇莺恰恰啼。　　Zìzài jiāoyīng qiàqiàtí。

（唐　杜甫　江畔独步寻花）

（3）以铜为镜，可以正衣冠；以古为镜，可以见兴替；以人为镜，可以知得失。

Yǐ tóng wéi jìng，kě yǐ zhèng yī guān；yǐ gǔ wéi jìng，kě yǐ jiàn xīng tì；yǐ rén wéi jìng，kě yì zhī dé shī。

（唐　李世民）

（4）读书好问，一问不得，不妨再三问，问一人不得，不妨问数十人。

Dúshū hàowèn，yíwèn bùdé，bùfáng zài sān wèn，wèn yìrén bùdé，bufáng wèn shùshírén。

（清　郑燮）

（5）善于利用时间的人，永远找得到充裕的时间。

Shànyú lìyòng shéjiān de rén，yǒngyuǎn zhǎodedào chōngyù de shíjiān。

（歌德）

（6）错误同真理的关系，就像睡梦同清醒的关系一样。一个人从错误中醒来，就会以新的力量走向真理。

Cuòwù tóng zhēnlǐ de guānxì，jiù xiàng shuìmèng tóng qīngxǐng de guānxì yíyàng。Yígèrén cóng cuòwù zhōng xǐnglái，jiù huì yǐ xīn de lìliàng zǒu xiàng zhēnlǐ。

（歌德）

（7）昆明的雨季是明亮的、丰满的，使人动情的。城春草木深，孟夏草木长。昆明的雨季是浓绿的。草木的枝叶里的水分都到了饱和状态，显示出过分的、近于夸张的旺盛。

Kūnmíng de yǔjì shì míngliàng de、fēngmǎn de，shǐ rén dòngqíng de。Chéngchūn cǎomù shēn，mèngxià cǎomù zhǎng。Kūnmíng de yǔjì shì nónglǜ de。Cǎomù de zhīyè lǐde shuǐfèn dōu dàole bǎohé zhuàngtài，xiǎnshì chū guòfèn de、jìnyú kuāzhāng de wàngshèng。

（汪曾祺　昆明的雨）

（8）我爱月夜，但我也爱星天。从前在家乡七八月的夜晚，在庭院里纳凉的时候，我最爱看天上密密麻麻的繁星。望着星天，我就会忘记一切，仿佛回到了母亲的怀里似的。

Wǒ ài yuèyè，dàn wǒ yě ài xīngtiān。cóngqián zài jiāxiāng qī bā yuè de yèwǎn，zài tíngyuàn lǐ nàliáng de shíhou，wǒ zuì ài kàn tiānshang mìmìmámá de fánxīng。Wàngzhe xīngtiān，wǒ jiù huì wàngjì yíqiè，fǎngfú huídào le mǔqīn de huáilǐ shìde。

（巴金　繁星）

二、声调正音训练

(一) 朗读下列词语，注意读准古入声字的普通话声调

1. 阴平

出发 chūfā	激发 jīfā	失着 shīzhāo	瞎说 xiāshuō
出击 chūjī	夹击 jiājī	剔出 tīchū	歇息 xiēxī
滴答 dīdā	切割 qiēgē	突出 tūchū	压缩 yāsuō
吃喝 chīhē	凸出 tūchū	屈膝 qūxī	脱出 tuōchū

2. 阳平

格局 géjú	隔阂 géhé	国格 guógé	直达 zhídá
集结 jíjié	及格 jígé	结合 jiéhé	卓识 zhuóshí
角逐 juézhú	抉择 juézé	识别 shíbié	竹席 zhúxí
责罚 zéfá	折服 zhéfú	着急 zháojí	直辖 zhíxiá

3. 上声

北曲 běiqǔ	铁索 tiěsuǒ	撒谷 sǎgǔ	瘪谷 biěgǔ
笔法 bǐfǎ	岬角 jiǎjiǎo	铁笔 tiěbǐ	角尺 jiǎochǐ
铁塔 tiětǎ	甲乙 jiǎyǐ	铁甲 tiějiǎ	百褶 bǎizhě

4. 去声

炽热 chìrè	劣迹 lièjì	复述 fùshù	陆续 lùxù
寂寞 jìmò	麦粒 màilì	栗色 lìsè	墨迹 mòjì
木刻 mùkè	涉猎 shèliè	沐浴 mùyù	朔日 shuòrì
雀跃 quèyuè	畜牧 xùmù	入列 rùliè	叶脉 yèmài

5. 阴—阳

发掘 fājué	托福 tuōfú	惜别 xībié	督察 dūchá
屈服 qūfú	缺额 quē'é	杀敌 shādí	七绝 qījué
脱俗 tuōsú	挖掘 wājué	削职 xuēzhí	曲直 qūzhí
缺德 quēdé	缺席 quēxí	失实 shīshí	发福 fāfú

6. 阴—上

夹角 jiājiǎo	秃笔 tūbǐ	歇脚 xiējiǎo	摸索 mōsuǒ
积雪 jīxuě	八角 bājiǎo	接骨 jiēgǔ	搭脚 dājiǎo
曲笔 qūbǐ	出血 chūxiě	曲尺 qūchǐ	屋脊 wūjǐ
插曲 chāqǔ	屈辱 qūrǔ	说法 shuōfǎ	发给 fāgěi

7. 阴—去

逼迫 bīpò	出色 chūsè	接洽 jiēqià	督促 dūcù
插入 chārù	跌落 diēluò	割裂 gēliè	发落 fāluò
吃力 chīlì	发射 fāshè	拙劣 zhuōliè	积蓄 jīxù
出落 chūluò	激越 jīyuè	摘译 zhāiyì	哭泣 kūqì

8. 阳—阴

白搭 báidā	得失 déshī	合拍 hépāi	直接 zhíjiē
鼻息 bíxī	伏击 fújī	实说 shíshuō	逐出 zhúchū
勃发 bófā	合击 héjī	熟悉 shúxī	直说 zhíshuō
搏击 bójī	节约 jiéyuē	活捉 huózhuō	节拍 jiépāi

9. 阳—上

白铁 báitiě	伏笔 fúbǐ	直属 zhíshǔ	绝笔 juébǐ
得法 défǎ	国法 guófǎ	执笔 zhíbǐ	没给 méigěi
额角 éjiǎo	熟铁 shútiě	直角 zhíjiǎo	执法 zhífǎ
佛法 fófǎ	狭窄 xiázhǎi	拔脚 bájiǎo	峡谷 xiágǔ

10. 阳—去

白沫 báimò	独立 dúlì	薄弱 bóruò	毒辣 dúlà
的确 díquè	服药 fúyào	得力 délì	隔壁 gébì
急速 jísù	结束 jiéshù	节录 jiélù	劫掠 jiélüè
杰作 jiézuò	决裂 juéliè	石蜡 shílà	实物 shíwù

11. 上—阴

撒出 sǎchū	铁桌 tiězhuō	只缺 zhǐquē	嘱托 zhǔtuō
给喝 gěihē	给吃 gěichī	抹杀 mǒshā	窄屋 zhǎiwū

12. 上—阳

北国 běiguó	北极 běijí	法学 fǎxué	笔答 bǐdá
骨骼 gǔgé	朴实 pǔshí	笔直 bǐzhí	法则 fǎzé
骨节 gǔjié	角膜 jiǎomó	骨折 gǔzhé	雪白 xuěbái
属实 shǔshí	铁勺 tiěsháo	法国 fǎguó	窄席 zhǎixí

13. 上—去

百叶 bǎiyè	笔触 bǐchù	脚迹 jiǎojì	笔迹 bǐjì
脚力 jiǎolì	角落 jiǎoluò	笔墨 bǐmò	脚踏 jiǎotà
法律 fǎlǜ	铁血 tiěxuè	瞩目 zhǔmù	谷物 gǔwù
法术 fǎshù	角质 jiǎozhì	曲剧 qǔjù	辱没 rǔmò

14. 去—阴

腊八 làbā	获悉 huòxī	虐杀 nüèshā	脉息 màixī
列出 lièchū	日出 rìchū	日托 rìtuō	郁积 yùjī
溢出 yìchū	月息 yuèxī	作息 zuòxī	目击 mùjī
特约 tèyuē	划拨 huàbō	窒息 zhìxī	墨汁 mòzhī

15. 去—阳

辍学 chuòxué	赤足 chìzú	复核 fùhé	必得 bìdé
覆辙 fùzhé	各级 gèjí	获得 huòdé	豁达 huòdá
刻毒 kèdú	蜡烛 làzhú	力学 lìxué	落实 luòshí
脉搏 màibó	秘诀 mìjué	觅食 mìshí	适合 shìhé

16. 去—上

彻骨 chègǔ	赤脚 chìjiǎo	刻骨 kègǔ	蜡笔 làbǐ
烙铁 làotiě	勒索 lèsuǒ	肋骨 lèigǔ	立脚 lìjiǎo
立法 lìfǎ	烈属 lièshǔ	鹿角 lùjiǎo	落笔 luòbǐ
落脚 luòjiǎo	入骨 rùgǔ	设法 shèfǎ	作曲 zuòqǔ

（二）对比辨读下列各组词语，注意读准声调

白族 báizú	剥落 bōluò	撤职 chèzhí
百出 bǎichū	伯乐 bólè	斥责 chìzé
伏法 fúfǎ	褐色 hèsè	合力 hélì
复发 fùfā	黑色 hēisè	活力 huólì
结集 jiéjí	绝笔 juébǐ	学业 xuéyè
截击 jiéjī	绝壁 juébì	血液 xuèyè
约法 yuēfǎ	列席 lièxí	汁液 zhīyè
越发 yuèfā	裂隙 lièxì	职业 zhíyè
积木 jīmù	实业 shíyè	竹节 zhújié
极目 jímù	失业 shīyè	祝捷 zhùjié
揭发 jiēfā	失物 shīwù	接木 jiēmù
结发 jiéfà	食物 shíwù	节目 jiémù

（三）朗读下列诗文，注意读准入声字的普通话声调

（1）碧（bì）玉妆成一（yí）树高，万条垂下绿（lǜ）丝绦。不（bù）知细叶谁裁出（chū），二月（yuè）春风似剪刀。

（唐　贺知章　咏柳）

（2）李白（bái）乘舟将欲（yù）行，忽（hū）闻岸上踏（tà）歌声。桃花潭水深千尺（chǐ），不（bù）及（jí）汪伦送我情。

（唐　李白　赠汪伦）

（3）寒冬腊月（làyuè），北（běi）风从室壁（shìbì）裂隙（lièxì）呼叫而入（rù），霎（shà）时屋（wū）内冷气彻骨（chègǔ）。

（4）几只（zhī）喜鹊（què）欢跃（yuè）屋脊（wūjǐ），唧唧（jījī）喳喳叫个不歇（bùxiē），或（huò）许有客（kè）远来。

（5）兴安岭多么会打扮自己呀：青松作（zuò）衫，白（bái）桦为裙，还穿着（zhe）绣花鞋，连树与树之间的空隙（xì）也不（bù）缺（quē）乏（fá）色（sè）彩。在松影下开着（zhe）各（gè）种小花，招来各（gè）色（sè）的小蝴蝶（dié）——它们很亲热（rè）地落（luò）在客（kè）人的身上。

（老舍　林海）

（6）没（méi）有一（yí）个人把小草叫作大力（lì）士，但是他的力（lì）量的（dí）确（què）谁都比不（bú）上。这（zhè）种力（lì）是看不（bú）见的生命力（lì）。只要生命存在，这（zhè）种力（lì）就要显现。上面的石（shí）块丝毫不（bù）能阻挡它，因为这（zhè）是一（yì）种长期抗战的力（lì）；有弹性，能屈（qū）能伸的力（lì）；有韧性，不（bù）达（dá）目（mù）的（dì）不（bù）止的力（lì）。

（7）对于独（dú）生子女的教育（yù），许多人重视智力（lì）开发（fā），忽（hū）视心理健康。除去读（dú）书外，就是学（xué）习（xí）电脑呀，弹琴呀，舞蹈呀，这（zhè）些高雅的技能。而且，尽可能在物（wù）质（zhì）上满足（zú）孩子的要求。结（jié）果呢，不（bú）会处理自己的事，不（bù）知道帮助别（bié）人，经不（bù）住失（shī）败的打击（jī），这（zhè）还算好的。严重的会造成自私、任性、懒惰等毛病。经济条件好的，用钱不（bù）在乎，普遍存在攀比现象。

当然，也不（bù）能消极（jí）地看待这（zhè）个问题。要充分肯定独（dú）生子女的长处，如聪明、好学（xué）、思维敏捷（jié）等，更要积（jī）极（jí）调动非智力（lì）因素，养成勤劳、勇敢、坚毅等良好品质（zhì）和合（hé）作（zuò）共处、助人为乐（lè）等健康精神。

附录　古入声字普通话读音表（韵序）

古入声字普通话读音表（韵序）见表6-1。

表6-1　古入声字普通话读音表（韵序）

声韵	声调			
	阴平	阳平	上声	去声
ba	八捌	拔跋		
ma	抹（抹布）			
fa	发	伐阀筏罚乏	法砝	发（理发）
da	搭答（答应）	答（答复）瘩达		
ta	塌踏（踏实）		塔	沓踏（踏步）榻拓（拓碑）
na				呐纳钠捺
la	垃邋			
ka	喀			
ha			哈（哈达）	
zha	扎（扎针）	铡扎（挣扎）札轧（轧钢）	眨	栅
cha	插	察		刹
sha	杀刹（刹车）			霎
za	扎（包扎）匝砸	砸杂		
ca	擦			
sa				萨卅

续表

声韵	声调			
	阴平	阳平	上声	去声
bo	饽拨剥（剥削）钵泊（湖泊）	伯泊箔舶勃渤脖博搏膊薄（薄弱）驳钹帛		薄（薄荷）
po	泼			迫（强迫）珀粕魄（气魄）
mo	摸	膜	抹	末沫抹（抹灰）茉陌莫寞漠默墨没殁
fo		佛		
de		得德		
te				特忒忑
ne				讷
le	肋			乐肋（勒令）
ge	搁胳疙割鸽	格阁蛤（蛤蚧）革膈隔葛（葛布）骼（骨骼）	葛	各（各个）铬
ke	磕瞌	咳壳	渴	克刻客恪
he	喝	核貉（一丘之貉）涸盒劾（弹劾）阂		赫褐鹤吓（恐吓）喝（喝彩）
zhe		折哲蛰辙辄磔谪	褶者锗赭	浙蔗鹧
she		舌折	舍	涉设摄慑
ze		则择泽责		仄
ce				测侧厕恻策册
se				塞涩色铯瑟啬穑
e		额	恶（恶心）	恶（恶劣）噩遏厄扼轭鄂颚鳄
bi	逼	鼻荸	笔	壁璧必毕碧辟（复辟）避愎
pi	劈霹		匹劈（劈柴）癖	辟僻
mi				密蜜觅幂汨
di	滴	狄涤迪笛敌的（的确）嫡		的（目的）
ti	剔踢			惕
ni				匿溺逆

续表

声韵	声调			
	阴平	阳平	上声	去声
li				立粒栗砾力历沥雳
ji	激击唧积缉（通缉）圾	及级极汲吉急棘即集籍辑亟疾嫉	给（供给）脊	鲫寂绩迹
qi	七柒漆戚		乞	泣讫迄
xi	吸膝悉蟋息熄析淅晰蜥昔夕惜汐锡	习席媳袭檄		
yi	一壹揖		乙	易亦邑蜴疫役益溢翼逸驿译亿忆屹抑翌轶
zhi	织汁只（只身）	直值植殖执侄职		挚帜秩掷（投掷）质窒蛭炙
chi	吃		尺	炽斥赤叱饬
shi	施虱湿失	十什拾石识食蚀实		室释适饰式拭轼
ri				日
bu	晡		卜	不
pu	扑	仆	朴（朴素）蹼	暴瀑曝
mu				幕木沐睦目苜穆牧
fu		匐弗佛（仿佛）拂伏袱茯服幅福辅		缚复腹蝮馥覆
du	督	读犊牍独毒		
tu	秃突凸			
lu				赂鹿漉辘麓录绿（绿林）禄碌陆戮
gu	骨（花骨朵）		骨（骨髓）谷	梏
ku	窟哭			酷
hu	忽惚	斛囫鹄（鹄立）		
zhu		竹烛逐竺术（白术）	嘱瞩	祝筑
chu	出			触畜（牲畜）矗绌黜怵
shu	叔淑	赎熟孰塾	属蜀	术述束
ru			辱	入褥
zu		足族卒镞		
cu				促簇蹴
su		俗		塑肃速宿粟夙

续表

声韵	声调			
	阴平	阳平	上声	去声
wu				雾勿物
lü				律率（效率）绿氯
ju	鞠疽锔	局菊橘		
qu	曲屈		曲（歌曲）	
xu				续畜（畜牧）蓄恤旭煦
yu				育域浴欲玉狱郁毓
bai		白	百柏	
pai	拍			
mai				脉麦
zhai	摘	宅翟	窄	
chai	拆			
shai			色（掉色）	
sai	塞（瓶塞儿）			
bei			北	
mei		没（没有）		
dei			得（我得去）	
lei	勒（勒紧）			
gei			给	
hei	黑			
zei		贼		
bao		雹薄（薄纸）		
lao				烙酪
zhao	着（高着儿）	着（烧着了）		
shao		勺芍		
zhou	粥	轴妯（妯娌）		
jia	夹（夹子）	夹荚铗颊	甲钾胛岬	
qia	掐			恰洽
xia	瞎呷	狭侠峡狎匣辖		
ya	押鸭压			轧揠
bie	鳖憋	别蹩	瘪	别（别扭）
pie	瞥撇（撇开）		撇苤（苤蓝）	
mie				灭蔑

续表

声韵	声调			
	阴平	阳平	上声	去声
die	爹跌	迭叠谍堞		
tie	贴帖		铁帖（帖子）	帖（字帖）
nie	捏			聂镊蹑镍孽蘖涅
lie			咧（咧嘴）	列冽烈裂猎劣
jie	秸揭接疖	诘洁结劫杰孑节竭睫捷截		
qie	切（切开）			怯切（密切）窃妾挈锲
xie	歇蝎楔	协胁挟		泄屑亵燮
ye				液掖腋叶页业谒咽（呜咽）
gua	刮			
hua		滑猾		划画
zhua	抓			
shua	刷			刷（刷白）
wa	挖			袜
duo	咄掇	夺度（猜度）踱铎		
tuo	脱托			拓（开拓）柝
nuo				诺
luo	捋			烙洛落络骆
guo	郭蝈聒	国帼		
kuo				扩廓
huo	豁（豁口）	活		或惑获霍豁（霍亮）
zhuo	桌捉拙涿	茁灼酌浊镯着（着落）啄诼琢擢卓		
chuo	戳			绰啜辍龊
shuo	说			硕烁铄妁朔搠槊蒴
ruo				若弱
zuo	作（作坊）	昨琢（琢磨）		作祚柞酢
cuo	撮			错
suo	缩		索	
wo	喔			沃斡握龌幄
nüe				虐疟

续表

声韵	声调			
	阴平	阳平	上声	去声
lüe				略掠
jue	撅	决诀抉觉珏绝倔掘崛厥橛蹶矍爵嚼攫		
que	缺	瘸		却确鹊雀阕阙
xue	薛削（剥削）	学穴噱（噱头）	雪	血（血压）谑
yue	约曰		哕	悦阅越粤月钺钥（锁钥）跃乐（音乐）岳
miao			渺	
jiao		嚼（嚼碎）	脚角	
qiao				壳
yao				药钥鹞
liu		馏（馏金）		馏（馏子）六
jiu			九	
xiu	休			
guai	乖		拐	怪
shuai				率（率领）蟀

第七章

音　节

第一节　音节的结构

一、音节的结构形式

音节是语音的基本结构单位，是自然感到的最小语音单位，由一个或几个音素组成。一般地说，除个别情况外，一个汉字的读音就是一个音节。普通话的音节一般由声母、韵母和声调构成。有些比较复杂的音节的韵母包含韵头、韵腹和韵尾三个部分。现将普通话音节的结构方式列表如表 7－1 所示。

表 7－1　普通话音节结构表

例字	结构方式					声调
	声母	韵母				
		韵头（介音）	韵（韵身）			
			韵腹（主要元音）	韵尾（元音）	韵尾（辅音）	
窗 chuāng	ch	u	a		ng	阴平
话 huà	h	u	a			去声
百 bǎi	b		a	i		上声
久 jiǔ	j	i	o	u		上声
读 dú	d		u			阳平
游 yóu		i	o	u		阳平
元 yuán		ü	a		n	阳平
鸭 yā		i	a			阴平
鸥 ōu			o	u		阴平
呃 é			e			阳平

二、音节的结构特点

从普通话音节结构表中可以看出，普通话音节有以下特点：

(1) 一个音节最多可以有四个音素（如“壮”），最少有一个音素（如“啊”）。

(2) 每个音节都有元音，至少有一个，最多有三个，并且连续出现，分别充当韵头、韵腹和韵尾。如果一个音节只有一个音素，这个音素除极个别外都是元音。

(3) 音节可以没有辅音（如“俄”）。辅音只在音节的开头或末尾出现（如“壮”），没有两个辅音相连（复辅音）的音节，“zh、ch、sh、ng”等不是复辅音，而是由两个符号表示的一个音素。

(4) 汉语音节不能没有声调，不能没有韵腹（主要元音），可以没有声母、韵头和韵尾。

三、普通话的声韵拼合规律

普通话音节有完整的系统。构成普通话音节的 21 个辅音声母和 39 个韵母，有机地拼合成 400 多个基本音节，加上四个声调的配合，则可组成 1200 多个音节。普通话声韵调的配合，有一定的规律性，其中声母和韵母的拼合规律最为明显。方言区的人学习普通话一定要掌握音节的拼合规律，特别是声韵配合规律，了解哪些声母能同哪些韵母相拼，不能同哪些韵母相拼。可参照表 7-2 普通话声韵配合简表进行学习。

表 7-2　普通话声韵配合简表

<table>
<tr><th colspan="2" rowspan="3">声母</th><th colspan="4">韵母</th></tr>
<tr><th>开口呼</th><th>齐齿呼</th><th>合口呼</th><th>撮口呼</th></tr>
<tr><th colspan="4">能否配合</th></tr>
<tr><td>双唇音</td><td>b、p、m</td><td>+</td><td>+</td><td>只跟 u 相拼</td><td></td></tr>
<tr><td>唇齿音</td><td>f</td><td>+</td><td></td><td>只跟 u 相拼</td><td></td></tr>
<tr><td rowspan="2">舌尖中音</td><td>d、t</td><td rowspan="2">+</td><td rowspan="2">+</td><td rowspan="2">+</td><td></td></tr>
<tr><td>n、l</td><td>+</td></tr>
<tr><td>舌面音</td><td>j、q、x</td><td></td><td>+</td><td></td><td>+</td></tr>
<tr><td>舌根音</td><td>g、k、h</td><td>+</td><td></td><td>+</td><td></td></tr>
<tr><td>舌尖后音</td><td>zh、ch、sh、r</td><td>+</td><td></td><td>+</td><td></td></tr>
<tr><td>舌尖前音</td><td>z、c、s</td><td>+</td><td></td><td>+</td><td></td></tr>
<tr><td>零声母</td><td>ø</td><td>+</td><td>+</td><td>+</td><td>+</td></tr>
</table>

注：“+”表示全部或局部声韵能相拼，空白表示不能相拼。

从表 7-2 中可以看出普通话声韵拼合有下列一些主要规律：

(1) 双唇音 b、p、m 和舌尖中音 d、t 能跟开口呼、齐齿呼、合口呼韵母拼合，不能跟撮口呼韵母拼合。双唇音拼合口呼限于 u。

（2）唇齿音 f，舌根音 g、k、h，舌尖前音 z、c、s 和舌尖后音 zh、ch、sh、r 四组声母能跟开口呼、合口呼韵母拼合，不能跟齐齿呼、撮口呼韵母拼合。唇齿音拼合口呼限于 u。

（3）舌面音 j、q、x 同上述四组声母相反，只能跟齐齿呼、撮口呼韵母拼合，不能跟开口呼、合口呼韵母拼合。

（4）舌尖中音 n、l 能跟所有的韵母拼合。零声母音节在四呼中都有。

以上规律只是一般的、粗略的，要全面细致地掌握普通话声韵拼合规律，还必须熟悉音节的拼写规则。

第二节　音节的拼读和拼写

一、音节的拼读

（一）拼音时应注意的几个问题

1. *声母要用本音*

平常念声母，一般是念它的呼读音。声母的呼读音都是在声母的本音（纯粹音）后面加上一个元音。同韵母相拼时，应该去掉元音，用它的本音。有人把拼音的经验总结为“前音轻短后音重，两音相连猛一碰”，这句话基本上反映了拼音的要领。前音（声母）念得轻而短，就可能接近于本音；后音（韵母）是发音响亮的部分，当然应该重念了。要比较准确地发出声母，还可以采用这样一种办法：拼音时，发音器官先做好发某个声母的姿势，然后在发这个声母的同时把要相拼的韵母一起念出来。例如拼 zhāng（张）时，先使舌尖翘起同硬腭前部接触，作发 zh 的姿势，在发 zh 的同时，气流冲破阻碍连 āng 一起念出来。

2. *声母、韵母之间不要有停顿*

例如拼 gǔ（谷）时，如果 g 和 u 之间有了停顿，就会拼成 g（ē）—ǔ（歌舞）。

3. *要念准韵头*

对于有韵头（介音）的音节，在拼音时要注意把韵头念准，有意识地让口张得慢一些，把韵头引出来。念不准韵头，就可能出现丢失韵头或者改变韵头的现象。例如拼 luàn（乱）时，如果丢失韵头，就会拼成 làn（滥）。

（二）拼音的方法

1. *两拼法*

两拼法就是把音节分成声母和韵母两个部分进行拼音的方法。韵母当作一个整体，不管结构如何都不分开念。例如：

g—uāng—guāng（光）　　m—íng—míng（明）
l—ěi—lěi（磊）　　l—uò—luò（落）

2．三拼法

三拼法就是把音节分成声母、韵头、韵腹（有韵尾的则包括韵尾）三部分进行连读的方法，这种方法，只适用于有韵头的音节。例如：

j—i—ā—jiā（加）　　q—i—áng—qiáng（强）

d—u—àn—duàn（锻）　　l—i—àn—liàn（炼）

3．声介合拼法

声介合拼法就是先把声母和韵头合成一个部分，跟韵母的其余部分进行拼音的方法。这也只适用于有韵头的音节。例如：

ji—āng—jiāng（江）　　hu—ái—huái（淮）

ku—ān—kuān（宽）　　gu—ǎng—guǎng（广）

在开始使用这三种方法时，如果声调一时读不准，可以采用阴平、阳平、上声、去声挨个数的办法，找准要读的那个调子，等到熟练以后，就不一定要这样。

二、音节的拼写规则

（一）y、w 的使用

齐齿呼、合口呼、撮口呼三呼的零声母音节，连在其他音节后面时，音节的界限容易发生混淆。为了区分音节界限，《汉语拼音方案》规定要用 y、w 进行隔音。具体规定是：

（1）韵母表中 i 行的韵母，在零声母音节中，要用 y 开头。如果 i 后面还有别的元音，就把 i 改为 y。例如：

ia—ya（牙）　ie—ye（野）　iao—yao（腰）

iou—you（优）　ian—yan（烟）

iang—yang（央）　iong—yong（雍）

如果 i 后面没有别的元音，就在 i 前面加上 y。例如：

i—yi（衣）　in—yin（因）　ing—ying（英）

（2）韵母表中 u 行的韵母，在零声母音节中，要用 w 开头，如果 u 后面还有别的元音就把 u 改成 w。例如：

ua—wa（蛙）　uo—wo（窝）　uai—wai（歪）

uei—wei（威）　uan—wan（弯）　uen—wen（温）

ang—wang（汪）　ueng—weng（翁）

如果 u 后面没有别的元音，就在 u 前面加上 w。例如：

u—wu（乌）

（3）韵母表中 ü 行的韵母，在零声母音节中，也要用 y 开头。跟 i 行韵母不同的是不论 ü 后面有没有别的元音，一律要在 ü 前面加 y。加 y 后，ü 上两点要省去。例如：

ü→yu（迂）　　üe→yue（约）

üan→yuan（冤）　　ün→yun（晕）

y、w 是起隔音作用的字母。例如把“如意”二字连写成 rui，就会以为是一个音节（瑞）。用了 y，写成“ruyi”音节的分界就分明了。

（二）隔音符号的用法

“a、o、e”开头的音节连接在其他音节后面的时候，如果音节界限发生混淆，就要用隔音符号（’）隔开，举例如下：

ku’ai（酷爱）—kuai（快）　　xi’an（西安）—xian（先）

dang’an（档案）—dangan（单干）　　shang’e（上腭）—shange（山歌）

（三）省写

1. 韵母 iou、uei、uen 的省写

iou、uei、uen 前面加声母的时候，中间的 o、e 可省写，写成 iu、ui、un。

例如：niu（牛），gui（归），lun（论）。

不跟声母相拼（即自成音节），就不能省写，仍用 y、w 开头，写成 you（优），wei（威），wen（温）。

2. ü 上两点的省略

不能省略两点的，只限于 ü 出现在声母 n、l 后面，如：

n—üè—nüè 虐　　l—ǜ—lǜ 绿

l—üè—lüè 略　　l—ǚ—lǚ 旅

ü 和 n、l 以外的声母相拼时都省去两点。如：

j—ǚ—jǔ 举　　x—ǜ—xù 序

q—üè—què 却　　j—üé—jué 决

q—üán—quán 权　　j—ǖ—jūn 军

x—üān—xuān 宣　　q—ǘn—qún 群

为什么有的可省略，有的要保留呢？因为声母 j、q、x 不能跟合口呼韵母相拼，省去了两点也不会误认为是合口呼韵母“u”，音节不致发生混淆；而声母 n、l 既能跟撮口呼韵母相拼，又能跟合口呼韵母相拼，所以两点不能省，省了会发生混淆，如：

lǜ（绿）—lù（路）

（四）标调法

标调时要注意下面几点：

（1）声调符号一定要标在一个音节的主要元音（即韵腹）上。如：

bù（不）、kāi（开）、xiá（峡）、qián（前）

（2）iu、ui 这两个韵母，应标在后面的 u 或 i 上面。如：

xiù（秀）、tuī（推）、qiú（球）、duì（队）

（3）调号恰巧标在 i 的上面，那么 i 上的小点可省去。如：

yī（衣）、xīn（新）、guī（归）

（4）轻声音节不标调。如：

zhuōzi（桌子）、wǎnshang（晚上）

（五）音节连写

（1）同一个词的音节要连写，词与词分写。句子或诗行开头的字母要大写。如：

Tuánjié fèndòu jiànshè zǔguó!　　团结奋斗建设祖国！

Zhè shì wǒ de shū。 这是我的书。

(2) 专用名词和专用短语中的每个词开头字母要大写。如

Běijīng 北京 Guāngmíngrìbào 光明日报

Lǐbái 李白 Dǒngcúnruì 董存瑞

(3) 标题可以全部大写，也可以每个词开头的字母大写，有时为了简明美观，可以省略声调符号。

QING	NIN	JIANG	PUTONGHUA
Qing	Nin	Jiang	Putonghua
请	您	讲	普通话

第八章 音变

第一节 变调

我们的语言是音节和音节相连的，常发生声调的变化，这种变化是普通话中的一种自然现象。变调对于语言的表达不起什么主要作用，只有一小部分含有轻声的词有词义、词性的变化。变调现象一种是“从有变无”，如“轻声”的变调；另一种是“从此变彼”，如“一”“不”的变调；还有在原调本身范围之内的变化，如“上声变半上”等的变调。下面分别加以介绍。

一、轻声

轻声是四声之外的一种特别声调。有人把这种现象叫“丢调子”。例如：“走了”“看着”“我们”“你们”“好吧”等词语的后一个音节就是轻声。《汉语拼音方案》规定：轻声不标调号。

(1) 轻声在非上声（阴、阳、去）后，读短促低降调（调值 31），如：玻璃、头发、豆腐。

(2) 轻声在上声后，读短促的微升调（调值 34），如：我的、好的。

三个音节的词，第二、第三个音节若都是轻声，第三个则更轻一些，如：拉下来、走进去、了不得、剩下的。

二、相同的声调相连而发生的变化

两个相同的声调相连，两个字是一个词，后字重读，即保持原调，前一个稍轻，就要发生变化。

两个阴平相连，如“今天”，前一个字不是 55，而是变成 44 或 33（可叫“半阴”）。

两个阳平相连，如“和平”，前一个字不能再保持 35 的调值，而变得接近 34（可叫“半阳”）。

两个去声相连，如“注意”，前一个字不能再保持 51，而变得接近 53（可叫“半去”）。

这三种变化都不太显著。两个上声相连，如“美满”，变化就十分显著，前一个变成阳平。普通话上声是个曲折的调形（“曲调”），而且发音较长，如果相连的两个上声完全念出，声带松紧反复的变化太大，所以把曲调扯成升调 24，很像阳平 35，一般说是“变成阳平”也可以。三个上声相连，词语结构是“双单格”时，前两个上声变阳平，例如，展览馆、勇敢者、考古所等；词语结构是“单双格”时，第一个上声变半上，第二个变阳平，例如，纸老虎、很理想、冷处理等。但是一个三音节的词，说得快时，当中的一个音节常常变得轻一点儿。例如，请你/往北走，找/柳组长。“请”“往”“北”“组”等字都变为“阳平”，“你”“走”“长”三个字因为处于停顿时间较长的地位，要读强调的重音，可以读原调。但实际上这还是在一个“语流”中，这三个字都要变“半上”，因“你”与“往”、“走”与“找”之间停顿不太长，后一字已经跟上来。而尾字“长”，受这一句总的“语调”降调的影响，也变成“半上”了。

三、两个不同声调相连而发生的变化

变化显著的是上声。上声在“非上声”（包括阴平、阳平、去声，轻声）前面，变成“半上”，只留前半截，丢失了后半截，调值 214 变成了 211。例如，好书、好人、好事、好了的“好”。这是因为上声调子最长，而且中间有曲折，音节进行得很快时，这个长而曲折的调子便被挤掉了后半截，不容它升上去，后一个音节的声调动作已开始了。参考下面的“调值比较示意图”。

好　书	好　人	好　事	好　了
214——55	214——35	214——51	214——34
调值比变化成：			
211——55	211——35	211——51	211——34

上声有两种变调，“半上”与“阳平”。“半上”是小变化，一般人会觉得似乎没有变。读完全的上声原调机会很少，但读“半上”的机会却多得很。语句中表示强调的重音或停顿处的上声照例不变，其实并非不变，而是变为“半上”了。例如，“纸老虎”这个词，按规律变为“阳、阳、上”，但重音在“纸”上，那么“纸”就仿佛不变，但并非不变，而是变为“半上”了，末字“虎”如是肯定语气，语调下降，也就变为“半上”。“阳平”是大变化，“上上”相连，前一声调就变为“阳平”了。有一部分词，轻声不太固定，不轻也是可以的，如想起、手里等，前一字不变“半上”变为“阳平”；重叠式动词，如走走、洗洗等，前一字也不变“半上”变为“阳平”。

以上谈的半阴、半阳、半上、半去、阳平等几种变调，仍是在原调范围之内的变化，所以用拼音字母拼写时仍用原调号。学习普通话，这些变调的变化规律要掌握。

四、叠字形容词的变调

叠字形容词有两种形式：一种是 AA 式，另一种是 ABB 式或 AABB 式。

AA 式，如：深深地、大大的、满满的、快快地等，描写当时情况，一般不变调，只是附有“儿尾”，叠字第二个变成“儿化韵”时，这第二个字就变为阴平。如：长长儿的、平平儿的、满满儿的、暖暖儿的、快快儿地、慢慢儿地等。这种附“儿尾”的叠字形容词大多表示期望、祈令、要求而又具有温婉的语气。

ABB 式或 AABB 式，如：热腾腾、老老实实等，除叠字本身为阴平调即不再变外，其余各调都可把后面两个字变为阴平调。例如：亮堂堂、甜蜜蜜、明晃晃、硬邦邦、清清楚楚、欢欢喜喜、陆陆续续等。如果念得缓慢一些，念清楚它的原调，显得读字清楚，不变也可以。至于一部分书面语言中的叠字形容词，就绝不能变。例如：缓缓地流动、湛湛青天、迟迟不进、呜呜咽咽、闪闪烁烁、轰轰烈烈等。

五、“一”“七”“八”“不”的变调

“一、七、八、不”四个汉字在连读时都有音变规律。“一、七、八、不”这四个字单念时，“一、七、八”都念阴平声，“不”念去声。“一、七、八、不”这四个字用在语句中，就要看后面的一个音节的声调而定，变化比较复杂。

（一）“一”的四种声调

（1）单说，或在语句末尾，都念阴平。

例如：第一、十一、二十一等，看成一个数词，“一”字都读阴平调；表序数的“第一”和简称“一”时，也读阴平原调，不变；“一”夹在一串数字中，看作是单说的一个数字时，也不变。例如：一、二、三，一九一一年，一八三五一六，天下第一，五一，北京一中，三营一连，住在南一楼，一不怕苦、二不怕死，统一，始终如一，其说不一，八十一天。

（2）在去声前念阳平。

例如：一部书、一致、一样、一个人等。其中“个”是由去声变为轻声的，仍按去声看待。“一队”中的“一”如读 yī，表示“第一队”；如读 yí，表示一个队。

（3）在阴平、阳平、上声（即一切“非去声”）前念去声。

例如：一杯茶、一条心、一眼井、一五一十中的“一”是数目时的习惯语，“一个五，一个十”地数下去中的“一”是个数，并非“序数”，与一串数字“一九一七”等不同，应按此类变调。“一楼”中的“一”如读 yī，是第一层楼；如读 yì，是满楼。

（4）夹在叠用动词中间念轻声。

例如：看一看、试一试等。

（二）“七、八”的两种声调

（1）单说，或在词语末尾，或是“第七，第八”的意思，表“序数”，都念阴平原调。

（2）在阴平、阳平、上声前也念阴平原调。

（3）在去声前可念阳平。

例如：七万　八倍　七上八下　七个　八个

（三）“不”的三种变调

（1）单说，或在语句末尾念原调去声。

例如：不，还要提高警惕！我偏不！要不，明天再说吧！谁敢说个“不”字？

（2）在阴平、阳平、上声（即一切“非去声”）前也念原调去声。

例如：不多、不成、不理、不约而同、不遗余力、不可思议。

（3）在去声前念阳平。

例如：不错、不对、不锈钢。

(4) 在动词后的补语中，或夹在词语当中念轻声。

例如：拿不动、了不起、好不好？年不年、节不节。

用拼音字母拼写时，要不要标出变化后的调号，这要视情况而定，如是一般拼音读物，可以仍标原调，变化由读者自己掌握。如果是专门为了指导学习普通话的拼音读物，则以标出变调为好。

第二节 轻 重 音

一、作用

汉语词汇发展到现在，大多为双音节词，也有多音节词，单音节词并不太多。汉语的词，也和其他民族的语言一样，一个词有一个重音。这个重音很有用处，它可以明显地表示这几个音节的密切性，表示这是一个词，或是组织得相当紧密并具有一定意义的词组（已经“词化”了的词组）。同时，增加了语言的清晰度，是一个词还是平行并立的两个词，大致可以从重音上加以辨认。

（一）一个词与两个词

例如：

不许他搬弄是非。（重轻，指口舌争吵。）

我们要明辨是非。（同重，“是”与“非”。）

东西不同，可以比比。（重轻，指物件。）

东西两边都做了安排。（同重，指两个方位。）

（二）运用轻重音还可以区分一部分词的词义

例如：

你太大意了。（重轻，即粗心。）

讲讲这篇文章的大意。（中重，大略的含意。）

新厂子很有生气。（重轻，即朝气。）

请你不要生气。（中重，恼怒。）

（三）运用轻重音还可以区分一部分词的词性

例如：

他已经报告给首长了。（重轻，动词。）

下午听报告。（中重，名词。）

应该经常练习。（重轻，动词。）

第三个练习还没做完呢！（中重，名词。）

下面再举几个动词的补语，因轻重音不同而区分了补语的作用，表示不同的意义。

我一喊，他就站住了。（“住”轻读，是趋向补语。）

船不稳，你要站住了！（“住”重读，是结果补语，站住即站稳。）

把书打开。（“开”轻读，是趋向补语。）

要把这扇门打开才能拿东西。（“开”重读，是结果补语，打得大开。）

这条路，我走过。（“过”轻读，是趋向补语。）

可别走过了站！（“过”重读，是结果补语，超过。）

出来一个人。（“来”轻读，是趋向补语。）

这个小门出得来吗？（“来”重读，是结果补语，表示能够实现。）

由以上各例可见，轻重音在普通话的词里，能起一种积极作用，使语言表达得更准确。

二、“音量”的差别

嘴里发出一串串的音节，这些音节的轻重分量、强弱程度是不同的。这就是所谓“音量”的差别。音量的强度可以分为四等：①重音；②中音；③次轻音；④最轻音。例如：“图章”②②，“安静”②③，“我们”①④，“萝卜”①④，“火车”②①，“参观”②①，“老头子”②①④，“炊事员”②③①，“看得见”②④①，“义不容辞”②③②①。

粗略地讲，“次轻音”与“最轻音”可以合并为一类——轻音，但是实际上两者还是有些不同的。“最轻音”十分短、弱，调值消失。“次轻音”不太短弱，调值还略保持。例如，“子”字和“得”字：“妻子”（次轻），“麦子”（最轻），“懂得”（次轻），“说得对”（最轻）。“次轻音”与“中音”也可以合并为一类——中音。如果自己口头能分，最好分为四等。

三、词的轻重音格式

单音节的词、一些虚词或辅助成分（助词、方位词、趋向动词、词尾等）固定读轻声（最轻音）。例如：子（桌子），儿（女儿、月儿），头（石头、外头），们（我们、人们），家（人家、女孩子家），个（一个、那个），的（大的、你的），地（用力地），得（说得对），着（拿着），了（看了、要走了），住（捉住、站住），上（山上、穿上），下（底下、放下），来（出来、想起来），去（进去），过（说过），开（放开），呀（去呀），哪（看哪），吗（对吗），么（好么），啊（是啊）等。

多音节的词，按轻、中、重三等音量相配。其配合规律和词的结构有关系，形成种种不同的格式。但是总的看来，轻音不会在词的第一个音节出现。

双音节词的两种格式是重轻、中重。念“重轻”的是下面几种结构的词。

（1）单纯词，绝大多数，例外的很少。

例如：萝卜、葡萄、蜈蚣、蟑螂、喇叭、玻璃、哆嗦、吩咐、犹豫、伶俐、模糊等。

（2）叠字名词。

例如：哥哥、妈妈、猩猩、娃娃等。

（3）重叠式的动词。

例如：看看、试试等。

（4）动宾结构，是事物的名称（属“次轻音”，有少数例外）。

例如：枕头、扶手、裹腿、兜肚、顶针（缝纫用具）、盖火等。

（5）附陪衬性词尾、词头。

例如：月亮、云彩、柴火、韭菜、眉毛、耳朵等词后字为陪衬性词尾，刺猬、太阳、甘蔗、石榴、老鼠、老婆等词前字为陪衬性词头。

（6）对立结构（成为一件事物的代称，属“次轻音”）。

例如：买卖、来往、东西、动静、是非、好歹等。

（7）联合结构（限于口语常用，是次轻音，但有例外。书面用语、口头不常说的如“永恒”“碑碣”等不轻读）。

例如：眼睛、兄弟、名誉、机器、衣服、时候、地方、书记、看护、试验、消化、喜欢、沉重、柔和、详细、新鲜等。

（8）一小部分偏正结构的词（偏正结构的词以“中重”为正则，“重轻”为特例。这些特例是由于习惯，但也是有意按这个词所指事物的特点，或突出其修饰词素的意义，或削弱其中心词素的表意作用。其更大的用处是表示出这个词的结构的紧密）。

例如：田鸡（一种青蛙，不是鸡的种类），马脚（破绽，不是马的脚），鸡眼（脚上的一种病，是言其形似，并非鸡的眼睛），核桃（不是真正的桃），算盘（不是真的盘），毛病、手巾、黄瓜、苍蝇（以上四个词例，习惯轻读，表此事物轻微不足道）。男子、女子、男人、女人、工人、战士、医生、水手（以上八个词例重点在性别和所司职事），各例都属“次轻音”。

三音节的词，以“中轻重”为主要格式（“轻”属“次轻音”）。单纯词如：滴滴涕、冰激凌、索马里、黑格尔（都是译音）等。偏正结构如：西红柿、打字机、无线电、展览会等。人名、地名如：司马迁、黄继光、扬子江、井冈山等。附带叠音词尾的形容词如：黑乎乎、暖烘烘、喜洋洋等。少数是“中重轻”格式如：老头子、小伙子等。

四音节的词，以“中轻中重”为主要格式（“轻”属“次轻音”）。名词如：拼音字母、标点符号、阿尔泰山、二氧化碳等。形容词如：糊里糊涂、慌里慌张、高高兴兴、稳稳当当等。象声词如：噼里啪啦、嘻嘻哈哈等。成语如：光明正大、一马当先等。

第三节　“啊”的发音

语气词“啊”（a）由于受前面音节末尾一个音素的影响，常常发生语音变化。

（1）你说的是他呀（tā ya）！

快点说呀（shuō ya）！

过来整整俩汽车呀（chē yo）！

到底还写不写呀（xiě ya）？

原来是老徐呀（xú ya）！

时间过得真快呀（kuài ya）！

（2）这是谁的书哇（shū wa）？

他的普通话说得真好哇（hǎo wa）！

我心里也不好受哇（shòu wa）！

一个子也没有哇（yǒu wo）！

（3）这些日子，我是天天盼哪（pàn na）！

可不能忘了本哪（běn na）！

这水可真甜哪（tián na）！

你好狠的心哪（xīn na）！

（4）实在是忙啊（máng nga）！

那可不行啊（xíng nga）！

真不中用啊（yòng nga）！

今天不太冷啊（lěng nga）！

（5）他是我家老四啊（sì [za]）！

你来过潍坊几次啊（cì [za]）！

这是谁写的字啊（zì [za]）！

（6）多好的同志啊（zhì ra）！

快点吃啊（chī ra）！

二六一十二啊（er ra）！

那儿多好玩儿啊（wanr ra）！

“啊”的音变规律是，前面的音素是 o、o（ao、lao 两韵母除外）、e、ê、i、n 时，读 ya，汉字可写作“呀”，如例（1）；前面的音素是 u（包括 ao、iao 韵母）时，读 wo，汉字可写作“哇”，如例（2）；前面的音素是 n 时，读 na，汉字可写作“哪”，如例（3）；前面的音素是 ng 时，读 nga，汉字写作“啊”，如例（4）；前面的音素是－i 时，读 [za]，汉字写作“啊”，如例（5）；前面的音素是－i、er 或儿化韵母时，读 ra，汉字写作“啊”，如例（6）。

第四节 儿 化 音

一、儿化的概念

“儿化”指的是后缀“儿”与它前一音节的韵母结合成一个音节，并使这个韵母带上卷舌音色的一种特殊音变现象，这种卷舌化了的韵母就叫作“儿化韵”。例如，普通话念“花儿”的时候，这个“儿”字不是一个独立的音节，而只表示在念到“花”这个字音的末尾时，随即加上一个卷舌的动作，使韵母带上卷舌音“儿”的音色。

用汉语拼音字母拼写儿化音节，只需在原来的音节之后加上“r”（表示卷舌作用）就可以了。例如：“芽儿” yar，“馅儿” xianr，“味儿” weir。

二、儿化韵的发音

普通话韵母除 e、er 之外都可以“儿化”。儿化时由于舌头上翘（俗称卷舌），致使舌位较高、较前的韵尾（－i、－n）发不成而丢失，同时使韵腹元音也受影响而“央化”（或把非央元音变成央元音，或增添一个央元音），还使后鼻音韵尾（－ng）丢失而使韵腹元音“鼻音化”（使元音带鼻音色彩）。儿化音的变化规律如表 8－1 所示。

表 8-1　儿化音变化规律简表

韵母	儿化时的变化规律	例词
无韵尾或有 -u 韵尾	只加卷舌动作	小车儿 小鸟儿
有 -i、-n 韵尾的	卷舌时使韵尾丢失，有的要改变韵腹	一块儿 一点儿 没准儿 背心儿
有高元音 -i、-ü 韵腹的	加央元音 ə	小鸡儿 有趣儿
有舌尖元音 [ɿ] [ʅ] 的	变成 ə	瓜子儿 树枝儿
有 -ng 韵尾的	卷舌时使韵尾丢失，元音鼻化，有 i 韵腹的要加 ə	帮忙儿 花瓶儿

三、儿化的作用

儿化这种语音现象，跟词汇、语法有密切的关系，具有区别词义、区分词性和表示感情色彩的作用。

（一）区别词义

有的词儿化后具有比喻义，例如：

头（脑袋）——头儿（领头的）　　　眼（眼睛）——眼儿（小孔）

（二）区分词性

兼动词、名词两类的词或形容词，儿化后就固定为名词；有的名词、动词儿化后借用为量词。例如：

画（名词、动词）　画儿（名词）
尖（形容词）　尖儿（名词）
手（名词）　一手儿（量词）
堆（动词）　一堆儿（量词）

（三）表示细小、亲切或喜爱的感情色彩

有的词儿化后就带有一定的感情色彩。例如：

小皮球儿　小河儿　勺儿　头发丝儿　红嘴唇儿　小王儿

此外，有些代词、副词、动词和重叠的形容词也有儿化现象。例如：那儿、顺便儿、玩儿、好好儿、慢慢儿。

少数带词尾“儿”的词不读作儿化，或者在文艺作品中起某种修辞作用，“儿”独立为一个音节，读成“次轻音”。例如：女儿、月儿、云儿、蚕儿、蝉儿。在对仗整齐的诗歌或词语的节律中，需要占一个音节的时候，“儿”不读儿化。例如：花儿朵朵向阳开。

附录一　常用轻声词语表

条目中的非轻声音节只标本调，不标变调；条目中的轻声音节，注意不标调号，如：“明白 míngbai”

1 爱人 àiren
2 案子 ànzi
3 巴掌 bāzhang
4 把子 bǎzi
5 把子 bàzi
6 爸爸 bàba
7 白净 báijing
8 班子 bānzi
9 板子 bǎnzi
10 帮手 bāngshou
11 梆子 bāngzi
12 膀子 bǎngzi
13 棒槌 bàngchui
14 棒子 bàngzi
15 包袱 bāofu
16 包包 bāobao
17 包子 bāozi
18 豹子 bàozi
19 杯子 bēizi
20 被子 bèizi
21 本事 běnshi
22 本子 běnzi
23 鼻子 bízi
24 比方 bǐfang
25 鞭子 biānzi
26 扁担 biǎndan
27 辫子 biànzi
28 别扭 bièniu
29 饼子 bǐngzi
30 拨弄 bōnong
31 脖子 bózi
32 簸箕 bòji
33 补丁 bǔding
34 不由得 bùyóude
35 不在乎 bùzàihu
36 步子 bùzi
37 部分 bùfen
38 裁缝 cáifeng
39 财主 cáizhu
40 苍蝇 cāngying
41 差事 chāishi
42 柴火 cháihuo
43 肠子 chángzi
44 厂子 chǎngzi
45 场子 chǎngzi
46 车子 chēzi
47 称呼 chēnghu
48 池子 chízi
49 尺子 chǐzi
50 虫子 chóngzi
51 绸子 chóuzi
52 除了 chūle
53 锄头 chútou
54 畜生 chùsheng
55 窗户 chuānghu
56 窗子 chuāngzi
57 锤子 chuízi
58 刺猬 cìwei
59 凑合 còuhe
60 村子 cūnzi
61 耷拉 dāla
62 答应 dāying
63 打扮 dǎban
64 打点 dǎdian
65 打发 dǎfa
66 打量 dǎliang

67 打算 dǎsuan
68 打听 dǎting
69 大方 dàfang
70 大爷 dàye
71 大夫 dàifu
72 带子 dàizi
73 袋子 dàizi
74 耽搁 dānge
75 耽误 dānwu
76 单子 dānzi
77 胆子 dǎnzi
78 担子 dànzi
79 刀子 dāozi
80 道士 dàoshi
81 稻子 dàozi
82 灯笼 dénglong
83 提防 dīfang
84 笛子 dízi
85 底子 dǐzi
86 地道 dìdao
87 地方 dìfang
88 弟弟 dìdi
89 弟兄 dìxiong
90 点心 diǎnxin
91 调子 diàozi
92 钉子 dīngzi
93 东家 dōngjia
94 东西 dōngxi
95 动静 dòngjing
96 动弹 dòngtan
97 豆腐 dòufu
98 豆子 dòuzi
99 嘟囔 dūnang
100 肚子 dǔzi
101 肚子 dùzi
102 缎子 duànzi
103 对付 duìfu
104 对头 duìtou
105 队伍 duìwu
106 多么 duōme
107 蛾子 ézi
108 儿子 érzi
109 耳朵 ěrduo
110 贩子 fànzi
111 房子 fángzi
112 份子 fènzi
113 风筝 fēngzheng
114 疯子 fēngzi
115 福气 fúqi
116 斧子 fǔzi
117 盖子 gàizi
118 甘蔗 gānzhe
119 杆子 gānzi
120 杆子 gǎnzi
121 干事 gànshi
122 杠子 gàngzi
123 高粱 gāoliang
124 膏药 gāoyao
125 稿子 gǎozi
126 告诉 gàosu
127 疙瘩 gēda
128 哥哥 gēge
129 胳膊 gēbo
130 鸽子 gēzi
131 格子 gézi
132 个子 gèzi
133 根子 gēnzi
134 跟头 gēntou
135 工夫 gōngfu
136 弓子 gōngzi
137 公公 gōnggong
138 功夫 gōngfu
139 钩子 gōuzi
140 姑姑 gūgu
141 姑娘 gūniang
142 谷子 gǔzi
143 骨头 gǔtou
144 故事 gùshi

145 寡妇 guǎfu
146 褂子 guàzi
147 怪物 guàiwu
148 关系 guānxi
149 官司 guānsi
150 罐头 guàntou
151 罐子 guànzi
152 规矩 guīju
153 闺女 guīnü
154 鬼子 guǐzi
155 柜子 guìzi
156 棍子 gùnzi
157 锅子 guōzi
158 果子 guǒzi
159 蛤蟆 háma
160 孩子 háizi
161 含糊 hánhu
162 汉子 hànzi
163 行当 hángdang
164 合同 hétong
165 和尚 héshang
166 核桃 hétao
167 盒子 hézi
168 红火 hónghuo
169 猴子 hóuzi
170 后头 hòutou
171 厚道 hòudao
172 狐狸 húli
173 胡琴 húqin
174 糊涂 hútu
175 皇上 huángshang
176 幌子 huǎngzi
177 胡萝卜 húluóbo
178 活泼 huópo
179 火候 huǒhou
180 伙计 huǒji
181 护士 hùshi
182 机灵 jīling
183 脊梁 jǐliang
184 记号 jìhao
185 记性 jìxing
186 夹子 jiāzi
187 家伙 jiāhuo
188 架势 jiàshi
189 架子 jiàzi
190 嫁妆 jiàzhuang
191 尖子 jiānzi
192 茧子 jiǎnzi
193 剪子 jiǎnzi
194 见识 jiànshi
195 毽子 jiànzi
196 将就 jiāngjiu
197 交情 jiāoqing
198 饺子 jiǎozi
199 叫唤 jiàohuan
200 轿子 jiàozi
201 结实 jiēshi
202 街坊 jiēfang
203 姐夫 jiěfu
204 姐姐 jiějie
205 戒指 jiàzhi
206 金子 jīnzi
207 精神 jīngshen
208 镜子 jìngzi
209 舅舅 jiùjiu
210 橘子 júzi
211 句子 jùzi
212 卷子 juànzi
213 咳嗽 késou
214 客气 kèqi
215 空子 kòngzi
216 口袋 kǒudai
217 口子 kǒuzi
218 扣子 kòuzi
219 窟窿 kūlong
220 裤子 kùzi
221 快活 kuàihuo
222 筷子 kuàizi

223 框子 kuàngzi
224 困难 kùnnan
225 阔气 kuòqi
226 喇叭 lǎba
227 喇嘛 lǎma
228 篮子 lánzi
229 懒得 lǎnde
230 浪头 làngtou
231 老婆 lǎopo
232 老实 lǎoshi
233 老太太 lǎotaitai
234 老头子 lǎotouzi
235 老爷 lǎoye
236 老子 lǎozi
237 姥姥 lǎolao
238 累赘 léizhui
239 篱笆 líba
240 里头 lǐtou
241 力气 lìqi
242 厉害 lìhai
243 利落 lìluo
244 利索 lìsuo
245 例子 lìzi
246 栗子 lìzi
247 痢疾 lìji
248 连累 liánlei
249 帘子 liánzi
250 凉快 liángkuai
251 粮食 liángshi
252 两口子 liǎngkouzi
253 料子 liàozi
254 林子 línzi
255 翎子 língzi
256 领子 lǐngzi
257 溜达 liūda
258 聋子 lóngzi
259 笼子 lóngzi
260 炉子 lúzi
261 路子 lùzi
262 轮子 lúnzi
263 萝卜 luóbo
264 骡子 luózi
265 骆驼 luòtuo
266 妈妈 māma
267 麻烦 máfan
268 麻利 máli
269 麻子 mázi
270 马虎 mǎhu
271 码头 mǎtou
272 买卖 mǎimai
273 麦子 màizi
274 馒头 mántou
275 忙活 mánghuo
276 冒失 màoshi
277 帽子 màozi
278 眉毛 méimao
279 媒人 méiren
280 妹妹 mèimei
281 门道 méndao
282 眯缝 mīfeng
283 迷糊 míhu
284 面子 miànzi
285 苗条 miáotian
286 苗头 miáotou
287 名堂 míngtang
288 名字 míngzi
289 明白 míngbai
290 蘑菇 mógu
291 模糊 móhu
292 木匠 mùjiang
293 木头 mùtou
294 那么 nàme
295 奶奶 nǎinai
296 难为 náiwei
297 脑袋 nǎodai
298 脑子 nǎozi
299 能耐 néngnai
300 你们 nǐmen

301	念叨	niàndao
302	念头	niàntou
303	娘家	niángjia
304	镊子	nièzi
305	奴才	núcai
306	女婿	nǚxu
307	暖和	nuǎnhuo
308	疟疾	nüèji
309	拍子	pāizi
310	牌楼	páilou
311	牌子	páizi
312	盘算	pánsuan
313	盘子	pánzi
314	胖子	pàngzi
315	狍子	páozi
316	盆子	pénzi
317	朋友	péngyou
318	棚子	péngzi
319	脾气	píqi
320	皮子	pízi
321	痞子	pǐzi
322	屁股	pìgu
323	片子	piānzi
324	便宜	piányi
325	骗子	piànzi
326	票子	piàozi
327	漂亮	piàoliang
328	瓶子	píngzi
329	婆家	pójia
330	婆婆	pópo
331	铺盖	pūgai
332	欺负	qīfu
333	旗子	qízi
334	前头	qiántou
335	钳子	qiánzi
336	茄子	qiézi
337	亲戚	qīnqi
338	勤快	qínkuai
339	清楚	qīngchu
340	亲家	qìngjia
341	曲子	qǔzi
342	圈子	quānzi
343	拳头	quántou
344	裙子	qúnzi
345	热闹	rènao
346	人家	rénjia
347	人们	rénmen
348	认识	rénshi
349	日子	rìzi
350	褥子	rùzi
351	塞子	sāizi
352	嗓子	sǎngzi
353	嫂子	sǎozi
354	扫帚	sàozhou
355	沙子	shāzi
356	傻子	shǎzi
357	扇子	shànzi
358	商量	shāngliang
359	上司	shàngsi
360	上头	shàngtou
361	烧饼	shāobing
362	勺子	sháozi
363	少爷	shàoye
364	哨子	shàozi
365	舌头	shétou
366	身子	shēnzi
367	什么	shénme
368	婶子	shěnzi
369	生意	shēngyi
370	牲口	shēngkou
371	绳子	shéngzi
372	师父	shīfu
373	师傅	shīfu
374	虱子	shīzi
375	狮子	shīzi
376	石匠	shíjiang
377	石榴	shíliu
378	石头	shítou

379 时候 shíhou
380 实在 shízai
381 拾掇 shíduo
382 使唤 shǐhuan
383 世故 shìgu
384 似的 shìde
385 事情 shìqing
386 柿子 shìzi
387 收成 shōucheng
388 收拾 shōushi
389 首饰 shǒushi
390 叔叔 shūshu
391 梳子 shūzi
392 舒服 shūfu
393 舒坦 shūtan
394 疏忽 shūhu
395 爽快 shuǎngkuai
396 思量 sīliang
397 算计 suànji
398 岁数 suìshu
399 孙子 sūnzi
400 他们 tāmen
401 它们 tāmen
402 她们 tāmen
403 台子 táizi
404 太太 tàitai
405 摊子 tānzi
406 坛子 tánzi
407 毯子 tǎnzi
408 桃子 táozi
409 特务 tèwu
410 梯子 tīzi
411 蹄子 tízi
412 挑剔 tiāoti
413 挑子 tiāozi
414 条子 tiáozi
415 跳蚤 tiàozao
416 铁匠 tiějiang
417 亭子 tíngzi
418 头发 tóufa
419 头子 tóuzi
420 兔子 tùzi
421 妥当 tuǒdang
422 唾沫 tuòmo
423 挖苦 wāku
424 娃娃 wáwa
425 袜子 wàzi
426 晚上 wǎnshang
427 尾巴 wěiba
428 委屈 wěiqu
429 为了 wèile
430 位置 wèizhi
431 位子 wèizi
432 蚊子 wénzi
433 稳当 wěndang
434 我们 wǒmen
435 屋子 wūzi
436 稀罕 xīhan
437 席子 xízi
438 媳妇 xífu
439 喜欢 xǐhuan
440 瞎子 xiāzi
441 匣子 xiázi
442 下巴 xiàba
443 吓唬 xiàhu
444 先生 xiānsheng
445 乡下 xiāngxia
446 箱子 xiāngzi
447 相声 xiàngsheng
448 消息 xiāoxi
449 小伙子 xiǎohuǒzi
450 小气 xiǎoqi
451 小子 xiǎozi
452 笑话 xiàohua
453 谢谢 xièxie
454 心思 xīnsi
455 星星 xīngxing
456 猩猩 xīngxing

457 行李 xíngli
458 性子 xìngzi
459 兄弟 xiōngdi
460 休息 xiūxi
461 秀才 xiùcai
462 秀气 xiùqi
463 袖子 xiùzi
464 靴子 xuēzi
465 学生 xuésheng
466 学问 xuéwen
467 丫头 yātou
468 鸭子 yāzi
469 衙门 yámen
470 哑巴 yǎba
471 胭脂 yānzhi
472 烟筒 yāntong
473 眼睛 yǎnjing
474 燕子 yànzi
475 秧歌 yāngge
476 养活 yǎnghuo
477 样子 yàngzi
478 吆喝 yāohe
479 妖精 yāojing
480 钥匙 yàoshi
481 椰子 yēzi
482 爷爷 yéye
483 叶子 yèzi
484 一辈子 yībèizi
485 衣服 yīfu
486 衣裳 yīshang
487 椅子 yǐzi
488 意思 yìsi
489 银子 yínzi
490 影子 yǐngzi
491 应酬 yìngchou
492 柚子 yòuzi
493 冤枉 yuānwang
494 院子 yuànzi
495 月饼 yuèbing
496 月亮 yuèliang
497 云彩 yúncai
498 运气 yùnqi
499 在乎 zàihu
500 咱们 zánmen
501 早上 zǎoshang
502 怎么 zǎnme
503 扎实 zhāshi
504 眨巴 zhǎba
505 栅栏 zhàlan
506 宅子 zháizi
507 寨子 zhàizi
508 张罗 zhāngluo
509 丈夫 zhàngfu
510 帐篷 zhàngpeng
511 丈人 zhàngren
512 帐子 zhàngzi
513 招呼 zhāohu
514 招牌 zhāopai
515 折腾 zhēteng
516 这个 zhège
517 这么 zhème
518 枕头 zhěntou
519 镇子 zhènzi
520 芝麻 zhīma
521 知识 zhīshi
522 侄子 zhízi
523 指甲 zhǐjia
524 指头 zhǐtou
525 种子 zhǒngzi
526 珠子 zhūzi
527 竹子 zhúzi
528 主意 zhǔyi
529 主子 zhǔzi
530 柱子 zhùzi
531 爪子 zhuǎzi
532 转悠 zhuànyou
533 庄稼 zhuāngjia
534 庄子 zhuāngzi

535 壮实 zhuàngshi
536 状元 zhuàngyuan
537 锥子 zhuīzi
538 桌子 zhuōzi
539 字号 zìhao
540 自在 zìzai
541 粽子 zòngzi
542 祖宗 zǔzong
543 嘴巴 zuǐba
544 作坊 zuōfang
545 琢磨 zuómo

附录二　常用儿化词语表

本表列出原形韵母和所对应的儿化韵，用＞表示条目中儿化音节的注音，只在基本形式后面加 r，如：“一会儿 yīhuìr”，不标语音上的实际变化。

1.

a＞ar	刀把儿	dāobàr	号码儿	hàomǎr
	戏法儿	xìfǎr	在哪儿	zàinǎr
	找茬儿	zhǎochár	打杂儿	dǎzár
	板擦儿	báncār		
ai＞ar	名牌儿	míngpáir	鞋带儿	xiédàir
	壶盖儿	húgàir	小孩儿	xiǎoháir
	加塞儿	jiāsāir		
an＞ar	快板儿	kuàibǎnr	老伴儿	lǎobànr
	蒜瓣儿	suànbànr	脸盘儿	liǎnpánr
	脸蛋儿	liǎndànr	收摊儿	shōutānr
	栅栏儿	zhàlánr	包干儿	bāogānr
	笔杆儿	bǐgānr	门槛儿	ménkǎnr

2.

ang＞ar（鼻化）	药方儿	yàofāngr	赶趟儿	gǎntàngr
	香肠儿	xiāngchángr	瓜瓤儿	guārángr

3.

ia＞iar	掉价儿	diàojiàr	一下儿	yīxiàr
	豆芽儿	dòuyár		
ian＞iar	小辫儿	xiǎobiànr	照片儿	zhàopiànr
	扇面儿	shànmiànr	差点儿	chādiǎnr
	一点儿	yīdiǎnr	雨点儿	yǔdiǎnr
	聊天儿	liáotiānr	拉链儿	lāliànr
	冒尖儿	màojiānr	坎肩儿	kǎnjiānr
	牙签儿	yáqiānr	露馅儿	lòuxiànr
	心眼儿	xīnyǎnr		

4.

iang>iar（鼻化）	鼻梁儿	bíliángr	透亮儿	tòuliàngr
	花样儿	huāyàngr		
5.				
ua>uar	脑瓜儿	nǎoguār	大褂儿	dàguàr
	麻花儿	máhuār	笑话儿	xiàohuàr
	牙刷儿	yáshuār		
uai>uar	一块儿	yīkuàir		
uan>uar	茶馆儿	cháguǎnr	饭馆儿	fànguǎnr
	火罐儿	huǒguànr	落款儿	luòkuǎnr
	打转儿	dǎzhuànr	拐弯儿	guǎiwānr
	好玩儿	hǎowánr	大腕儿	dàwànr
6.				
uang>uar（鼻化）	蛋黄儿	dànhuángr	打晃儿	dǎhuàngr
	天窗儿	tiānchuāngr		
7.				
üan>üar	烟卷儿	yānjuǎnr	手绢儿	shǒujuànr
	出圈儿	chūquānr	包圆儿	bāoyuánr
	人缘儿	rényuánr	绕远儿	ràoyuǎnr
	杂院儿	záyuànr		
8.				
ei>er	刀背儿	dāobèir	摸黑儿	mōhēir
en>er	老本儿	lǎoběnr	花盆儿	huāpénr
	嗓门儿	sǎngménr	把门儿	bǎménr
	哥们儿	gēmenr	纳闷儿	nàmènr
	后跟儿	hòugēnr	高跟儿鞋	gāogēnrxié
	别针儿	biézhēnr	一阵儿	yīzhènr
	走神儿	zǒushénr	大婶儿	dàshěnr
	小人儿书	xiǎorénrshū	杏仁儿	xìngrénr
	刀刃儿	dāorènr		
9.				
eng>er（鼻化）	钢镚儿	gāngbèngr	夹缝儿	jiāfèngr
	脖颈儿	bógěngr	提成儿	tíchéngr
10.				
ie>ier	半截儿	bànjiér	小鞋儿	xiǎoxiér
üe>üer	旦角儿	dànjuér	主角儿	zhǔjuér
11.				
uei>uer	跑腿儿	pǎotuǐr	一会儿	yīhuìr
	耳垂儿	ěrchuír	墨水儿	mòshuǐr
	围嘴儿	wéizuǐr	走味儿	zǒuwèir

uen>uer	打盹儿	dǎdǔnr	胖墩儿	pàngdūnr
	砂轮儿	shālúnr	冰棍儿	bīnggùnr
	没准儿	méizhǔnr	开春儿	kāichūnr
ueng>uer（鼻化）	小瓮儿	xiǎowenr		
12.				
－i（前）>er	瓜子儿	guānzǐr	石子儿	shízǐr
	没词儿	méicír	挑刺儿	tiāocìr
－i（后）>er	墨汁儿	mòzhīr	锯齿儿	jùchǐr
	记事儿	jìshìr		
13.				
i>i：er	针鼻儿	zhēnbír	垫底儿	diàndǐr
	肚脐儿	dùqír	玩意儿	wányìr
in>i：er	有劲儿	yǒujìnr	送信儿	sòngxìnr
	脚印儿	jiǎoyìnr		
14.				
ing>i：er（鼻化）	花瓶儿	huāpíngr	打鸣儿	dǎmíngr
	图钉儿	túdīngr	门铃儿	ménlíngr
	眼镜儿	yǎnjìngr	蛋清儿	dànqīngr
	火星儿	huǒxīngr	人影儿	rényǐngr
15.				
ü>ü：er	毛驴儿	máolǘr	小曲儿	xiǎoqǔr
	痰盂儿	tányúr		
ün>ü：er	合群儿	héqúnr		
16.				
e>er	模特儿	mótèr	逗乐儿	dòulèr
	唱歌儿	chànggēr	挨个儿	āigèr
	打嗝儿	dǎgér	饭盒儿	fànhér
	在这儿	zàizhèr		
17.				
u>ur	碎步儿	suìbùr	没谱儿	méipǔr
	儿媳妇儿	érxífur	梨核儿	líhúr
	泪珠儿	lèizhūr	有数儿	yǒushùr
18.				
ong>or（鼻化）	果冻儿	guǒdòngr	门洞儿	méndòngr
	胡同儿	hútòngr	抽空儿	chōukòngr
	酒盅儿	jiǔzhōngr	小葱儿	xiǎocōngr
iong>ior（鼻化）	小熊儿	xiǎoxióngr		
19.				
ao>aor	红包儿	hóngbāor	灯泡儿	dēngpàor

	半道儿	bàndàor	手套儿	shǒutàor
	跳高儿	tiàogāor	叫好儿	jiàohǎor
	口罩儿	kǒuzhàor	绝招儿	juézhāor
	口哨儿	kǒushàor	蜜枣儿	mìzǎor

20.

iao＞iaor	鱼漂儿	yúpiāor	火苗儿	huǒmiáor
	跑调儿	pǎodiàor	面条儿	miàntiáor
	豆角儿	dòujiǎor	开窍儿	kāiqiàor

21.

ou＞our	衣兜儿	yīdōur	老头儿	lǎotóur
	年头儿	niántóur	小偷儿	xiǎotōur
	门口儿	ménkǒur	纽扣儿	niǔkòur
	线轴儿	xiànzhóur	小丑儿	xiǎochǒur
	加油儿	jiāyóur		

22.

iou＞iour	顶牛儿	dǐngniúr	抓阄儿	zhuājiūr
	棉球儿	miánqiúr		

23.

uo＞uor	火锅儿	huǒguōr	做活儿	zuòhuór
	大伙儿	dàhuǒr	邮戳儿	yóuchuōr
	小说儿	xiǎoshuōr	被窝儿	bèiwōr
（o）＞or	耳膜儿	ěrmór	粉末儿	fěnmòr

第九章 朗读

第一节 朗读概说

一、定义

朗读是把书面语言转化为发音规范的有声语言的再创作活动。

二、四忌

正确的朗读方式，可以给听者以美的享受；错误的朗读方式，只能给听者以虚假、厌烦之感。现将不科学的朗读方式分述如下，以引起初学朗读者的注意。朗读者要以“使人愿意接受”为准绳。

（一）念字式

念字式是一种单纯念字、照字读音的朗读方式，或有字无词，或有词无句，声调平直或任意高低，顿连位置和时间都差不多，没有重音，没有内在感受，更谈不上语气和色彩，只是机械地把文字变为声音，听者很难听懂朗读的内容。

（二）念经式

念经式朗读方式，其特点是声音小而速度快，没有停顿，没有起伏，没有重音，更谈不上感情和声音上的变化。

（三）八股式

八股式是不从作品内容出发，一味地从声音上刻意追求的朗读方式。其特点是腔调固定，前高后低或前低后高，前紧后松或前松后紧，声音一顿一顿的，没有语气变化。这种“八股式”的朗读方式，初学朗读者一旦形成则很难纠正。

（四）固定式

固定式朗读方式，过分强调作品的体裁，把同一体裁的作品，无论内容如何，都用一种腔调去读，以不变的声调格式，去应万变的作品内容，形成千人一腔。这种固定的朗读方式一旦形成，要想摆脱则十分困难。

三、语言

朗读使用的语言，必须是生活语言，但它又不等同于“拉家常”式的自然语言，它比自然语言更规范、更典型、更生动、更具美感。朗读使用的语言，过分夸张会给人虚假的感觉，过分平淡则显得乏味无彩。“不瘟不火”，才能做到恰到好处。

四、身份

朗读者的任务，是把文字作品的精神实质通过自己的有声语言创造性地传播给听者。因此，朗读者的身份只能是朗读者自己。朗读者既不完全是文字作品的代表或化身，更不能充当演员去扮演作者或作品中的人物（分角色朗读除外）。

五、朗读要忠实于原作品

朗读要忠于原作品，做到不丢字、不添字、不改字、不错读字音；要读得连贯自然、不结巴、不重复。但从朗读目的、作用来要求，仅仅做到这些还是不够的。

第二节　重　　音

着意加重句子中某些词语读音的现象叫重音。重音是表情达意的重要手段之一。戏剧艺术家欧阳予倩先生指出：“轻读重读如果处理得不对，语意就不可能正确。”

语句的重音有三类：意群重音、强调重音、感情重音。

一、意群重音

“意群”就是一口气能说出来的、有比较完整的意义的几个音节，可以是一个短句，也可以是一个词组甚至是一个词。长句子必须分作几个意群说出，一个意群必定有一个词在说话人的意念中是比较重要的，它就成了意群重音。有时意群中包括并列的成分，当然就不止一个重音了。

意群重音都不太重，只是在原来词的重音节上再稍微加重，它绝不会转移词的重音节的位置，使原来非重音的音节变重，因此我们也可以称它为语句的“一般重音”。

意群重音和强调重音不同，它只是出现在平常的说话里，一个意群说完就完，自己独立成一个片段，其中的重音音节并不要突出、显示什么，或和什么相比，以及衬托什么。它和“感情重音”也不同，这些语句都是在心情平静时说出的。它没有后两类重音那样重的音量。意群重音所表达的语气是最基本的，也可以说是中性的。强调重音和感情重音都要在这个语气的基础上加重。

意群重音和语法的关系较为明显，可按语句成分讲讲它的规律，但是又有些是语句成分约束不住的。成分相同的，可能还需要再从词性上甚至词义上加以区别。本书所讲的强调重音也包括一般所讲的“逻辑重音”。其实，意群重音也是受逻辑支配的，通过语法规律，以一般重音体现思维中的逻辑关系。语法与逻辑两者不可对立起来。

下面按语法结构，分析出意群重音所在。

（一）短句中的意群重音

短句自成一个意群（一口气说完），可分为以下几种情形。

1．主语＋谓语

（1）谓语稍重，例如：

你来。今天星期三。

（2）主语如为指示代词、疑问代词，则主语稍重。例如：

谁知道？这里凉快。

（3）主语虽为指示代词，但谓语是疑问代词或指示代词，谓语仍重。例如：

这里怎么了？那个这样吧！

（4）谓语前如有能愿动词，主要动词重。例如：

青蛙会跳。你应该想想。

（5）谓语为“是”字结构，“是”字不重，后面的词重。例如：

蜻蜓是益虫。这话是对的。

（6）谓语为“是”字结构，主语如为疑问代词，则主语重。例如：

谁是值日生？什么是正确的？

（7）“把”字句谓语重。例如：

我把水倒了。

2．主语＋谓语＋宾语

（1）宾语重。例如：

农民学文化。大家看电影。

（2）宾语为人称代词，则谓语重，宾语反显得轻。例如：

老师告诉他。人家帮助咱们。

（3）双宾语，后一宾语重，例如：

大姐送你铅笔。我问学生问题。

（4）“无主句”中宾语重。例如：

山上有人。晚上下雪了。

（5）主语如为疑问代词，则主语重。例如：

谁讲故事呢？哪里有困难？

（6）“把”字句谓语后的宾语重。例如：

他把报纸给老王了。

3．主语＋谓语＋补语

（1）补语重。例如：

孩子站在门口。大家坐好。

（2）结果补语如为“死”，则不重，前面谓语重。例如：

花儿干死了！我急死了！

（3）“数量补语”如果是用“一”组成的动量词（年、月、日等表时间的量词除外）多不重，前面的动词重。例如：

弟弟看了一眼。李师傅讲了一遍。

（他去了一年。“一年”表时间，量词“年”重。）

（4）“把”字句仍是补语重。例如：

你把衣服晒干。

4．主语＋谓语＋补语＋宾语

（1）宾语重。例如：

班长跳过了沟。小刘写完了信。

（2）“无主句”仍是宾语重。例如：

下透了雨。昨天砌好墙基。

（3）主语是疑问代词，主语就重。例如：

谁拿不定主意？哪个涂上油漆？

5．定语

（1）一般定语都重。例如：

我们爬上第七层。这里的方言难懂。

（2）定语如为人称代词，不重；后面的名词重。例如：

这是你的车票。你看看我们的稿子。

（3）疑问代词作定语，如不是希望回答的，而是“某某”一类的泛指，那就不重，而是后面的名词重。例如：

好像听见了什么声音？是谁的帽子挂在树上啦？

（4）以“一”组成的数量词不重，其他数量词都重。（“两”有时表少数，也不重）。例如：

吃了一碗饭。喝了两碗水。吃了三碗饭。喝了六碗水。一道白光射出。四道白光射出。

（5）词组作定语，重音即落到词组中。

①主谓词组，主语稍重。例如：

李同志作的诗好。这是张三讲的话。

②介词结构里名词、代词重。例如：

我们谈谈“关于你”的事。他“对于体育”有兴趣。

（6）几个词或词组连用作定语，距中心语最近的词（包括偏正式词组）重。但是其中的疑问代词要占优势。（是指要求针对疑问作回答的。如这个疑问代词只是泛指，重点不在它，那么重音节要退到后面去。）例如：

他穿着呢子短大衣。姐姐买回三瓶红墨水。

学生们想了什么好方法？咱们想个什么好方法！

双音节的偏正词组，如因常说、常用而“词化”了的，如“红旗”“大车”“小鸡”等，当然已成后重格式；而有些词组，并未“词化”，也常常仿此而变化了一般定语稍重的规律。例如：“他拿着两块新蓝布”，本应重在“蓝”，但也有人重在“布”。

（7）其他成分有用疑问代词的，定语就不重，疑问代词重。例如：

谁有新帽子？小同学说什么？

（8）如果主语、宾语等都有定语修饰，句子就长了，读时要分为几个意群，每个意群只是一个词组，再按规律把词组中的重音加以处理。

6. 状语

（1）一般状语都重。例如：

张书记热情地招待。小李大声地笑。

（2）数词“一”作状语，不重而轻，后面的动词重读。例如：

我一看（就知道了）。

（3）“否定副词”作状语，不重，后面的动词、形容词重。例如：

苹果没红呢。他不肯。时间未到。

（4）如有宾语，状语即不重，宾语重。例如：

他赶快打开窗户。我们在寿光参观了蔬菜大棚。

介词结构后有动、宾，有时中间可以稍顿，那么介词后的名词、代词和动词后的宾语可以同重，一句话说分为两个意群了。如上第二例，如“在寿光”后稍停顿，“寿光”可重，后半截“蔬菜大棚”也重。

（5）宾语如为人称、指示代词，不重读，状语仍重读。例如：

你快告诉我！老师傅最喜欢这个。

（6）“无主句”句首状语不重，宾语重。例如：

地里长出草来。夜间下雪了。

（7）介词结构作状语，介词不重，后面的名词、代词重读。例如：

他在哪里住？你从上海来吗？

（8）几个词连用作状语，最后的重读。例如：

赵振在教室里高声唱。奶奶十分高兴地看着。

（9）有些范围、时间的副词作状语，在这里只起联系作用，原来表范围、时间的意思反而轻微了，那就不重读，和重读的语意有别。例如：

我也不会外语。（和“你不会外语，我也不会外语”不同。）

（雨很大）天又黑了。（和“天又黑了”——是说一天过得快，意思与“昨天天黑了”的连比不同。）

（10）词组作状语，重音即落到这个词组中。例如：

我拼命地跑。他十年如一日地工作着。

（11）如果是既有定语又有状语的长句子或复句，读时要分为两个或几个意群；每个意群就是一个词组，再按规律把词组中的重音加以处理。

7. 递系式句子

（1）兼语后只有谓语，兼语不重，后面的谓语重。例如：

班长坐车走了。你请他进来。

（2）如有修饰成分，修饰成分重读。例如：

班长急忙坐车走了。班长坐头班车走了。

（3）兼语后有谓语、宾语、补语等，重音即按以上短语各例处理。如稍复杂，即可分为几个意群，分别处理。

8. 包孕式句子

主谓结构的词组（句子形式的）作为句中某一部分，整个句子长了，就要分开，把包孕的词组以及其余部分按上述短句各例同样处理。例如：

我知道你吃饭呢！他这样说不合理。

（二）长句中的意群重音

长句分为几个意群（意群实际上常是一个词组），每一个意群有下列各种关系，按上述短句各例处理重音。

（1）主谓关系：见短句中的意群重音格式1。

（2）动宾关系：见短句中的意群重音格式2，不计主语。

（3）补充关系：

①见短句中的意群重音格式3，不计主语。

②复指成分，“主名”比“加名”重。例如：

工人周力。陈刚总裁。

（4）联合关系：几个词并列，同重。例如：

早晨晚上。哥哥弟弟妹妹。

（5）修饰关系：见短句中的意群重音格式4、5，不计其他成分。

（6）辅助关系：辅助成分不重读，主要成分重读。例如：

必须注意。可以进来。穿上。跳下去。

四十左右。三十来岁。打雷似的。所认识的。

（三）复句中的意群重音

复句中有连词的，除把复句分为若干单句或意群外，连词不重读。例如：

（虽然）下着雨，（可是）不冷。

（既然）你来了，大家就谈谈吧！

有些意群可能按语法结构不如上述各例完整，其重音位置可参考上述规律而定。如“这是（稍顿）……（以下是长长的词组）。”“这是”为一个意群，“是”不重，“这”重。

二、强调重音

强调重音和意群重音相对而言，也可称为“特别重音”。这里所讲的包括一般所说的“逻辑重音”，音量比词的重音、意群重音都要强。它可以重叠在词的、意群的重音之上；也可以在词的“非重音音节上”加强，使原来词的重音受到影响，仿佛把重音转移了。比如说：“我买了两个茶碗。”“碗”是词的重音（“茶碗”是“中重”格式）。但是如果说：“你怎么买了茶碗了？我不是让你买饭碗吗？”这时“茶”“饭”是强调重音。而强调重音后面的“碗”，就显得不重了。强调重音的位置也可能不是意群重音的位置，那么，原来的意群重音就要适当减弱音量，以突出这个强调重音。

强调重音也是不固定的，它的作用有：夸张、殊异、肯定、特指、并比、照应。

（1）夸张，加重语气。例如：

风刮得太大了。

一点儿也不费力。

造得精致极了。

那样地亲切。

伏在那儿纹丝不动。

突然飞来一发子弹。

(2) 殊异，表示稀奇、可贵、特殊、反常，语气虽夸张，但更具体。例如：

连铁都能穿过。

树尖儿快顶天了。

什么也难不倒他。

我一辈子也忘不了。

没吃饭就来了。

(3) 肯定，表示同意、承认、确实、坚决。例如：

一定胜利。

这样做，是能够成功的。

的确不易。

是个好样儿的。

上级的部署就是好！

(4) 特指，表示特别指出，突出某一重点，不同于一般。例如：

为了提高工人文化，让我也上学了。

我小时候的生活哪能跟现在的孩子们比呀？

特别喜欢干重活儿。

一片烈火烧到邱少云同志身边。

这就是计算机。

这趟车，开往广州。

(5) 并比，由此及彼，由彼及此，互相对比、衬托或相提并论。例如：

直走五十里，弯走八十里。

一个人拉不动，三个人还不行吗？

上山跟走路可不一样。

拼音字母比注音字母好。

十个方的，十个圆的，十个扁的。

只会唱歌，不会跳舞。

(6) 照应，前后呼应，紧密联系。例如：

村子里没有井，吃水要到村子外边的小河里去挑，路很远。毛主席就带着村子里的人开了一口井。（“开了一口井”，“开”字重读，与前“没有井”相照应。这里千万不能把重音放在“井”上，因前面都说井的事。）例如：

你去，我就不必去了。

“是谁？”“是老王”。

一个男孩子从小树边走过，顺手摘了两片树叶，他想：我为什么要摘树叶呢？他又想：没关系，摘两片树叶算什么？还有那么多树叶呢。

教师又轻轻点了一下头。（“又”与前文“点点头”照应。）

原来斧子没丢，它还在树旁呢！

记住一个，就用红笔划掉一个。

三、感情重音

意群重音、强调重音都体现在一两个有关的音节上，而感情重音常常是一句话、几句话的每个音节都加强音量。有时也只是一个词，或是一个音节。感情重音都是在情绪激动时出现的，情绪激动也许是快乐、兴奋，也许是愤怒、激昂。例如：

(1) 今年高考，又夺了全省第一。

(2) 这些坏人胡说八道，我们就不能容许！

(3) "打！"方志敏忍不住了，对着洋奴才喊起来。

(4) 这是勇敢的海燕，在闪电之间，在愤怒的大海上高傲地飞翔。这是胜利的预言家在叫喊：——让暴风雨来得更猛烈些吧！

感情重音，是根据情感的需要，对语句中某些词语加以感情色彩的强调。例如：

他转身朝着黑板，拿起一支粉笔使出全身的力量，写了几个大字："法兰西万岁！"《最后一课》中的韩麦尔先生以特殊的方式，为这最后一课点出最重要的一句话"法兰西万岁"，这句话凝聚了他对祖国的无限热爱、对普鲁士侵略者的无比仇恨之情，朗读时要加重音节，要一字一顿，把感情推向最高峰。

第三节 语调、停顿、快慢

一、语调

"语调"与"字调"相对而言，是指全句的高、低、抑、扬，和"字调"同是"音高"的现象。"语调"不只汉语有，各国、各民族的语言都有。汉语的语调，特别显示在语句末尾的音节上。"语调"跟"字调"的关系，是在"字调"的基础上，稍扬或稍抑，但是不能把字调完全改变。例如：

那么做就很难。("难"字字调原为升调，现在再稍扬。)

这么做就很容易。("易"字字调原是降调，现在再稍降。)

这么做就很容易。(稍扬，"易"字字调因而降得不太低。)

那么做就很难。(稍抑，"难"字字调因而升得不太高。)

你看书，(稍扬) 我写字。(再稍抑)

你写字，(稍扬) 我看书。(再稍抑)

明天开什么会？("会"字字调是"全降"，这里虽是问话语气，但也绝不能过分升高，变成"灰"或"回"的声音。)

确实是他。("他"字字调是"高平"，这里虽是肯定语气，但也绝不能过分降低。)

语调可分为以下四类。

(一) 升调

升调表示情绪激动，或等待回答，或句中暂停有待继续，末字语调上扬。

(1) 疑问。

例：你今天没走呀？你是谁？

（2）惊异。

例：是你！啊？怎么啦？

（3）命令。

例：快走！大家到这边来！

（4）呼唤。

例：同志！回来！妈！您开门哪！

（5）句中暂停。

例：我学习了半年（扬），总不够深入。

学习（扬）、工作（扬）、劳动（扬）、生活（扬）都在一起。

（二）降调

降调表示情绪稳定，或平淡、沉重，或表示坚决、肯定。句末音节短而低，如果是阴平，就不再是高平，可能变为中平；如果是上声，就变短，像“半上”；如果是阳平，也变短；去声就降得更低一些。

（1）陈述。

例：①今天要下大雨。②我姓张，是本校的职工。

（2）肯定。

例：①应该向人家学习。②这样学电脑就是好！

（3）肯定而反诘。

例：①这不就行了！②这点儿道理，谁不知道！

（4）允许。

例：①好吧！就这样吧！②成，你不用来了！

（5）祈使。

例：①我需要你帮助我。②你还得给我点材料。

（6）感叹。

例：①太可惜啦！②这可好啦！

（三）平调

平调表示不明确的意见，或是沉浸在深思中，句末音节拖平延长。

（1）踌躇。

例：这事我对她说——不说……

（2）冷淡。

例：你一定要走……

（四）曲调

曲调表示情绪激动，表示复杂的情感，把某一音节加强，拖长声音，中有升降，不一定是句末的音节。

（1）意外、惊奇。

例：“啊”？这次试验又出问题了！可“真”危险哪！

（2）夸张。

例：这条道路可“长”啦！来参观的人哪，可“多”啦！

(3) 特殊感情。

例：他说你又聪“明”，又能“干”，又有文“化”……（轻薄的嘲讽口气）

是我的“错”——你没“错”！（恼怒，反语）

二、停顿

停顿分为语法停顿、逻辑停顿、气息停顿和心理停顿。

1. 语法停顿

语句中的停顿有多种多样。写成文章，重要的停顿处就要加标点符号。朗读时看见句号、问号、感叹号、逗号、顿号、分号、冒号、省略号、破折号，都应当作长短适度的停顿（如：。?! ＞；：＞，＞、）（“＞”符号表示“大于”），这种停顿多属语法关系，可以叫作“语法停顿”。

2. 逻辑停顿

“逻辑停顿”的作用是显示语意，或突出停顿前、后的词语。停顿处可能就是“语法停顿”之处，暂且不受标点的约束，比如，逗号之后的停顿时间可能超过句号。另外还有原无标点之处即语法上不必停顿的地方，但是逻辑上有必要停顿，例如：

(1) 这个决议/和今后工作的开展大有关系。

(2) 答案/先不告诉你。

(3) 在你的帮助鼓励下，/我们打胜了那次阻击战。

(4) 是你/带着全村妇女，穿过炮火硝烟，把弹药、干粮、水给我们送到阵地上。

(5)“须知公社首先要实行社会革命，而社会革命/对我/是最可宝贵的目的。我以此自豪：/我是社会革命的拥护者之一。”（巴黎公社女战士路易丝·米歇尔在法庭上的演说）

3. 气息停顿

“气息停顿”多用在长句中，完全是为了调节气息，缓一口气，不必拘泥标点，但要找合适的地方，也就是一个“气群”或“意群”的终止处。一口气说出的一串音节，从发音上说，叫作“气群”。这一串音节常是一个比较完整的意思，从意思上说就叫“意群”。“意群”和“气群”事实上是统一的。一个“意群”可能是一句、半句、一个词组，甚至一个词。这也正是为调节气息而停顿的合适之处。例如：

(1) 作文/就是让学生/把自己看到的、/听到的、/想到的、/有意义的内容/用文字表达出来。

(2) 你回来后，/焦急地等待着母亲，/可是等来的/是你母亲拉响了手榴弹/和敌人同归于尽的噩耗。

4. 心理停顿

“心理停顿”是表示复杂而激动的心情的，也可以延长或缩短一般“语法停顿”（有标点处）的时间，或是在特殊情况下，猛然住口，说出的可能是不完备的词句，文字间可以用……或“——”表示。也有需要在说话中间多停一停，以便感情的转化。例如：

(1) 老张啊！——你的话，也不错。（中间沉吟，深思）

(2) 这种植物，是一种……隐花植物。

(3)“到卫生连去了一趟……”雷锋说着，从衣袋里掏出医生给他的药让大家看，但他心里却暗自发笑起来，“参加点义务劳动，出了一身透汗，肚子倒不痛了，这药……”“一趟”后停顿，是不用再说了，取出药来给大家看，就等于说完这句话。“这药”后停顿，是心里寻思：肚子不痛了，这药吃不吃呢？）

(4) 你丢下自己的小孙孙，把伤员背进防空洞，而当你再回去抢救小孙孙的时候，/房子已经炸平了。（朝鲜老妈妈为了帮助中国人民志愿军而遭到不幸，因同情、感念、痛心而住口。）

三、快慢

说话时吐字的快慢，就是每个音节念得长或短（属“音长”的现象），和音节与音节间连续的紧密程度不同。快慢由说话的情况而定，一般是激动时——快乐、急怒、慌乱……就说得快，每个音节都短；在心情平静或沉重的时候——表示从容、沉着，或悲哀、失望，就说得慢，每个音节也就长。

朗读时吐字的快慢必须与作品内容相适应。如一个急速发展变化的场面，就要快读（当然配合上较强的音量）；而一个平静、稳定的场面就要慢读。人物对话，闲谈絮语，就要慢读；争辩、叫喊、欢呼、畅谈，就要快读。作者如有评论、抨击、斥责，有时就要加快。嘲讽，为了批评所作的反语，是委屈的或隐讳的，就不能太快，而以慢些为好，一般的叙述、说明、追忆也不必太快。

朗读时，遇到对话，可以利用快慢的不同来区分人物，如老年人、心思迟钝的人、心情不好的人，他们的说话，一般以读得较低较慢为宜；年轻活泼的人、聪明机警的人、心情愉快的人（或是朗读时要刻画狡猾诡诈的人），他们的说话，一般以快读较为合适。

快读示例：

(1) 在急流中有一名青年妇女，紧紧抱着一个小孩，忽沉忽现，随时都有被恶浪吞没的危险。

(2)“抱娃儿的那个妇女危险，快去抢救！”

(3) 可喜的消息终于从千里塞外传来了！一天晚上十点钟突然接到内蒙古打来的长途电话，他拿起话筒，耳边响起了一位陌生同志激动的声音：“解放军同志，谢谢你治好了我的病！”那位同志无比兴奋地告诉他出血已经止住了，病痛已经好转，现在正在加强锻炼，恢复体力，准备重返战斗岗位。

慢读示例：

(1)“我们要经常想想过去，比比现在，日子过得越好，越要发扬艰苦奋斗的光荣传统！”

(2) 展览室里。参观的人们在草鞋的前面久久不愿离去，这双鞋启示人们想一想：在胜利面前怎样继续前进。

(3) 一阵风把蜡烛吹灭了，月光照进窗子来，茅屋里的一切好像披上了银纱，显得格外清幽。贝多芬望了望站在他身旁的穷兄妹俩，对着窗外的月亮，按起琴键来。

第四节　特 殊 声 音

生活中人们难免会有喜怒哀乐，在这时说话就会发出一种特殊的声音，把这种声音加以修饰和表现，会收到较好的朗读效果。

一、笑语和泣诉

表现欢快或嘲讽而发笑的情态时，使声音带上一些笑的色彩叫笑语；表现悲伤的情态时，使声音带上一定的呜咽、哭泣的色彩为泣诉。通过笑语或泣诉，表现人物笑或哭的神态。例如：

（1）我用手帕擦去母亲腮边的泪水，打趣说："磕破点皮，没关系，这不正好多了个'酒窝'吗!"母亲破涕为笑，笑声中饱含着诚挚的母爱——至高无上的永恒之爱!

（2）太阳已经落山。而此时此刻，家里一定开始吃晚餐了，双亲正盼着我回家……想着想着，我不由得背靠着一棵树，伤心地呜呜大哭起来。

上面两例中，"破涕为笑"是由难过变为高兴，"伤心地呜呜大哭起来"，表示十分伤心。在朗读时，要注意把握其情感心态分别用笑语与泣诉表现出来。

二、气音和颤音

表现惊讶、不安、恐惧的感情时，用到一种气大于声的声音叫气音。表现某种激动或愤怒的情绪时，声音稍作颤抖叫颤音。例如：

（1）她站在那里，呆了一般："天哪，怎么会是这样，怎么会是这样?"

（2）我心中涌动的河水，激荡起甜美的浪花。我仰望着碧蓝的天，心底轻声呼喊：家乡的桥呀，我梦中的桥!

上面两例分别表现惊恐、激动的心情，朗读时要分别使用气音和颤音。

三、拖音和拟声

表现迟疑、支吾的情态时，有意将声音拖长一些叫拖音。模仿某种声响为拟声，拟声多用拟声词，只求一定的表达效果，不必强求逼真。例如：

"你好，小家伙。"卡廷说，"看天气多美，你是出来散步的吧?"我怯生生地点点头，答道："我要回家了。"

上面一段文字，写一个小男孩在森林里迷路，见有人问话，为维护自尊心，不愿说自己迷路了，所以，只好含糊、支吾地说"我要回家了"。这时可适当拖音，把这种含糊、支吾状表现出来。

第十章

演讲与说话

第一节 演 讲

演讲又叫讲演、演说，它是在特定的时间环境中，借助有声语言和态势语言的艺术手段，针对现实生活中的某个问题，向听众说明事理、发表意见、抒发感情，从而达到感召听众的一种社会活动。

演讲与日常生活中的讲话不同。日常生活中的讲话可以在任何时间和环境条件下进行，也可以在两个人或几个人中间进行，讲话内容、方式不受限制，不要求完整、系统；演讲则要求在特定的时间和环境中进行，必须面对众多听者，内容上应具有鲜明性、完整性、逻辑性，同时还要讲究语音语调、表情手势。因此，在人类的口语表达中，演讲是最高级、最完美、最有审美价值的以讲为主，以演为辅的一种口语表达形式。它是一门学问，也是一门高超的语言艺术。

演讲要获得成功，必须做到以下几个方面。

一、充分做好演讲准备

演讲是一项复杂的活动，需要做好心理、内容、组织、物质等诸多方面的准备，最重要的还是要对演讲内容做好充分的准备，即主题的选择、材料的收集、结构的安排。

（一）选择主题

准备演讲，首先要选好主题。演讲的主题犹如人的灵魂，军队的统帅。有了明确的主题，就可以用它来统观全局，取舍材料，安排结构，组织语言，使演讲成为完整的统一的整体，达到预期的目的。

选择和确定一个好的主题，应该遵循以下原则：

1. 正确

只有正确的主题才能反映客观事物的本质和规律，才能推动社会的发展、人类的进步。正确的主题源于正确的思想，因此必须树立正确、科学的世界观。

2. 新颖

新颖就是主题要有新意，能给人以新鲜的感觉。这就要求要抓住事物的特征，讲出独到的认识和见解。

3. 鲜明

鲜明一是指听众听后马上知道主题是什么，突出明了；二是指演讲者的观点鲜明，态度明朗。

4. 集中

集中就是紧紧围绕主题来讲，不能旁生枝节，冲淡主题。

5. 深刻

深刻即要有思想深度。一下子抓到问题实质，不在表面的现象上做文章。力求挖掘出事物的本质，讲出某种现象所包含的社会意义、哲理意义。

另外，确定演讲主题时，还要注意：一是现实需要。既是从现实生活中提炼出来的，又是现实生活中人们普遍关心并急需得到回答的问题。这样的话题，才有探讨价值。二是本人熟悉。因为熟悉，才有话可说，才会产生激情，才会剖析深刻，说理透彻，也才能去感染听众。三是听众欢迎。即符合听众的要求，听众感兴趣，这就要求演讲者选题时要考虑听众的情况，根据不同的对象确定选题。

（二）收集材料

所谓材料，即演讲者为阐述自己的观点、主张，为了说明自己的主题所选取的论据及事实。要使演讲获得成功，就应从积累材料入手，在占有大量材料上下功夫。如果没有丰富的材料来支撑和证明，即使演讲的选题再好，立意再新，它仍然会是苍白无力、平淡乏味的。

收集材料必须有计划、有目的地在平日里进行，要注意收集以下三个方面的材料。

1. 经典言论

经典言论包括名人名言、谚语格言、原理定理、科学定义等。这些材料用于演讲中，往往可以起到画龙点睛的作用。

2. 具体事例

具体事例包括现实生活中感人的事件、故事、细节等。因为“事实胜于雄辩”，具体事例最有说服力。

3. 精确数据

精确数据包括具体数字、比率、统计等。数据是数字表示的资料，有极强的说服力。

平时积累了丰富的材料，在演讲主题确定以后，还有一个选择材料的问题，选择材料时要注意：一是能充分表现主题的典型材料。典型材料是指那些最鲜明、最有代表性、最能反映事物本质的材料。二是能充分表现主题的新颖材料。新颖材料是指在社会生活中新出现的鲜为人知的材料。即使是历史材料，也应是一般演讲者没有用过的新颖、别致的材料，以满足听众的好奇心理。三是有针对性的材料。演讲者从听众需要出发，有针对性地选择材料，才能唤起听众的热情和兴趣。

（三）安排结构

安排结构就是谋篇布局。它的基本要求是：中心突出、条理清楚、观点和材料和谐统一、逻辑性强、有说服力。要做到以下几点。

1. 理清脉络

理清脉络要根据演讲的中心论点，对材料加以剪裁、整理，设计好一条贯穿全篇的线索，将全篇的材料串联起来，从而使演讲的脉络清楚、结构紧凑。

2. 分清层次

分清层次就是要将准备讲的所有材料排出先后顺序，分出段落层次。这是使演讲获得逻辑力量的关键。分段分层可采用并列法、总分法、对比法、递进法来进行。如果演讲的内容以叙事为主，也可按时间、空间、情节等来安排段落层次。

3. 重视头尾

开头和结尾对于演讲是非常重要的。一篇演讲能否成功，一要看开头能否抓住听众，二要看结尾能否使人回味无穷。

演讲的开头又叫开场白。所谓开场白就是演讲者在演讲开头时的引言。它应提纲挈领地点明演讲的宗旨，创造适合整个演讲的气氛，为全篇演讲打基础。比如天津中医学院学生蔡向红曾做的一次演讲“学海迪，珍惜青春”的开场白：

“同学们，你们听过这样一首诗吗？有人站着，是躺着的僵尸；你虽躺着，却是一颗入云的松；你不能走，却开拓出一条闪光的路；你飞得起来，因为你是长着一双理想翅膀的鹰。那手轮车轻轻的伊呀声，是支深沉而激扬的歌，用两根琴弦般的辙轨，弹出一曲光辉灿烂的人生。听着这动人的诗句，大家一定会立刻想到我们时代的楷模、青年的先锋——张海迪吧！”

张海迪的事迹广为人知，不易讲好。演讲者用一首诗开场，就把张海迪的精神形象化了，以此吸引听众，自然人题，可谓巧妙。

结尾是演讲思想内容发展的必然结果，是整个演讲的总结。演讲者在演讲到最后的结束语时，应着意构筑一个突起的异峰，也就是掀起一个新高潮，用出奇制胜的办法和非同寻常、新颖有力的语言说出最精彩、最感人的要点，总结全面，深化主题，首尾呼应，浑然一体。要调动一切积极因素，把听众的情绪推到最高的浪峰上，使听众情绪激昂，感奋起来，让听众在头脑中出现一个新的更强烈的兴奋点，给听众以希望和信心，催听众团结向上，促使演讲者的意境和听众的感情来一次升华，形成说服和感染听众，并给听众以启迪的强烈效果。这就要求演讲的结尾要比开头和主体部分站得更高，内容更有深度，语言更有力度，方法更巧妙，效果更耐人寻味。演讲结尾没有固定的章法，有的以结论式语言结尾，有的以希望、号召的言辞或决心、誓言、赞语结尾，还有的用故事、寓言、诗句、警句、格言做结尾。例如闻一多“最后一次讲演”的结尾：

历史赋予昆明的任务是争取民主和平，我们昆明的青年必须完成这任务！

我们不怕死，我们随时像李先生一样，前脚跨出大门，后脚就不准备再跨进大门！

这样的结尾，把演讲推向了高潮，情绪激昂，语句铿锵，干脆利落，具有强烈的感染力与号召力。

4. 注意衔接

演讲的衔接技巧，对表达主题思想有重要作用。只有衔接巧妙，演讲似一气呵成，才会给人以完整印象。衔接也就是过渡和呼应。各段之间要有逻辑联系，从一个问题到另一个问题要过渡自然，从头至尾要互相照应，顺理成章。

过渡的方法一般有两种：一种是语法的方法，即用句子或短语来连接两段的内容，如“但是”“因此”“此外”“现在让我们看一看”“总之”等。这些词语清楚地表明中心思想与各段之间的关系，同时也提示下面将要讲的内容。二是语音的方法，即通过音量和音调的变换来表示过渡，如可以在一段话结束时降低音量，略作停顿，然后用较大音量和音调开始讲下一个问题。

呼应就是指开头和结尾要有内在联系，铺垫和主体要层次分明，悬念、伏笔应有交代等。总之，一篇演讲应完整、严谨，浑然一体。

二、掌握演讲的方法和技巧

演讲的内容和结构安排是重要的，但在某种意义上说表达技巧则更重要。不论多好的演讲，让那些照本宣科的人一“报告”，必然会毫无诱人之处。因此演讲要获得成功还必须掌握演讲的方法和技巧。

（一）清晰的语言表达

演讲是以有声语言为主要表达手段来达到宣传教育目的的。因此，在演讲过程中，对演讲者最起码的要求就是清晰的语言表达，也就是能够准确、鲜明地阐述自己的思想观点，使听众听得清楚、明白，易于理解和接受。要做到这一点，需要从以下三个方面努力。

1. 语言要准确、精炼

准确是语言使用的科学性问题。语言是思想和现实的反映，准确的语言才能真实地反映思想实际和现实面貌，使听众一听就明白，就理解。精炼就是用最少的词句把所要表达的内容表达清楚，精炼有助于准确、明白，如果语言啰哩啰唆，烦冗累赘，反而使听众感到含糊不清，不知所云。

演讲者要做到语言准确精练，必须具备几个条件：

（1）思想要明确，思维要有逻辑性。对事物要有深刻的认识，能把握事物的本质属性。要确切地使用概念，科学地进行判断，合乎逻辑地进行推理。如果认识模糊，思想混乱，就不可能使语言表达清楚明白。

（2）要掌握丰富的词汇。事物与事物之间的差别是非常微妙精细的。掌握了丰富的词汇，才能选择最精当的词语来恰切地表达思想，才可能做到准确。

（3）要注意词的各种色彩。词与词之间不仅有意义的差别，还有色彩的差别，如形象色彩、感情色彩、语体色彩等。懂得词的色彩，才能在不同场合缜密选用，准确地表达不同的思想感情。

2. 语言要通俗、流畅

演讲的语言不同于书面语言，它稍纵即逝，接受者不可能反复琢磨、领会；如果不通俗、流畅，而是深奥、拗口，就会影响信息的传递和接收。为此，演讲者对使用的语言必须进行一定的加工、锤炼，在用词造句上要有所选择。要慎用为一般人不常见的古词语、外来语和晦涩难懂的专业术语，切忌咬文嚼字、半文半白，或者洋里洋气、堆砌辞藻。必须用的文言词、外来词和术语，应作通俗的解释。此外，还要注意语言的规范化、不要滥用方言土语和生僻的词语。

3. 要注意语音、语调

语音是语言的物质外壳。演讲是通过语音、语调来表达思想、传达信息的。语音是否清楚，语调是否自然，直接影响到演讲效果。演讲的语言，应该是口齿清楚，吐音分明，语调自然悦耳，重音和停顿明显、恰当，音色优美动听，并根据需要加以变化。另外，普通话应力求标准，声、韵、调都要符合语音规范化的要求。

做到了以上几点，才算是清晰的表达，做得好，就能给听众一种美的享受，越听越爱听。反之，如果口齿不清，语调呆板，听众就可能昏昏欲睡，演讲就不会有好的效果。

（二）成功的形象塑造

清晰的语言表达，可以为听众所理解并易于接受。这是演讲获得成功的基础。但仅做到这一点还是不够的。成功的演讲还应该像磁铁石一样具有极大的吸引力，要能引起听众极大的兴趣，听后留下深刻的印象。要达到这一目的，其关键就是塑造形象。

1. 用语言塑造形象

演讲是语言艺术。塑造形象，主要借助形象生动的语言来完成。语言是作用于听觉的，但以语言作为信号刺激（即巴甫洛夫说的第二信号系统），可以转换为作用于视觉、味觉、嗅觉和触觉，给听众以形状、特征和色彩的印象。例如“翩跹、漫卷、奔腾、咆哮、笑嘻嘻、乐颠颠”等词给人以动态感；“云海、狂澜、水晶宫、金字塔、阴森森、乱哄哄”等词给人以形态感；“彩霞、绿水、碧空、苍山、金灿灿、白茫茫”等词给人以色像感；“哗啦、叮咚、呼噜噜、噼里啪啦、淅淅沥沥”等词给人以音像感，等等。这是某些词本身所具有的形象色彩。演讲中恰切地选用这类词语，就能绘声绘色，把你所描绘的事物、介绍的人物具体而形象地展现在听众眼前，使听众如睹其物，如见其人，如临其境，从而受到强烈的感染。

2. 用修辞塑造形象

恰当地运用比喻、夸张、排比、拟人、借代、双关、呼告等修辞方法，也有助于塑造栩栩如生的形象，以增强演讲的生动性。例如青海师专唐彩霞的演讲词“强者之歌”，主要内容是批评一些大学生那种怨天尤人、无所作为的思想。开头一段说：

我们这些大学生，都像是在一辆公共汽车上，坐着的是名牌大学的；站着的是一般院校的；挤在车门口的则是我们这些师专生。坐着的，自命不凡，沾沾自喜；站在座椅旁边的，有些愤愤不平，总认为自己应该坐着；挤在车门口的，有的因挤上了车暗自庆幸，但更多的人则唉声叹气，悲叹怀才不遇，错失良机，挤到了这倒霉的“教书匠”的角落里。是啊，跟坐着的相比，没那般舒适可靠；与站着的相比，也似乎低了一大截子呢！

这一段话，用比喻的手法，通过描述人们挤公共汽车时的不同心理状态，活灵活现地勾勒出不同层次的大学生的思想实际。演讲者接着批评说：

朋友，假如生活真像一辆车，载着我们还算幸运的“乘客”，那么，张海迪，她的位置又在哪里？生活赐予她的，也是一辆车，但只是一辆轮椅车！可是在这一辆车上，我们的同龄人，中国的保尔——张海迪，却用汗水和心血写下了她光荣的历史，用这辆普普通通的车子，走过了人生道路上最令人鼓舞的历程，靠这两只用人力启动的轮子，走在时代的最前列，用微笑和鲜花，迎来了人生最美好的春天。

这篇演讲词，把一伙乘车者——大学生的形象竖立在我们面前，发人深思，催人评判。这比空洞的说教、抽象的议论要有力得多。从这里可以看出，演讲的形象化，往往是通过借物抒情等方式来实现的。要善于把抽象的概念形象化，把深奥的道理具体化，尽量把说理阐述融会在对一定形象的生动描述之中。这样，本来抽象、模糊的东西，就能具体起来，清晰起来，哪怕是人们平常感到枯燥乏味的道理，此时也会觉得生动、真切，给人留下深刻印象。

3. 用态势语言塑造形象

在演讲中，态势语言也对塑造形象起重要辅助作用。这里说的态势语言包括姿势、表情、手势、动作等。其中最主要的是面部表情和手势。

面部表情包括目光在内，可以把各种复杂的心理变化，如喜悦、悲哀、痛苦、畏惧、自信、失望、愤怒、烦恼等迅速而充分地反映出来。演讲时，要随着内容和情绪的变化，真切而自然地变换各种表情，把演讲内容的形象和演讲者的内心感情，准确地展现在听众跟前。

手势包括从肩膀到手指的活动，还有肘、腕、拳、掌各种动作。常见的手势有上举、下压、平移，还有双手分开、合拢等。一般说来，不同的手势表示不同的意义。如手向上举，表示希望、未来、成功；手向下压或向外抵，表示批判、否定、拒绝；两手合拢，表示团结、亲密、联合；手指表示指点事物或方向、数目；拳头表示破坏、决心、警告、愤怒等。总之，手势运用千变万化，只要用得适当，可以加强内容的形象化表达，加深听众对演讲内容的理解，有助于提高演讲效果。

无论是表情还是手势，都要注意与内容配合，还要简练、自然。如果与演讲内容不协调，或者过多、过分，其效果就会适得其反。

第二节 说 话

普通话水平测试的最后一项是“命题说话”。这是为了考查应试人在没有文字凭借的情况下说普通话的水平和所能达到的规范程度。

一、命题说话的要求

1. 准确

语音标准，吐字清晰；词汇、语法合乎规范，没有语病；内容正确，中心突出。

2. 自然流畅

语流通畅，前后连贯；语意完整，句式简洁；口语化，贴近生活。

3. 清晰

语脉清晰，层次井然；逻辑性强，不颠三倒四。

4. 生动得体

语调自然，音量适度，语速恰当，有节奏感；语汇丰富，句式多变，表达方法多样，有感染力；表达有分寸，根据表达的内容、环境、对象的不同，恰如其分地选择词语的表达方式。

二、命题说话的准备

普通话水平测试以单向说话为主，即应试人根据抽签确定的话题说话。话题说话的过程，实际上是一个审题、构思、表达的过程。在说话前要做好充分的准备。

1. 审题

抽到话题后，首先要审题，看一看话题是属于述说类的还是议论类的。如："童年的记忆"是属于述说类的话题，"谈谈社会公德（或职业道德）"是属于议论类的话题。然后再进一步分析话题的要求：如果是述说类的话题，就要弄清话题是要求说人还是说事，说什么样的人，说什么范围、什么时间的事；如果是议论类的话题，就要弄清话题是要求议论有关国家、社会的大事，还是有关道德、生活的具体问题。在分析、理解了话题的要求之后，才能确定说话目的和中心。

2. 选择材料

在确定了说话的中心之后，还要选择好材料。说话的选材，跟写文章一样，要选择能表现中心思想的材料。选材要注意选择真实的材料，只有真实的材料才能调动起自己的真情实感，才能使自己的表达自然流畅；选材还要注意选择典型的材料，只有典型的材料才能有说服力，才能引起听众的兴趣，增强感染力。

3. 安排结构

有了说话的材料之后，还要组织好这些材料，安排好说话的结构。话题说话的结构一般分为开场白、主体和结束语三部分。

(1) 开场白。开场白是话题说话的开头。好的开场白可以打开场面、活跃气氛、引起听众的兴趣。

开场白的形式是很多的。有的开门见山地亮出观点，直截了当地揭示主题，突出中心；有的讲述一段趣闻，提出一个新奇的问题，引人入胜；有的提出不同的观点，让人思索；有的背诵谚语诗词等，活跃气氛。

使用开场白要做到简洁流畅、亲切有趣、富有吸引力。

(2) 主体。主体是话题说话的主要部分，讲述事情、阐明观点、表达情感都依赖这一部分。

在主体部分首先要做到条理清晰、逻辑严密。话题说话是口头表达，听众理解它要靠听觉，而听觉有稍纵即逝的特点，听众不可能用较长时间去分析、思索，而必须在听的同时完成理解。所以，话题说话的结构安排要以听众较快理解为前提，做到条理清晰、逻辑严密。

在主体部分还应注意做到波澜起伏、节奏多变，这样才能扣人心弦、有吸引力。

(3) 结束语。好的结束语可以给听众留下完整、深刻的印象和回味的余地。

结束语可以是对内容的总结和概括，也可以抒发感情或发出号召。结束语要简洁有力、朴实自然。

三、命题说话的种类

在普通话水平测试中，对说话的测试主要采取话题说话的形式。话题说话可分为两种：

(一) 述说类说话

述说类说话是用规范的语言向听众介绍人、事、物、景等具体事物的特征的说话。

1. 介绍人物

介绍人物是常见的话题，如："我尊敬的人""我的朋友"等。介绍人物要做到以下几点：

(1) 详细了解被介绍人的情况，这样才能筛选出最感人的事情。

(2) 介绍的情况要真实、准确，这样才能使人信服。不要随意夸张、渲染，更不能胡编乱造。

(3) 要抓住人物在外貌、语言、动作、性格等方面的特征，绘声绘色地讲述，给人一种如见其人的感觉。

(4) 运用恰当的语气表现出对被介绍人的感情。

2. 介绍事物

这类话题大体可以分为三类：

(1) 介绍时令、地域或风土人情。如："我喜欢的季节（或天气)""我的家乡（或熟悉的地方)""我知道的风俗""难忘的旅行""我喜欢的节目"等。这类话题的中心是描写景物、介绍风土人情。介绍时可将时令、地域的特点和概貌与地方习俗、文化结合起来，使话题内容丰富多彩。

(2) 介绍生活、学习、工作的地方和情况。如："我的学习生活""我的业余生活""我的成长之路""我的假日生活""我所在的集体（学校、机关、公司)"等。这类话题的特点是带有自己生活的体验和对介绍对象的评价性质。这类话题表面上看起来是介绍某一事物的，实际上介绍的中心是人，特别是要介绍人与人的关系。选择材料时，最好能选择一两件自己体验深刻的事情，说起来就能生动、具体，给人以深刻的印象。

(3) 介绍风土人情。如："我喜爱的动物（或植物)""我喜爱的职业""谈谈服饰""谈谈美食"等。介绍风土人情，实质上是介绍地域文化和民族文化。最基本的要求是把地方习俗说清楚，让听众感到新鲜有趣；进一步的要求使说得有深度，让听众觉得是上一次地方文化或民族文化课，学到了许多新知识。所以，对地方文化和民族文化了解得越深透，这类话题也就越容易说好。

(二) 议论类说话

议论类说话的目的是要别人接受自己的观点。人们在日常生活中，对周围的人和事物总有一定的主观感受，说出来就是评论式的议论。对生活中发生的事件，大到国家大事，小到生活小节，人们也会从自己的感受和认识出发，做出自己的评价，说出自己的观点，并且希望别人接受。"谈谈社会公德（或职业道德)""谈谈个人修养""谈谈对环境保护的认识""购物（消费）的感受""谈谈科技发展与社会生活""谈谈卫生与健康"就是这一类的题目。

说好这类题目，应做到：

(1) 要实事求是、持论公允。要对自己议论的材料进行深入的研究、客观的分析，按照客观事物的本来面貌，原原本本地表达出来；持论要公允，要掌握分寸，切忌主观片面。

（2）要观点鲜明、论据充分。要明确地表达自己的看法，不能模棱两可，更不能前后矛盾；要充分说理、联系实际，不要说空话。

（3）要条理清楚、语言准确。

第三节　演讲与说话训练

一、说话例文

（一）我尊敬的人

我最尊敬的人是我的父亲。

父亲现在是一名退休工人，已经61岁了。父亲为人忠厚正直，善解人意，乐于助人。在这里，我给大家说说这样一件往事：

那是发生在1970年农历十二月二十七日的一件事。那时候，我已经13岁，大弟弟才3岁。这一天清早，天气很冷，仿佛还下着小雨，父亲便带着我和弟弟赶到费县汽车站，搭乘去乐陵的汽车，陪爷爷、奶奶过春节。时值年关，乘车的人特别多，可那时的交通又很不方便。费县到乐陵每天只有早晨一趟正班客车。另外，临时增开了两趟加班车，上午一趟，下午一趟。加班车是货车，车上没有座位，车身用草绿色的帆布罩着，用来遮风挡雨。

父亲带着我和弟弟来到了汽车站。虽然来得早，但有更多的人比我们还早。候车室里挤满了人，售票厅里排着十几行长长的队伍。父亲把行李放好，叫我看着行李和弟弟，自己便排队购票去了。

我和弟弟等了好长一段时间，父亲还没有买到车票。不知什么时候，弟弟离开了我一会儿。我发现弟弟没在身边，差点哭了起来，便不顾行李去寻找弟弟了。找了一会儿，幸好找着了。只见弟弟手里拿着一个小皮包在玩。我走过去，把他拉到身边，并把他手中的皮包也拿了过来，一看，原来是一个钱包，里面还有钱！

父亲买来了车票。我把钱包递给了父亲。我发现父亲吃惊了一下，急忙问我："钱包哪来的？"我说："弟弟捡到的。"父亲追问我："怎么不交给失主？"我说："我不知道失主是哪一个。"父亲打开了钱包，只见里面有50多元钱，还有几百元钱的发票和一张介绍信。那时候，50多元钱可不是个小数目，父亲一个月的工资还没有那么多！

这时候，候车室的广播播出了"买好了7点钟费县到乐陵车票的旅客请准备上车"的声音。我赶紧牵着弟弟，催父亲提起行李排队上车。可是，父亲并没有这样做，仍然要我看着行李和弟弟，说他要去寻找失主。于是父亲到了车站广播室，通过广播寻找失主。我和弟弟又等了好长一段时间，才见父亲来到身边，手里还拿着那个钱包。父亲说："到了乐陵再寄给那位失主。"可是，我们要坐的那趟正班客车早已开出了。

天气仍然很冷。我和弟弟站着好像有点发抖。父亲似乎很热，他脱下了一件毛衣裹在弟弟身上。我们在车站等着下趟去乐陵的加班车，一直等到上午10点多钟。父亲本来买的是正班客车票，这时我们却搭上了没有座位的货车。货车上人也满满的，弟弟又有点晕车，父亲事先准备好了一个有盖的罐头瓶，弟弟呕吐了几阵，父亲用罐头瓶装着。一路上，我心里直埋怨弟弟不该捡到那个钱包。

车到乐陵时，已经是下午 3 点多钟了。爷爷、奶奶见我们来了，高兴极了，连忙拿出花生给我们吃。可是父亲顾不上旅途的疲劳，便到邮电局寄那害得我们坐货车的钱、发票和介绍信去了。

这件事已经过去将近 30 年了，现在想来，我还记忆犹新。

父亲偶尔也很平淡地在我们兄弟姐妹面前提起过这件事，而我却说："希望我和我的儿子永远不捡到钱包!"

（二）我的学习生活

"小呀么小二郎，背上了书包上学堂，不怕太阳晒，不怕风雨狂……"

我没上过幼儿园，却从那些神气的大孩子们嘴里听熟了这支歌。我就是哼着这首歌蹦蹦跳跳地走进村里的小学，笑眯眯地回答完老师的提问，又笑眯眯地接过老师递过来的新书。从此，我的读书生活开始了。

小学的书，有很精美的插页，活灵活现的；新书还有一股淡淡的油墨清香。接过书的那一刻，我就对书有了一种深深的喜爱，一回家我就请姐姐找出一张旧年画，将课本结结实实包好。

从此，沂水河岸边的一户农家的地坪里，不管是晨曦初露的清晨，还是炊烟袅袅的黄昏都会有一个稚嫩的声音响起。父母不懂读书的大道理，听我念书的嗓门大、有板有眼，心里很高兴。家里穷，除了课本外没有别的书，父母就不辞劳苦，从村里有书的人家借书借报给我看。什么《故事会》《农村科技报》《三国演义》，我也囫囵吞枣一同读了下去。逢了假日，常常走上七八里路，赶到镇上的小书店，过上一次书瘾。看着那一本本好书，又没有足够的钱，我就常常站着读，读完了，轻轻地放入书架，然后羞羞涩涩地向营业员投去一个感激的微笑。时间久了，那位和善的阿姨也跟我这个"蹭书看"的乡下孩子熟悉了，常常拿出一条小板凳让我坐着看。遇着书店"盘点"的日子，我就只好去杨大爷摆的"小书摊"上租书看，五分钱一本，直到把口袋里攒着的那一把分钱都读完了，才恋恋不舍地回到那不时飘来一声声吆喝的乡村小路上。

后来，我到了镇上读初中，又辗转到县城，一直读到省会的著名大学，书是越读越多，越读越厚，但小时候的那份借书之意、恋书之情始终没有割舍，反倒越来越浓烈了。即使在市场经济"惊涛拍岸"的今天，我也常想，"书不是万能的，但没有书却是万万不能的"，"书犹药也，可以医愚"。山高水长，读书将伴我终生。书籍，也将丰富我平凡的人生。

二、演讲例文

青年与读书

随着改革的不断深化和经济的迅猛发展，一股"钱"的冲击波开始辐射到部分人的心底，"读书无用论"在我国不少青年中悄然复兴。在金钱的诱惑下，"文人弃笔下海经商"。少数青年学生也散布"读书不如去赚钱"的论调，有的甚至弃学经商，当起老板来。而今天，世纪之交的今天，亲爱的朋友，我想高声呐喊：读书吧！从书中，你可以清楚地认识生活和自己，从书中，你可以汲取大量的营养和乳汁。读书是一条充实自己、净化灵魂的阳光道。“书中自有黄金屋”，大凡有所作为之士，有几个不是博览群书而满怀文韬武略的呢？

我记得，当代著名作家贾平凹在答记者问时曾说过：“青年朋友一定要把书看重，什么都不要眼红，但要眼红读书；什么朋友都可以抛弃，但书之友绝对不能不交！”从这里，我们可以看出读书的重要性。像这样的大作家都如此重视读书，而我们这些将要担当起历史重任的跨世纪的青年朋友，还有什么理由不读书呢？

“自古书生多拮据，书中自有百宝箱。”诚然，学子清贫是当今的一个现实。然而，读书却能知天地之大，晓人生之难，有自知之明，开预料之先。不为苦而悲，不受宠而欢。寂寞时不寂寞，孤单时不孤单。通过读书，你可以知道怎样做人，怎样谋生，怎样面对现实中的喜怒哀乐，怎样处理人世间的悲欢离合。朋友，当你走进“书海”这片广阔的天地，你一定会如醉如痴，就像一个饥饿的孩子见到了面包一样激动！因为这片天地是如此的绚丽迷人，如此的震撼人心！它为迷途的朋友点亮一盏指路明灯，使遭受不幸的人忘掉所有的烦恼与忧愁，使高傲的人保持一种谦逊与矜持，使自卑的人树立起坚定的信念。朋友，满怀激情地走进“书海”吧！“海阔凭鱼跃，天高任鸟飞。”在这里，你一定会找到自己的一方乐土，一块宝地！

是的，我们的国家在改革，我们需要发展经济。但是，不是说要“钱”就不要知识、不要读书、不要科学！我们每个青年朋友，都不会忘记清王朝的大臣大将们，因为少读书而不能放眼世界，“闭关自守”，导致中国落后，蒙受鸦片战争中惨遭蹂躏的奇耻大辱；因为少读书，中国人观看自己的同胞被强盗帝国开肠剖腹、血腥屠杀而麻木不仁。难道，难道我们每一位青年朋友进入 21 世纪，还能让历史重演吗？毛泽东同志曾经告诉我们：落后就要挨打！只有用知识武装头脑的人，才是不可战胜的。不抓教育，青年朋友不读书，不增长见识，我们的国家又怎能跨入世界的前列呢？难道我们青年朋友还愿意再次看到“南京大屠杀”的历史悲剧吗？

鲁迅先生曾经感慨：要拯救民族，必须首先唤醒人民的民族意识！只有通过读书，才能增长智慧和才干；只有通过学习，才能提高全民族的思想素质和文化素质。周总理年少时就立志：要“为中华之崛起而读书”！我们每一个青年朋友都是社会主义事业的继承者、建设者、创新者和接班人。又有谁不愿意为国家、为民族贡献自己的力量呢？又有谁不愿意我们的国家繁荣昌盛、立于世界民族之林呢？而当今，科学技术是第一生产力，这是无须证明的铁的事实。各位青年朋友，难道你们愿意看见因为我们没有知识而导致科学技术落后，使祖国贫穷懦弱而再受歧视吗？

青年要读书，这是毋庸置疑的。但是，要读些什么样的书呢？夏研尊在《给青年的十二盏灯》这本书里说：“多读一本没有价值的书，就丧失了可读一本有价值的书的时间和精力”。同是读书，有的人由此而变得高尚，变得有学识，有教养，步入成才、成功的“殿堂”；而有些人则由此通向自我毁灭的道路，成为社会的渣滓。这其中的缘由，在鲁迅先生的“读书忌”中已有阐述。原来如鲁迅先生所言，中国医书中常常记着“食忌”，人读书也有忌。书是有好坏之分的，人们常说“开卷有益”，是指读好书，才能受益。如果我们不管是好作品还是坏作品，捧来就读，读了就信，信了就学，不加分析批判，那就如同“吃下忌食”一样，非中毒不可。据某市公安部门统计，在青少年刑事犯罪案件中，有近70%的人与读坏书有直接关系。他们津津乐道于书中宣扬的腐朽人生哲学和低级趣味，由欣赏到追求，最后走向犯罪。可见，坏书对人的教唆和腐蚀作用是不可低估的。这正如英国小说家菲尔丁所说：“不好的书也像不好的朋友一样，只会把你戕害。”有些人读书不少，不仅毫无长进，反而走上邪路，不就是深刻的教训么？须知，有崇高理想、精神生活充实的人，自然会选择那些有益于身心健康、催人奋进的书籍，作为自己的“精神食粮”，从中汲取丰富的营养，进而充实自己的本领。而胸无大志、庸庸碌碌混日子的人，则不然，他们对那些肉欲横流、格调低下的书刊趋之若骛，从中寻求刺激，结果使自己变得更加卑俗。因此，青年要加强自身修养，自觉读好书，抵制坏书，立远大之志，成有用之才，真正做到前无愧于古人后无愧来者。只有这样，当历史过完1999个生日、新世纪的曙光就在前头的时候，我们才可以自豪地说：我骄傲，我们是跨世纪的一代！

是骏马，就要在崇山峻岭中奔跑；是雄鹰，就要在万里蓝天高飞；是蛟龙，就要在惊涛骇浪中搏击。高尔基说得好：书籍是青年人不可分割的伴侣和导师。一个踌躇满志的中国青年，就要为中华之崛起而读书，为民族之振兴而读书，为祖国之强盛而读书！

三、命题演讲训练

以“奉献”精神为主题，从以下几个侧面“把忠心献给祖国”“把爱心献给人民”“把诚心献给同学”“把孝心献给父母”“把信心留给自己”中任选一个，进行演讲。从自己的切身经历、社会现实生活中取材，标题自拟。

四、命题说话训练

选择《普通话水平测试用话题》中的某个说话题目，进行说话训练。

五、普通话水平测试“说话”须知

(1) 说话一项分值最多，其中语音面貌又是重点，而说话时的用字、用词和语句不可能像文章中那样确定，方音、方言词和方言语法最容易“露馅儿”，所以对此必须训练有素，在平时说话时就要注意使用标准的普通话语音、词汇和语法。

(2) 说错了语音、词汇、语法可以纠正，如：结束（su）→束（shu）、单车→自行车、冷过广州→比广州冷。

(3) 用词要恰当：①多用口语词，少用书面语：诸如→比方说，午后二时许→下午两点多；②不用时髦语：“没治了”“震了（好极了）”“做骚（表演）”“发烧友（歌迷）”等都属于不规范现象。③避免同音词：“向前看”“期终考试”易被误解为“向钱看”“其中考试”，应说“往前看”“期末考试”。

(4) 说话要自然，即用日常口语的语气、语调来说，不要带着朗诵或背诵的腔调。

(5) 注意语句流畅：①多用短句、单句，少用长句、复句，不用欧化句式；②冗余适度，避免机械的口头禅和无意义的重复，如“嗯”“啊”“这个”“就是说”“……的话”等过多，都属不流畅现象。③思路要清晰：如果说话时没有一个确定的中心，思路混乱，就会出现各种思维障碍，造成说话经常中断。所以，测试以前对说话题目要熟悉，并最好实际试说，做到心中有数。④平时要培养用普通话进行思维和表达的习惯，才能保证测试时“得心应口”，自然流畅的表达。

（6）“说话”考查的是应试者运用普通话的规范和流畅程度，对内容的完整性、观点的鲜明性、表达的艺术性以及中心是否突出、条理是否清晰方面没有太高的要求，所以应试者完全可以围绕命题自由地说出自己的所知所想。

（7）说话时间要够 3 分钟，在主试人示意停止前，不要中断说话，只管说下去。

（8）说话的节奏要适宜。太快容易导致发音含混不清，太慢则显得不流畅，两者都是会失分的。

第十一章　基础演练

第一节　声　调

一、同调练习

（一）阴平调

悲观　车间　飞天　分发　丰收　诗歌　攀登　欺压　商标　生息　施工
青春　硝烟　新春　虚惊　烟波　征兵　珍惜　知心　通知　吸收　剥削
谦虚　拼音

（二）阳平调

成为　原则　红旗　文学　白云　敌人　繁杂　蓬勃　纯洁　前途　民族
牛皮　排球　齐全　勤劳　学习　循环　沿袭　游玩　团结　国民　哲学
灵活　和平　农林　昂然　盘旋　临时　由于　篮球

（三）上声调

统统　早晚　整体　尽管　指导　小组　把守　板眼　宝塔　保险　党委
本土　典礼　改口　旅馆　女子　启齿　腿脚　洗手　写法　许久　选举
理想　影响　处理　洗脸　美好　勉强

（四）去声调

技术　上课　下课　再见　训练　政治　教育　按照　暗淡　正式　败坏
报到　阵地　热爱　对立　庆祝　建设　密切　胜利　日记　现在　秀丽
叙事　叫作　事业　艺术　作业　介绍　血液

（五）成语（词组）

春天花开　江山多娇　忧心忡忡　挖空心思　人民团结　急于求成　名存实亡
穷极无聊　理想美好　岂有此理　永远友好　党委领导　见利忘义　日夜变化
历历在目　自暴自弃

二、异调对比

（一）同音异调字

喝——禾 失——适 合——赫 甲——架 尖——简 篮——览
诗——十 施——矢 师——事 石——使 时——试 始——市
司——死 思——寺 苏——俗 堂——倘 唐——烫 体——替
批——皮 披——匹 摸——末 陵——领 岭——令 膜——茉
功——共 弓——拱 夫——扶 拂——府 福——负 辅——副

（二）同音异调词语

天空——填空 时间——始见 国民——过敏 光大——广大 城市——诚实
东西——洞悉 新城——心诚 副食——浮石 改观——盖棺 高洁——告捷
歌剧——格局 攻破——公婆 关键——管见 好汉——浩瀚 悔过——回国
火星——活性 寄居——急剧 揭露——节录 精华——净化 论争——论证
居家——举架 可观——客观 离职——礼制 老家——劳驾 明智——明知

（三）阴——阳、阴——上、阴——去

（1）阴——阳
升旗 生活 珊瑚 军民 居然 经常 积极 欢迎 公民 中文 科学
施肥 坚持 坚强 批评 英雄 开头 忽然 光荣
（2）阴——上
开展 开始 参考 争取 休养 标点 歌曲 方法 播种 发表 艰苦
铅笔 多少 根本 标准 清理 阴险 公尺
（3）阴——去
刊物 军队 今后 希望 相信 开会 推动 分配 拥护 需要 接受
交际 说话 装作 经济 雕刻 音乐 深刻

（四）阳——阴、阳——上、阳——去

（1）阳——阴
菊花 决心 提高 读书 集中 文章 直接 原因 邻居 神经 图章
房间 围巾 难吃 年轻 原先 重新 别说 除夕 滑冰
（2）阳——上
即使 集体 培养 图纸 平等 没有 而且 如此 停止 传统 成果
门口 茶馆 牛奶 竹笋 明显 残忍 愚蠢 传染 滑雪
（3）阳——去
觉悟 能够 结束 回忆 实验 成立 合作 答复 谈话 农业 责任
城市 节目 前后 强壮 平静 明确 学校 全部 绝对

（五）上——阴、上——阳、上——去

（1）上——阴
广播 启发 老师 首都 小说 主观 眼光 打针 委托 始终 火车

损失 体操 水晶 整天 恐慌 首先 打击 海天

(2) 上——阳

旅行 表扬 改革 表格 语文 水平 解决 理由 感觉 典型 以及
可能 本来 果然 简直 语言 小时 水泥

(3) 上——去

考试 请假 比赛 改善 表示 讨论 感谢 比例 左右 普遍 主要
所谓 好看 朴素 品质 马上 柳树 礼貌 反对 此处

(六) 去——阴、去——阳、去——上

(1) 去——阴

上操 用功 唱歌 录音 据说 画家 客观 办公 众多 认真 电灯
至多 大家 教师 卫生 健康 跳高 背心 桂花 杏花

(2) 去——阳

进行 继承 证明 自习 教学 道德 范围 爱国 幸福 调查 对于
固然 自由 药房 赛球 豆油 钻石 电流 动员 作为

(3) 去——上

记者 禁止 跳舞 逮捕 办法 地理 字典 特点 动手 敬礼 痛苦
历史 会场 地主 电影 或者 到底 诱拐 政党 驾驶

三、词组拼读

(一) 四声顺序

山河锦绣 千锤百炼 精诚所至 鞍前马后 挑肥拣瘦 经纶满腹 山盟海誓
身强力壮 风狂雨骤 中流砥柱 山明水秀 风调雨顺 英明果断 争前恐后
花团锦簇 灯红酒绿 中华语调 诸如此类 非常好记 山鸣谷应

(二) 阴平起点

(1) 阴阳去上

粗眉大眼 冰壶玉尺 哀鸿遍野 枪林弹雨 班门弄斧 多愁善感
分庭抗礼 高抬贵手 虚怀若谷 周而复始

(2) 阴上阳去

心领神会 吃里爬外 卓有成效 肝脑涂地 高枕而卧 双管齐下

(3) 阴上去阳

充耳不闻 身体力行 敷衍塞责 卓尔不群 花好月圆 金口玉言
挥洒自如 鸡犬不宁

(4) 阴去上阳

三教九流 轻重缓急 金玉满堂 孤陋寡闻 车载斗量 天道好还
堤溃蚁穴 车殆马乏

(5) 阴去阳上

挥汗如雨 积重难返 先入为主 精卫填海 积厚流广 相去无几
身不由己 先意承志

(三) 阳平起点

(1) 阳阴上去

龙争虎斗　集思广益　残羹冷炙　长吁短叹　随心所欲

答非所问　回心转意　流芳百世　眉开眼笑　南腔北调

(2) 阳阴去上

和风细雨　跋山涉水　长生不老　浮光掠影　银装素裹　仇深似海　残编断简

(3) 阳上阴去

别有天地　名满天下　如虎添翼　佛眼相看　桴鼓相应

(4) 阳上去阴

别有用心　昂首望天　言简意赅　惶恐不安　如蚁附膻　原始要终

(5) 阳去阴上

隔岸观火　明目张胆　无价之宝　梁上君子　如梦初醒　十步芳草　恬不知耻

(6) 阳去上阴

排难解纷　革故鼎新　同庆普天　十室九空　时不可失　头重脚轻

(四) 上声起点

(1) 上阴阳去

百花齐放　草菅人命　广开言路　海枯石烂　普天同庆

挑拨离间　眼花缭乱　九霄云外　损兵折将　五光十色

(2) 上阴去阳

处之泰然　感恩戴德　滚瓜烂熟　老奸巨猾　美中不足

以一当十　趾高气扬　满腔热情　以身作则　指桑骂槐

(3) 上阳阴去

饱食终日　改邪归正　古为今用　感同身受　解囊相助

举足轻重　满园春色　统筹兼顾　哑然失笑　老谋深算

(4) 上阳去阴

取而代之　引而不发　有言在先　蚁穴溃堤　整齐划一

稳如泰山　惘然若失　羽毛未丰　等闲视之　粉白黛黑

(5) 上去阳阴

老态龙钟　等量齐观　蛊惑人心　好自为之　火树银花

老气横秋　锦绣河山　举目无亲　苦大仇深　老弱残兵

(6) 上去阴阳

火上加油　苦尽甘来　柳暗花明　满腹经纶　藕断丝连

雨过天晴　语重心长　朗目疏眉　膀阔腰圆　惨淡经营

(五) 去声起点

(1) 去阴阳上

傍花随柳　落花流水　落荒而走　素车白马　聚沙成塔

不堪回首　卧薪尝胆　论功行赏　痛心疾首　见多识广

(2) 去阴上阳

不知所云　不拘小节　大吹法螺　救经引足　困知勉行　卖刀买牛

(3) 去阳上阴

大醇小疵　抱残守缺　祸从口出　剑拔弩张　敬而远之　泰然处之　画龙点睛

(4) 去上阴阳

壁垒森严　万紫千红　不此之图　不可多得　不可收拾

姹紫嫣红　赤手空拳　瑞雪丰年　触景生情　地角天涯

(5) 去阳阴上

宁为鸡口　岁寒三友　害群之马　浩如烟海　化为乌有

四平八稳　教学相长　镂尘吹影　豁然开朗　慢条斯理

(6) 去上阳阴

视死如归　一马平川　奋起直追　大显神通　妙手回春

刻苦读书　弄巧成拙　溢彩流光　驷马难追　一扫而空

四、故事练习

给下列一段文字注音并朗读。

石室诗士施氏，嗜狮，誓食十狮。氏时时适市视狮；十时适十狮适市。是时，适施氏适市。氏社是十狮，恃矢势，使是十狮逝世。氏拾十狮尸，适石室。石室湿，氏使侍试石室。石室试，氏始试食是十狮尸。食时。始识是十狮尸，实十石狮尸，试释是事。

第二节　元　音

一、o、e

(一) 音节练习

o　bo—po—mo—fo

e　de—tene—e　gee—he　zhe—che—she—re　ze—ce—se

(二) 词语练习

o　勃勃　伯伯　婆婆　漠漠　默默　脉脉　薄膜　磨破　广播　电波　萝卜
　压迫　观摩　渊博　规模　胳膊

e　各个　苛刻　客车　合辙　合格　赫赫　折射　这么　这个　舍得　塞责
　色泽　隔阂　特色　割舍

(三) 辨读练习

帛画　柏林　糟粕　魄力　墨汁　陌生　哥哥　歌曲　戈壁　鸽子　盒子　阁楼

科学　蝌蚪　可以　河水　何以　荷花　一棵　颗颗　课间　窠臼　禾苗　和平

祝贺　白鹤　罪恶　咳嗽　核心　疙瘩　瞌睡　磕头　渴望　葛家　呵斥　坷垃

革命　下颌　阻阂　克服　险恶　扼要　品德　得到　勒令　法则　责成　策略

（四）拗口练习

（1）可可磨了墨，却没有墨盒，我有新墨盒，还没磨好墨。可可把磨好的墨倒进我的新墨盒．我把新墨盒让可可倒进墨，我和可可合用一个墨盒。你说我们会不会合作？

（2）伯伯养了一群大白鹅，哥哥喂了两只小白鸽。伯伯教哥哥训鸽，哥哥帮伯伯放鹅。白鸽、白鹅长得好，乐坏了伯伯和哥哥。

（3）哥哥拿个圆核桃，刻成一个核桃壳；哥哥又用泥，捏了一只鹅，放进核桃壳里漂过河。泥鹅伸着脖："é—é—é，我不坐核桃壳，也能游过河。"哥哥笑着说："有核桃壳，泥鹅能过河！"

二、ie、üe

（一）音节练习

ie　bie—pie—mie　die—tie—nie—lie　jie—qie—xie

üe　nüe—lüe　jue—que—xue

（二）词语练习

ie　结业　贴切　铁鞋　斜街　特别　折叠　这些　解决　热烈　歇业　谢谢
　　切切　姐姐　爹爹　爷爷　节约　协约

üe　约略　雪月　隔绝　血液　确切　哲学　掠夺　决裂　侵略　决绝　雀跃

（三）拗口练习

（1）南边来了个瘸子，手里托着个碟子，碟子里装着茄子，地上钉着个橛子。地上的橛子绊倒了瘸子，洒了碟子里的茄子，气得瘸子撇了碟子，拔了橛子，踩了茄子。

（2）爹穿鞋，姐穿靴，一同下海抓螃蟹。蟹夹鞋，靴踩蟹，姐学爹爹抓螃蟹。螃蟹满筐心欢悦。

（3）杰杰、岳岳和聂聂，花园里面捉蝴蝶。彩蝶、粉蝶和风蝶，一只一只像树叶，杰杰用针把蝶别，聂聂将蝶墙上贴。杰杰、聂聂找岳岳，岳岳还在园里捉蝴蝶。

（4）爷爷试鞋为买鞋，姐姐买靴先试靴。爷爷买双灰棉鞋，姐姐买双白皮靴。爷爷穿鞋不费鞋，穿靴费靴的是姐姐。

（5）昨夜下雪，雪没鞋靴。爷爷早起扫雪，推门望街，街上不见雪。只见月月正扫鞋上雪。不用问月月，爷爷就知道谁扫了昨夜的雪。

三、ai、uai、ei、uei

（一）音节练习

ai　bai—pai—mai　dai—tai—nai—lai　gai—kai—hai　zhai—chai—shai
　　zai—cai—sai

uai　guai—kuai—huai　zhuai—chuai—shuai

ei　bei—pei—mei—fei　dei—nei—lei　gei—kei—hei　zhei—shei—zei

ui　dui—tui　gui—kui—hui　zhui—chui—shui—rui　zui—cui—sui

（二）词语练习

ai 买卖 择菜 奶奶 拆台 彩排 开采 买菜 爱戴 海带 灾害 卖菜
白菜 晒台 摆开 外来 白皑皑

uai 外快 乖乖 怀揣 摔坏 徘徊 意外 奇怪 凉快 坦率 元帅

ei 每每 蓓蕾 肥美 黑煤 北非 配备 违背 北纬 退赔 劳累
浪费 流泪

uei 微微 追随 汇兑 水位 回味 回归 溃退 归队 摧毁 碎嘴子
鬼祟 灰堆 崔嵬 会水 推诿 醉鬼 未遂 魁伟 归罪

（三）组合练习

败类 败北 排雷 牌位 带累 栽培 在位 爱美 暧昧 拐带 淮北 快慰
衰微 外财 外带 背带 北温带 胚胎 佩带 非得 飞白 内海 内外 内债
擂台 黑白 黑麦 堆肥 对白 对待 对开 推戴 颓废 腿带 鬼魅 鬼胎
鬼怪 柜台 贵妃 灰白 悔改 追肥 追怀 吹擂 水彩 水灾 危害 爽快
随带 为非作歹 吹灰之力

（四）拗口练习

（1）奶奶说择菜，艾艾听摘菜，奶奶说采菜，艾艾听再来。不知是奶奶说不清择、摘、采、再、来，还是艾艾分不清来、再、采、摘、择？

（2）兰兰和欢欢，一对双胞胎。欢欢帮奶奶摆白菜，奶奶当着妈妈的面夸欢欢，欢欢说做好事的是兰兰，兰兰说做好事的是欢欢，这可急坏了奶奶，不知是谢欢欢，还是谢兰兰。

（3）小艾和小戴，一起来买菜。小艾把一斤菜给小戴，小戴有比小艾多一倍的菜；小戴把一斤菜给小艾，小艾、小戴就有一样多的菜。请你想想猜猜，小艾、小戴各买了多少菜？

（4）贝贝端杯水，去喂小乌龟。拍拍硬龟背，让龟快喝水。乌龟不伸头，不张嘴，不伸龟腿和龟尾。小贝贝让龟自己张嘴去喝水。

（五）辨读练习

麦苗——脉搏 黑白——老百姓 拍照——松柏——柏油 宽窄——采摘
雷锋——劳累 眼泪——类别 打擂——花蕾 堆积——摔碎

四、ao、iao、ou、iou

（一）音节练习

ao bao—pao—mao dao—tao—nao—lao gao—kao—hao
zhao—chao—shao—rao zao—cao—sao

iao biao—piao—miao diao—tiao—niao—liao jiao—qiao—xiao

ou pou—mou—fou dou—tou—nou—lou gou—kou—hou
zhou—chou—shou—rou zou—cou—sou

iu miu—diu—mu—liu jiu—qiu—xiu

（二）词语练习

ao　报告　高潮　吵闹　逃跑　早操　招考　冒号　劳保　号召　照抄　高超
　　高烧　操劳　报到　毛桃　糟糕　牢靠　祷告　告老　告饶　骚扰　毫毛
　　抛锚　茅草

iao　巧妙　教条　吊桥　逍遥　飘摇　苗条　小鸟　小巧　袅袅　疗效　料峭
　　调笑　迢迢　渺小　挑脚

ou　口头　丑陋　抖擞　够受　收购　漏斗　守候　喉头　走漏　后头　透漏
　　佝偻　叩头

iu　优秀　牛油　琉球　求救　久留　悠久　绣球

（三）组合练习

包票　包销　保镖　保苗　报表　报效　咆哮　跑表　碉堡　调号　调包　稻草
跳高　跳蚤　叨教　滔滔　陶陶　讨教　讨饶　脑桥　牢骚　老小　潦倒　高手
高校　膏药　稿酬　好笑　号角　浩渺　操守　扫帚　遨游　奥妙　周到　凑巧

（四）辨读练习

剥花生　剥削　冰雹　薄饼　烙印　酪酸　某年　谋划　牟利　妯娌　轴承　脚步
角度　药材　钥匙　害羞　咳嗽

（五）拗口练习

（1）巧巧爱吃年糕，小小爱吃元宵。巧巧请妈妈做年糕，小小请妈妈做元宵。妈妈做了年糕又做元宵，煮了元宵又蒸年糕。乐得巧巧跳又笑，笑得小小说："好，好，好！"

（2）高高山上有座庙，庙里住着俩老道，一个年纪老，一个年纪小。庙前长着许多药，有时候老老道采药，小老道煮药；有时候小老道采药，老老道煮药。

（3）六个油篓盛着油，地上漏了一片油。牛牛妞妞来回瞅，看看哪个油篓漏了油。

（4）手心、手背、手指头，手背、手心手碰手；勾勾手，点点头，头手头，手头手，拉个圆圈走一走。

五、复合前鼻尾音（前鼻韵母）

（一）音节练习

an　ban—pan—man—fan　dan—tan—nan—lan　gan—kan—han
　　zhan—chan—shan—ran　zan—can—san

en　ben—pen—men—fen　den—nen　gen—ken—hen
　　zhen—chen—shen—ren　zen—cen—sen

ian　bian—pian—mian　dian—tian—nian—lian　jian—qian—xian

in　bin—pin—min　nin—lin　jin—qin—xin

uan　duan—tuan—nuan—luan　guan—kuan—huan
　　zhuan—chuan—shuan—ruan　zuan—cuan—suan

un　dun—tun—lun　gun—kun—hun　zhun—chun—shun—run　zun—cun—sun

uan　juan—quan—xuan

un　jun—qun—xun

（二）词语练习

an　展览　汗衫　散漫　感叹　难堪　勘探　漫谈　繁难　淡蓝　坦然
　　反感　感染　橄榄　舢板　盘缠
en　根本　认真　沉闷　愤恨　深沉　振奋　本分　深圳　人参
ian　连绵　简便　偏见　电线　天边　变迁　天仙　显眼　减免　棉线
in　拼音　亲近　尽心　金银　亲信
uan　宛转　贯穿　酸软　转弯　专断　宽缓　官宦　喜欢　四川　开端
uen　论文　昆仑　困顿　温存　温顺　青春　山村　语文　见闻　矛盾
uan　源泉　圆圈　全权　渊源　团员　田园　支援　齐全　永远
un　军训　均匀　音韵　遵循　白云　幸运　英俊　教训　探询

（三）拗口练习

（1）今晨近邻宾临门，门人文臣勤问辛；秦浸陈本温申贞，君问音信尽贫民；怎肯忍心分金银，隐身林阴甚愤恨；臣引新宾进君门，因宾频引寝枕巾；臣刃珍禽任宾分，人君人品真疹人。

（2）小温端着洗脸盆，小陈忙去帮开门。小温谢小陈帮他开门，小陈谢小温为大家端脸盆。

（3）彦彦媛媛看大雁，为啥大雁飞向南。媛媛说，雁喜南方暖；彦彦说，雁怕冬天寒。雁群向南迁，彦彦媛媛愿大雁早飞还。

（4）石板砖，真难钻，弟弟说，用钻钻砖，哥哥说，砖用钻钻，你说是砖用钻钻还是用钻钻砖？

（5）田田说坐汽车前面颠，建建说坐汽车后边颠。到底前面颠还是后边颠？请你告诉田田和建建。

（6）有个圆圆，爱画圈圈。圆圆睡了，圈圈很想圆圆，滚进了圆圆梦里面。圆圆眨眨眼，躲到枕头边。

（7）树林边住着林小琴，竹林边住着秦小林，林小琴来找秦小林，送他一个玉麒麟，秦小林欢迎林小琴教秦小林吹口琴。

（8）采雪莲，采雪莲。雪山冰川紧相连，石岩缝里绽雪莲。雪莲雪莲白花瓣，采雪容易采莲难。

六、eng—ong、ing—iong

（一）音节练习

eng　beng—peng—meng—feng　deng—teng—neng—leng
　　geng—keng—heng　zheng—cheng—sheng—reng　zeng—ceng—seng
ong　dong—tong—nong—longg　ong—kong—hong
　　zhong—chong—shong—rong　zong—cong—song
ing　bing—ping—ming　ding—ting—ning—ling　jing—qing—xing
iong　jiong—qiong—xiong

（二）词语练习

eng　更冷　生成　风筝　风声　更正　猛增　丰盛　省城
ong　洪钟　送终　隆重　空洞　红松　从容　中东　中统　童工　动工　共同
　　工农　通融　总统　轰动　公众
ing　宁静　伶仃　灵性　领情　庆幸　轻盈　平行　英明　冰凌　菱形　情形
　　倾听　明星　日莹　兵营　清明　蜻蜓　情景
iong　汹涌　雄鹰　附庸　炯炯　蜂拥　兄弟　行凶　歌咏　英勇　运用　穷凶极恶

（三）辨读练习

eng—ong　蓬松　朦胧　丰功　灯笼　等同　东风　通称　通风　童声　同盟
　　腾空　能动　冷冻　公升　工程　工蜂　红灯　整容　郑重　正统
　　纵横　赠送　丛生　终生　中锋
ing—ong　英雄　英勇　雄性　雄兵　应用　用兵　零用　竞争　琼浆　晴空
　　雍容　精诚

（四）拗口练习

（1）童子打桐子，桐子落，童子乐。

（2）岭顶鹰鸣，酩酊兵丁停艇听。

（3）楼上钉铜钉，楼下挂铜灯。钉铜钉，震动铜灯，钉了铜钉，掉了铜灯。

（4）小勇放风筝，风筝倒栽葱；小晶放风筝，风筝升高空。小晶帮小勇修风筝，小勇帮小晶扯线绳。两个风筝随风起，高高飘在半空中。

（5）李平、李明同姓不同名，齐京、季京同名不同姓。不论同姓不同名，还是同名不同姓，李平、李明、齐京、季京常通信，从没错过名和姓，也没错过姓和名。

（6）莹莹、明明逛冰城，冰城里面看冰灯。冰灯、冰灯亮晶晶，就像进了水晶宫。水晶宫里尽是灯，莹莹、明明数冰灯。上有灯，下有灯，左有灯，右有灯，冰城里面多少灯？无数冰灯放光明。

七、综合练习

（一）韵母诗练习

捕鱼歌

人远江空夜，浪滑一舟轻。网罩波心月，竿穿水面云。
儿咏矣唷调，橹和嗳啊声。鱼虾留瓮内，快活四时春。

（二）辨读练习

绿化　氯气　山崖　天涯　飞跃　迸发　谄媚　支撑　鞭笞　玷污　讹误　拂晓
束缚　暴戾　褴褛　愤懑　分娩　抨击　瀑布　要挟　混淆　按捺

第三节 辅 音

一、j、q、x

(一) 音节练习

ji—qi—xi jia—qia—xia jie—qie—xie jiao—qiao—xiao
jiu—qiu—xiu jian—qian—xian jin—qin—xm
jiang—qiang—xiang jing—qing—xing ju—qu—xu
jue—que—xue juan—quan—xuan jun—qun—xun
jiong—qiong—xiong

(二) 词语练习

j 经济 坚决 进军 紧急 借鉴 交界 家具 激进 究竟 讲价 拘禁
机井 军舰 炯炯 即将 举荐 季节
q 轻巧 亲切 恰巧 请求 齐全 前躯 崎岖 乞求 强权 铅球 缺勤
x 下乡 虚心 行星 喜讯 相信 细心 习性 先行 小写 玄学 些许
校训 新鲜 休息

(三) 辨读练习

下列词语由尖音字和团音字组合而成，注意分辨及朗读。

j 鸡心 集训 即席 酒家 九泉 精细 军权 绝迹 居家 就绪 简写
坚强 奸笑 假想 价钱 记性 急需 俊杰 捐躯
q 七绝 奇袭 起先 器械 气节 汽油 牵线 千秋 前进 浅见 欠缺
乔迁 巧取 清新 轻信 请柬 曲线 屈就 全权 鹊桥
x 西经 席卷 下贱 鲜血 显学 险峻 限界 详细 消极 辛勤 兴修
性情 凶险 胸腔 虚惊 许久 选区 寻机

(四) 拗口练习

(1) 小徐下乡向乡下新星小学虚心学习。

(2) 京剧叫京剧。警句叫警句。京剧不能叫警句，警句不能叫京剧。

(3) 西边有条小溪，溪边住着小奇。细声唱的是小溪，玩游戏的是小奇。小溪边小奇洗细米，小奇在小溪边戏小鱼。

(4) 稀奇稀奇真稀奇，麻雀踩死老母鸡。蚂蚁身长三尺七，七十岁的老七躺在摇篮里。

(5) 七加一，再减一，加完减完等于几？七加一，再减一，加完减完还是七。

二、zh ch sh

(一) 音节练习

zhi—chi—shi　zha—cha—sha　zhe—che—she　zhai—chai—shai
zhao—chao—shao　zhou—chou—shou　zhan—chan—shan
zhen—chen—shen　zhang—chang—shang　zheng—cheng—sheng
zhong—chong　zhu—chu—shu　zhua—chua—shua
zhuo—chuo—shuo　zhuai—chuai—shuai　zhui—chui—shui
zhuan—chuan—shuan　zhun—chun—shun　zhuang—chuang—shuang

(二) 词语练习

zh　专政　庄重　政治　战争　种植　谆谆　真正　挣扎　周折　制止　扎针
　　主张　招致　追逐　证单　壮志　茁壮
ch　车床　超产　城池　查抄　拆除　长城　唇齿　抽查　出差　重唱　穿插
sh　上山　双手　声势　事实　受伤　双身　说书　山水　少数　伤势　设施
　　伸手　省事　硕士　顺利　手术

(三) 辨读练习

侦察　招生　扎实　支持　至诚　战士　终身　着手　专长　中暑　装饰　篆书
直率　传说　纯正　出生　充实　城市　潮水　尝试　查照　仇视　船只　首创
时常　市场　书桌　收支　适中　甚至　慎重　上市　受宠　食指

(四) 拗口练习

(1) 株洲站站长注重政治抓整治。

(2) 长春车床厂褚处长。

(3) 时事是近时事实，史实指历史实事。时事最重视适时，史实忌欺世失实。

(4) 书橱被虫蛀，胡叔修书橱。钉块木板把洞堵，修好书橱装图书。

(5) 长虫围着砖堆转，转完砖堆钻砖堆。

(6) 张超学指书，先用拇指，再用食指，后用中指、无名指、小指，最适用的是食指。

(7) 柿子树妈妈，心肠真好，它怕秋公公晚上摔跤，把红红的小灯笼，挂在了树梢。

三、z、c、s

(一) 音节练习

zi—ci—si　za—ca—sa　ze—ce—se　zai—cai—sai
zao—cao—sao　zou—cou—sou　zan—can—san　zen—cen—sen
zang—cang—sang　zeng—ceng—seng　zu—cu—su　zuo—cuo—suo
zui—cui—sui　zuan—cuan—suan　zun—cun—sun　zong—cong—song

(二) 词语练习

z　宗族　在座　栽赃　祖宗　自作　罪责　最早　自尊　藏族　总则　曾祖

c 草丛 苍翠 参差 层次 从此 摧残 仓促 催促 猜测 残存 粗糙 措辞
s 洒扫 色素 思索 诉讼 松散 琐碎 僧俗 搜索

(三) 组合练习

遭罪 凿子 再三 枣子 杂草 早操 赠送 姿色 孜孜 子孙 自从 自在
总算 租子 阻塞 座次 彩色 蚕丝 沧桑 操作 厕所 词组 私自 塑造
素材 随从 所在 素菜 梭子

(四) 辨读练习

责成 辎重 负责 细则 诈语 啧啧 沼泽 光泽 选择 平仄 测量 测试
恻隐 森林 压缩 飕飕 僧人 侧记 侧目 政策 画册 艰涩 淄博 塞音
瑟瑟 吝啬 颜色

(五) 拗口练习

(1) 宗泽责在搓草，孙松思忖辞藻，曹素造锁则错，蔡祖所司采桑，崔四遂唆索财，参赞猝挫贼子，曾慈斯次窜散，尊叟从此色苍。

(2) 四十三个词和子，组成一首子词绕口令。桃子、李子、梨子、栗子、橘子、柿子，榛子栽满院子、村子和寨子。名词、动词、数词、量词、代词、副词、助词、连词，造成语词和唱词。

(3) 字纸裹着细银丝，细银丝上趴着四千四百四十四个似死非死的死虱子。

(4) 操场前面有三十三棵桑树，操场后面有四十四棵枣树。慈三把三十三棵桑树认作枣树，慈四把四十四棵枣树认作桑树。

四、舌面、平翘舌音

(一) zh、ch、sh、j、q、x

政权 崭新 章节 执行 战线 照相 真相 直接 整齐 周旋 珍惜 知趣
长进 晨夕 城墙 抽象 产销 陈旧 赤脚 重新 触角 春季 成绩 程序
诚心 澄清 主席 撤销 出息 除夕 深秋 摄像 世界 升迁 水星 双全
数学 受惊 事迹 世纪 社交 尚且 嘲笑 首先 实习 失信 实际 盛情
伤心 深切 申请 收集 设想 教室 就职 精神 简单 建筑 精致 进展
尽职 奖章 前程 切身 清除 趋势 小肠 象征 相处 消失 小说 写照
性质 心肠 羞耻 袖珍 叙述

(二) z、c、s、zh、ch、sh

自传 纵使 总是 总之 钻床 祖传 罪状 尊重 阻止 作诗 做事 宗旨
资产 草率 草纸 从事 次数 村庄 措施 财产 残杀 搜查 随时 指责
仲裁 种子 庄子 准则 祝词 桌子 创造 创作 初次 纯粹 掺杂 勺子
生存 肾脏 史册 蔬菜水彩 顺从

(三) 拗口练习

(1) 张仁升和江银星，二人上场说相声。先说一个《招厂长》，再说一个《绕口令》：“真主珍珠真珍珠，出城出证出入证。”

(2) 财主要柴主挑木柴，财主不买柴主的木柴；柴主要财主买木柴，柴主不挑财主的木柴。

(3) 要想说对四和十，得靠舌头加齿背。谁说四十是戏习，就是舌头没放对；谁说四是事，那是舌头没伸直。

(4) 小槐树结樱桃，杨柳树上结辣椒，吹着鼓，打着号，拉着大车抬着轿。

(5) 隔着窗户撕字纸，先撕白字纸，再撕紫字纸。

五、r

(一) 音节练习

ri—re—rao—rou—ran—ren—reng—ru—ruo—rui—ruan—run—rong

(二) 词语练习

忍让　仍然　融融　软弱　柔软　容忍　荣辱　冉冉

(三) 辨读练习

r—l　烈日　燃料　扰乱　猎人　热烈　老人　认领　人类　日历　凌辱　落日
　　鹿茸　利润　冰霜　来日　冷若冰霜　了如指掌　若即若离

r—y　鱼肉　佣人　容易　日月　圆润　软硬　仁义　热源　如意　任劳　任怨
　　夜以继日　优柔寡断　一尘不染

(四) 拗口练习

(1) 仁人饶人让人容忍人。

(2) 一个任大仁，一个任小仁，闹闹嚷嚷真烦人。任小仁说任大仁老不让人，任大仁说任小仁老不饶人。不知是任小仁老不饶人，还是任大仁老不让人。

(3) 老饶下班去染布，染出布来做棉褥。楼口儿有人拦住路，只许出来不许入。如若急着做棉褥，明日上午来送布。离开染店去买肉，回家热锅炖豆腐。

六、零声母

(一) 音节练习

a—o—e　ai—ei—ao—ou　an—en　ang—eng　er

yi—ya—ye—yao—you—yan—yin—yang—ying

wu—wa—wo—wai—wei—wan—wen—wang—weng

yu—yue—yuan—yun—yong

(二) 词语练习

安稳　暗暗　额外　恩爱　偶尔　玩味　莞尔　晚安　万恶　万物　忘我　妄为
威武　慰问　问安　巍峨　无为　瓦屋　外文　威望　文物　无畏

(三) 辨读练习

ai　狭隘　阻碍　方兴未艾　和蔼　挨近　尘埃

ou　欧洲　殴打　海鸥　讴歌　呕吐　怄气

an 安全 鞍马 桉树 氨水 按照 黯然 黑暗 河岸

e 阿谀 婀娜 峨冠 俄顷 企鹅 讹传 恶心 噩耗 厄运 遏止 愕然 挨饿

ao 遨游 棉袄 拗口 骄傲 奥妙 山坳 懊悔

ang 高昂 盎然 肮脏

(四) 拗口练习

(1) 恩爱夫妻恩爱重，夫妻恩爱情意浓。佳偶恩爱得安乐，恩爱美德人称赞。

(2) 月亮圆圆，像个盘盘，我要上去找你玩玩。

(3) 安二哥家一群鹅，二哥放鹅爱唱歌。鹅有二哥不挨饿，没有二哥鹅挨饿，大鹅、小鹅伸长脖儿“嗷嗷喔喔”找二哥。

七、综合练习

(一) 声母诗

采桑歌

春日起每早，采桑惊啼鸟。
风过扑鼻香，花落知多少。

太平歌

子夜久难明，喜报东方亮。
此日笙歌颂太平，众口齐欢唱。

(二) 辨读练习

捕捉 逮捕 哺育 弥补 同胞 孢子 鲍鱼 包庇 刨床 秕糠 彼此 婢女 裨益 麻痹 媲美 濒临 谬论 端倪 比拟 逆风 凝结 虐待 酝酿 诺言

第四节 语 流 音 变

一、上声相连

(一) 两个上声

表演 举止 采访 彼此 管理 友好 粉笔 引导 讲演 舞蹈 理解 允许 爽朗 组长 左手 整理 展览 语法 永远 勇敢 洗澡 水桶 手表 晌午 美满 了解 检讨 鼓掌 敢想 辅导 腐朽 产品 保姆 口语 保守 本领 厂长 打倒 顶点 祖母

(二) 三个上声

管理组 展览馆 碾米厂 草稿纸 手写体 始祖鸟 选举法 苦水井 手表厂 举手礼 总统府 讲演稿 索马里

（三）读准以下词语

想起　讲讲　本领　打扫　小姐　许久　手脚　小鬼　打手　老鼠　水里　手里　脑海里

二、半上练习

（一）上声——阴平

摆脱　板车　北方　补充　顶端　海军　好听　紧张　可惜　老乡　普通　取消　早操　指挥　转弯　总归　总之　写生　手工　首先　统一　许多　左边　指出　演出　强逼

（二）上声——阳平

表决　处罚　打雷　党员　主席　点头　反而　改良　感情　敢于　紧急　举行　老人　脸盆　马达　旅行　敏捷　品格　请求　企鹅　取得　伟人　五十　小学　野蛮　以前　隐瞒　羽毛　早晨　整洁

（三）上声——去声

百货　柏树　榜样　宝贵　保护　表现　比较　采购　草地　产量　吵架　丑陋　打仗　等待　抵抗　法律　反复　感动　赶快　广泛　果树　火箭　解放　谨慎　考试　可靠　口号　苦闷　理发　满意　美术

（四）三个上声相连

纸老虎　厂党委　小雨雪　小组长　小拇指　老保守　老祖母　孔乙己　好产品　很勇敢

（五）读准以下词语

椅子　本子　铲子　胆子　领子　管子　矮子　姐姐　嫂嫂　奶奶　姥姥　宝宝　耳朵　马虎　抖搂　痒痒

（六）一串上声相连

（1）岂有此理！
（2）选举领导。
（3）我也很少想你俩。
（4）请你赶紧找组长补考口语。
（5）整理演讲稿。
（6）脸、嘴、眼、耳、手、腿、脚。
（7）小老虎比老老虎友好。
（8）种马场养有五百匹好母马。
（9）本产品属我厂所有。
（10）请李首长指导我。
（11）我请蒋小颖买铁锁。

一、“一”“不”变调练习

(一) 读阳平

一度 一定 一半 一致 一样 一带 一个 一件 一律 一贯
不论 不错 不对 不必 不要 不幸 不怕 不至于 不锈钢

(二) 读去声

(1) 一边 一端 一天 一些 一生 一般 一经 一身 一发 一杯 一窝蜂
不消 不惜 不多 不禁 不光 不妨 不屈 不单 不规则
(2) 一直 一齐 一连 一如 一同 一言堂 一场空 一席话 一团糟 不及
不曾 不乏 不成 不独 不和 不祥 不行 不平凡
(3) 一体 一口 一走 一统 一早 一举 一手 不管 不满 不朽 不许
不理 不久 不免 不齿 不比 不等式 一点儿 一把手 一眼井

(三) 读原调 (“一”为阴平，“不”为去声)

一二三 六一 一十一 第一 一九一一年一月一日 一等奖 一不做二不休 同一
一年级一班 一楼一号 始终如一 说一不二 举一反三 不! 偏不! 要不
我不 绝不 好不 谁敢说个“不”字

(四) 读轻声

1. 阴 (中)
说一说 听一听 拼一拼 抄一抄 称一称 争一争 高不高 亲不亲 多不多
清不清 缺不缺 酸不酸
2. 阳 (中)
聊一聊 瞧一瞧 读一读 谈一谈 评一评 答一答 玩一玩 难不难 能不能
忙不忙 读不读 谈不谈 答不答
3. 上 (中)
写一写 跑一跑 补一补 数一数 洗一洗 挤一挤 好不好 苦不苦 搞不搞
打不打 想不想 暖不暖 买不买 响不响
4. 去 (中)
算一算 念一念 练一练 做一做 望一望 笑一笑 跳一跳 乱不乱 快不快
热不热 干不干 看不看 去不去 认不认
5. 非叠字 (中)
拿不动 用不着 关不住 走不了 了不起 数不清 差不多 累不垮 难不倒

(五) 综合练习

一半 一家 一概 一统 一准 五一 一面 一斤 一切 一头 一组 不敏
不堪 不济 不由 不止 不会 不利 不足道
一心一意 一唱一和 一尘不染 一去不返 一言不发 一穷二白 一成不变
一年一度 一蹶不振 一模一样 一五一十 一朝一夕 一字一板 一分为二

杀一儆百　不卑不亢　不伦不类　不名一文　不一而足　不三不四　不拘一格　不屑一顾　九九八十一

（六）诗句练习

一字诗

一帆一桨一渔舟，一个渔翁一钓钩。
一俯一仰一场笑，一江明月一江秋。

二、叠字形容词的变调练习

（一）AA 式，第二个音节读阴平

好好儿地　快快儿地　慢慢儿地　满满儿地　长长儿地　平平儿地　甜甜儿地

（二）ABB 式，后面两个音节读阴平

热腾腾　热辣辣　热乎乎　沉甸甸　明晃晃　亮堂堂　硬邦邦　甜津津　甜丝丝

（三）AABB 式，后面两个音节读阴平

清清楚楚　欢欢喜喜　陆陆续续　热热闹闹　漂漂亮亮

三、轻声基础练习

（一）轻声的高低度练习

(1) 桌子　他们　风筝　称呼　折腾　帮手　跟头　烧吧
(2) 裙子　人们　合同　毛病　云彩　留下　停下　学过　馒头　床上
(3) 暖和　你们　腼腆　晚上
(4) 椅子　老实　讲究　比方　马虎　补丁
(5) 帽子　味道　客气　事情　意思　利索　这么　月亮　嫁妆

（二）通常读轻声的语法成分组词练习

(1) 坐着　拿着　来了　算了　去过　问过　站住　抓住　行吧　停吧　值吗　她呢　你呀　唱戏的　干活的　读书的　用力地　谦虚地　粗心地　说得对　走得快　敏捷吗　放心吧　热情吗　怎么呢　什么呢　怎样啊
(2) 爷爷　奶奶　姥姥　爸爸　妈妈　哥哥　姐姐　妹妹　弟弟　叔叔　姑姑　舅舅　公公　婆婆　娃娃　读读　想想　讲讲　看看　试试　说说　研究研究　考虑考虑　休息休息　讨论讨论　调查调查
(3) 台子　炉子　孩子　胖子　屋子　石头　舌头　鸟儿　月儿　花儿　我们　她们　李家　人家　老头子　小伙子　同志们　孩子们　老人家
(4) 山上　肩上　墙上　地下　这里　那里　村里　外边　后边　这边
(5) 穿上　放下　打下　拿来　回来　进来　起来　出去　热起来　红起来　走下去　做下去　夺回来　跑出去
(6) 这个　那个　三个　这些　写封信　好一些

（三）下列词语有轻声和非轻声两种读音，注意比较

1. 爱人

àiren——丈夫或妻子。

àirén——爱护别人。

2. 是非

shìfei——口舌。

shìfēi——事理的正确与错误。

3. 东西

dōngxi——泛指各种事物。

dōngxī——东边和西边。

4. 大意

dàyi——疏忽。

dàyì——主要意思。

5. 对头

duìtou——仇敌、对手。

duìtóu——正确、合适。

6. 利害

lìhai——剧烈、凶猛。

lìhài——利益和损害。

7. 地道

dìdao——真正的。

dìdào——地下交通坑道。

8. 大方

dàfang——不吝啬。

dàfāng——指专家学者；内行。

9. 精神

jīngshen——指活力。

jīngshén——指人的意识等。

四、轻声词辨正练习

下列词语在方言里多属轻声词，而在普通话里则属非轻声词。

时间　正月　腊月　卫星　蜜蜂　蝴蝶　翅膀　槐树　豆角　茶叶　肥皂　稻草
蜡烛　足球　肥料　木料　性命　出身　农业　画家　翻译　政策　政治　形势
局部　前途　机关　路线　教条　命令　经济　劳动　计划　事故　武器　城市
传统　礼貌　算术　乐器　玩具　印象　爱情　意义　荣誉　条件　项目　水平
形式　情况　范围

五、儿化基础练习

(一) 儿化韵发音

刀把儿　人家儿　开花儿　山坡儿　干活儿　文格儿　台阶儿　眼珠儿　面条儿
小孩儿　药方儿　花瓶儿　树枝儿　没空儿　笔尖儿　书本儿　脚印儿　没准儿
金鱼儿　瓜子儿

(二) 儿化拗口练习

有这么一个人儿，扛着袋面粉儿，拿着个面盆儿，还举着根擀面棍儿。到了家进不去门儿，急坏了这个人儿。放下面粉儿、面盆儿、擀面棍儿，打开门儿，抱起面粉儿，扛起面盆儿却忘了那根擀面棍儿。你说逗人儿不逗人儿?

六、语气词"啊"的音变练习

(一) 发音练习

(1) 这里需要进一步开发啊!
(2) 同学们要早起啊。
(3) 这是你的鞋啊。
(4) 他跳得多高啊。
(5) 请不要吸烟啊。
(6) 要实事求是啊。

(二) 拗口练习

菜市场里的货真多啊，什么鸡啊、鱼啊、肉啊、虾啊、粉丝啊、盐啊、酱啊、辣椒啊，应有尽有啊。

(三) 对话练习

练习1:
甲：这些孩子啊，真可爱啊!
乙：是啊，他们在这儿多幸福啊!
甲：你看啊，他们多高兴啊!
乙：是啊! 他们又作诗，又画画儿，老师教得多好啊!
甲：你还没见啊，下了课，他们唱啊，跳啊，简直像一群小鸟啊!
乙：那你快回去把孩子送来啊!
练习2:
甲：请问，到图书馆怎么走啊?
乙：呵! 原来是你啊! 我也正想去图书馆，一块儿走吧。
甲：好的。哟! 那儿怎么那么多人啊?
乙：买书的呗。什么诗歌啊、小说啊、报告文学啊，全有!
甲：那么多啊，那咱们也去看看!
乙：行! 快跑啊!

第十二章 综合演练

普通话水平测试题——1

一、读单音节字 100 个

披　饿　街　歌　日　坡　雪　科　缩　册
麻　旅　季　池　利　思　砸　租　撇　奶
蛆　漱　碑　藕　镖　勺　雁　瞟　剜　臊
月　套　歪　跳　位　摔　药　岁　篮　桥
爹　怀　财　袄　拽　否　走　二　上　牛
暂　沟　串　蚌　癣　闩　秦　碱　裆　邢
晕　脓　润　凝　电　夏　矿　软　先　准
信　寸　脏　冬　山　人　花　群　罐　嫩
权　狂　翁　坑　巷　荒　绒　增　鳃　哑
哇　锈　釉　淌　庸　舔　迥　佛（祖）奖　跟

二、读双音节词语 50 个

存在　窗户　抽象　尾巴　老板　同盟　聘请　恳切　扰乱　有点儿
耳朵　苹果　纠正　承认　庄稼　耍弄　蘑菇　角色　暴虐　墨水儿
非常　美好　否则　解放　隧道　快餐　脉搏　会计　落选　大伙儿
左右　突击　批准　蜜蜂　司法　善良　办公　喧嚷　时光　小曲儿
边卡　汤圆　俊俏　凉爽　车站　用处　拖拉　卓越　绿化　一会儿

三、朗读

离开家乡已经六年了，在梦里也想念那条小河。我在那里长大，在那里经历风雨，小河知道童年的我所经历的一切。

小时候，我喜欢站在小河边看哥哥、姐姐在河里游泳，他们一会儿游入水底，在水中捉迷藏，一会儿浮出水面，泼水打仗。我好羡慕他们啊。一次，我见他们向远处游去，幼小的我带着好奇走入水中，恍惚在梦境中一般，幸好母亲发觉我不在岸上，又见水中直泛水泡，不会游泳的母亲费了许多力气将我从死神手中拉了回来。

当时母亲怀着我的小弟弟，由于救我时费力紧张，喝了不少水，一下就病倒了，经医生治疗也不见好转。躺在床上的母亲，怕我再走到河里去，让哥哥姐姐看着我，还吩咐他们一有空就教我学游泳，我一有进步，母亲就显得很高兴，可她的病一点也没好。

就在那年秋天，母亲离我们去了，小弟弟一生下来不哭也不动，也追随母亲去了。为了我的生存，母亲去了，弟弟也去了。母亲生育了我，又从死神手中救了我。她给了我两次生命。临终前，她拉着我们兄妹四人的手，眼里流露出的尽是爱，她为了我们，没有怨言，倾泻给我们的是全部的爱！

母亲去世后，我便常站在河边，幻着能从小河里看到母亲。她是从小河走向那个世界的，那轻轻的流水声多像母亲温柔的语声，那缓缓拍打堤岸的河水，多像母亲温柔的手。

长大了，我也常去河边，高兴时去，烦恼时也去。清静柔顺的河水，就像母亲充满爱的目光，我带去的欢乐便愈加热烈，我带去的烦恼也烟消云散。

如今我离去了，小河被我远远地抛在故乡，可我永远地思念着你，小河。

（节选自马如琴《小河》，《光明日报》1993 年 12 月 13 日）

四、说话（任选一个题目说 3～4 分钟）

1. 漫议谦虚
2. 我喜欢的一幅画

普通话水平测试题——2

一、读单音节字 100 个

偶	铡	红	我	姨	秋	次	宛	逮	挠
氧	食	判	镖	涩	糖	野	敏	遍	捐
而	仍	日	音	劣	奖	源	爱	尚	约（定）
兄	咱	润	发（展）	旬	线	拐	虐	撕	梦
坏	坑	块	声	妙	妥	宋	层	坎	伞
留	共	否	案	框	旅	搓	踹	蛙	踩
纫	怀	襄	瓜	俩	鸣	击	嘣	迟	肥
均	窜	混（合）	偏	苔	醉	你	擂	阔	缺
克（服）	胞	撒（落）	医	卤	却	卵	君	吞	否
听	吮	吹	吻	呆	呈	呕	困	址	均

二、读双音节词语 50 个

选举　鹌鹑　用力　军事　飘洒　耍滑　怪癖　篡改　赌博　豆芽儿

运输 原则 恳请 全面 草包 荒唐 夹杂 硫酸 约会 死扣儿
女子 旅馆 光明 海洋 柠檬 着想 损坏 痛快 遵守 暖气
推动 挂号 装配 削弱 略微 抓紧 恐怖 牛奶 支持 藕节儿
描写 群岛 穷人 灯笼 然而 融化 委员 日月 胆量 时代

三、朗读

在船上，为了看日出，我特地起个大早。那时天还没有亮，周围是很寂静的，只有机器房的声音。

天空变成了浅蓝色，很浅很浅的；转眼间天边出现了一道红霞，慢慢儿扩大了它的范围，加强了它的光亮。我知道太阳要从那天际升起来了，便目不转睛地望着那里。

果然，过了一会儿，在那里就出现了太阳的一小半，红是红得很，却没有光亮。这太阳像负着什么重担似的，慢慢儿，一步一步地，努力向上面升起来，到了最后，终于冲破了云霞，完全跳出了海面。那颜色真红得可爱。一刹那间，这深红的东西，忽然发出夺目的光亮，射得人眼睛发痛，同时附近的云也添了光彩。

有时太阳走入云里，它的光线却仍从云里透射下来，直射到水面上。这时候，人要分辨出何处是水，何处是天，很不容易，因为只能够看见光亮的一片。

有时天边有黑云，而且云片很厚。太阳出来了，人却不能够看见它。然而太阳在黑云里放射出光芒，透过黑云的周围，替黑云镶了一道光亮的金边，到后来才慢慢儿透出重围，出现在天空，把一片片黑云变成了紫云或红霞。这时候，光亮的不仅是太阳、云和海水，连我自己也成了光亮的了。

这不是很伟大的奇观么？

（节选自《巴金文集》，《海上的日出》）

四、说话（任选一个题目说 3～4 分钟）

1. 我最喜欢的一个电视栏目
2. 话说节俭

普通话水平测试题——3

一、读单音节字 100 个

怪 容 讲 丢 涌 掐 枕 司 卷（卷尺） 揣（怀揣）
荫 泉 抄 赔 总 操 痣 纽 藏（躲藏） 曾（曾孙）
钓 瞥 训 词 贰 蚕 身 虐 蛇（毒蛇） 相（相机）
轻 屉 稳 份 筐 乳 嘣 秦 俩（咱俩） 石（石板）
风 挎 紫 鱼 惯 旅 镖 妾 开（开办） 那（口语音）
掌 胸 月 屋 免 雇 砣 蹑 还（还好） 区（姓）

索　暗　某　坡　池　播　舜　习　幢（一幢）　嘿（嘿笑）
肯　乱　新　惹　俊　法　润　晃　否（否定）　丁（丁香）
兵　骗　锅　寄　讹　笃　隋　褪　化（化肥）　抹（抹杀）
翁　叫　临　搀　榻　笙　醉　逮　撒（撒谎）　闷（苦闷）

二、读双音节词语 50 个

健全　英雄　违反　拨弄　千瓦　沙哑　创作　实用　贫苦　旦角儿
群众　思想　平局　唇齿　妨碍　榫头　沉默　下班　酌量　一块儿
心得　伺候　科普　比拟　运转　从而　接洽　仍然　拐弯　抓阄儿
日子　特别　少女　惠存　受穷　修改　夸奖　烹饪　侵略　早早儿
恩怨　鬼混　调整　打扰　消费　绝对　全部　洗发　主力　阻塞

三、朗读

控制紧张情绪的最佳方法是选择你有所了解并感兴趣的话题。当众演讲的人不会使自己接受一个自己漠不关心的话题。不中意的话题肯定会造成演讲时的紧张不安。同样的道理，选择你熟知并确实感兴趣的话题则会为成功的演讲奠定基础。

其次，给自己足够的时间作充分准备。勿使自己被动不堪，毫无余地，以至必须在一两个小时内做完所有准备工作——查找资料、组织讲稿、撰写提纲、练习演讲，这肯定会使你的演讲失败，并将挫败你的信心。反之，如果在正式演讲前一个星期内你每天都做些准备工作的话，你就不会感到压力那么大，信心也会增强。

留出足够的时间作充分准备还包括要有足够的时间进行练习。如果体育运动能对我们有所教益的话，那么这教益便是：精心的准备能够使运动员获得成功。在实力相当的竞争对手中，哪一个运动队做好了心理和体力上的准备，哪个队就能赢得比赛。在这一点上，演讲与体育运动毫无区别。如果你做了精心准备和认真练习，你的演讲将会使你感到自豪。

除了在演讲前你能够做的准备外，在演讲时你还能做些别的来减轻恐惧感。研究表明，在你即将走上台开始讲话的那段时间里，在你第一次与听接触的那一刻，你的恐惧感最为强烈。

无论你第几个演讲，你至少还可做一件事来自我放松。不要把时间花在考虑自身状态和自己的演讲上。这时，你应把注意力转移到别的事情上。努力倾听你前面每一个人的讲演，专心致志于每一位演讲者的讲话内容，等轮到你上台时，你就不会过分紧张了。

（节选自《如何克服当众讲话的恐惧》）

四、说话（任选一个题目说 3～4 分钟）

1. 漫谈城市交通
2. 我喜欢的一种颜色

普通话水平测试题——4

一、读单音节字100个

农 铡 帆 每 姨 左 次 剜 逮 坤
翁 挠 氧 谬 判 镖 佣 涩 里 闰
糖 野 敏 痣 丢 遍 捐 而 仍 接
水 日 音 劣 奖 花 邹 源 例 侧
兄 咱 润 妥 旬 线 扯 拐 虐 品
爱 尚 肉 劝 梦 留 共 撕 乖 佩
否 案 框 旅 搓 瘫 踹 蛙 踩 纫
怀 囊 瓜 俩 主 嫡 鸣 准 驳 驴
击 穿 嘣 迟 肥 均 窜 僧 销 偏
苔 醉 你 搐 阔 缺 嫩 胞 陇 陈

二、读双音节词语50个

选举 鹌鹑 用力 军事 赌博 运输 原则 恳请 全面 豆芽儿
草包 约会 女子 旅馆 光明 海洋 痛快 遵守 暖气 死扣儿
推动 挂号 抓紧 恐怖 牛奶 支持 描写 灯笼 穷人 群岛
略微 削弱 荒唐 装配 损坏 着想 柠檬 硫酸 夹杂 旦角儿
篡改 怪癖 耍滑 飘洒 帮厨 搀扶 非分 惨然 恶心 藕节儿

三、朗读

真好！朋友送我一对珍珠鸟。放在一个简易的竹条编成的笼子里，笼内还有一卷干草，那是小鸟儿舒适又温暖的巢。

有人说，这是一种怕人的鸟。

我把它挂在窗前，那儿还有一大盆异常茂盛的法国吊兰。我使用吊兰长长的、串生着小绿叶的垂蔓蒙盖在鸟笼上，它们就像躲进深幽的丛林一样安全；从中传出笛儿般又细又亮的叫声，就格外轻松自在了。

阳光从窗外射入，透过这里，吊兰那些无数指甲状的小叶，一半成了黑影，一半被照透，如同碧玉；斑斑驳驳，生意葱茏。小鸟的影子就在这中间隐约闪动，看不完整，有时连笼子也看不出，却见它们可爱的鲜红小嘴儿从绿叶中伸出来。

我很少扒开叶蔓瞧它们，它们便渐渐敢伸出小脑袋瞅瞅我。我们就这样一点点熟悉了。

三个月后，那一团愈发繁茂的绿蔓里边，发出一种尖细又娇嫩的鸣叫。我猜到，是它们有了雏儿。我呢？绝不掀开叶片往里看，连添食加水时也不睁大好奇的眼去惊动它们。

过不多久，忽然有一个更小的脑袋从叶间探出来。哟，雏儿！正是这小家伙！

它小，就能轻易地由疏格的笼子钻出身。瞧，多么像它的父母：红嘴红脚，蓝灰色的毛，只是后背还没有生出珍珠似的圆圆的白点儿；它好肥，整个身子好像一个蓬松的球儿。

（节选自冯骥才《珍珠鸟》）

四、说话（任选一个题目说3～4分钟）

1. 环境与生存
2. 我最尊敬的一个人

普通话水平测试题——5

一、读单音节字100个

（注意：后跟括号的单音节字，必须读出该字在括号里规定的语境读音，括号里的词语不必念出）

穷	恼	辆	吵	鹰	灯	邹	凶	晚	差（差劲）
住	沈	夏	高	孔	箭	刻	桩	被	颈（颈项）
纫	籽	若	存	舔	孙	棉	拌	丢	干（能干）
邪	虐	蛆	据	落	攘	裂	秧	榨	陆（陆地）
垂	蛰	郓	料	份	秦	鳃	膜	挖	掐
非	而	屉	买	质	邵	旬	底	图	假（假期）
梗	憋	帅	股	货	晌	夸	佘	伐	拗（执拗）
胆	黑	愿	瞟	从	润	翁	矮	灾	揣（揣摩）
各	忘	喊	悬	湿	姚	想	爷	你	横（蛮横）
起	斤	却	口	澎	放	隋	播	此	膀（膀胱）

二、读双音节词语50个

温和	坏蛋	把手	隆重	军舰	确切	雄关	窘况	学生	纽扣儿
宽裕	困难	女儿	佳境	铁树	拐卖	黑体	回想	裙子	老头儿
全面	酗酒	存身	冤枉	归结	罪人	虽然	红色	早操	冰棍儿
从事	平常	彩霞	所有	真正	违心	日期	费劲	太阳	聊天儿
泯灭	绰号	多少	纺车	画报	飘浮	朴素	粉笔	挫折	差点儿

三、朗读

盼望着，盼望着，东风来了，春天的脚步近了。

一切都像刚睡醒的样子，欣欣然张开了眼，山朗润起来了，水涨起来了，太阳的脸红起来了。

小草偷偷地从土里钻出来，嫩嫩的，绿绿的，园子里，田野里，瞧去，一大片一大片满是的，坐着，躺着，打两个滚，踢几脚球，赛几趟跑，捉几回迷藏。风轻悄悄的，草软绵绵的。

……

“吹面不寒杨柳风”，不错的，像母亲的手抚摸着你。风里带着些新翻的泥土的气息，混着青草味儿，还有各种花的香，都在微微湿润的空气里酝酿。鸟儿将巢安在繁花嫩叶当中，高兴起来了，呼朋引伴地卖弄清脆的喉咙，唱出宛转的曲子，跟轻风流水应和着。牛背上牧童的短笛，这时候也成天嘹亮地响着。

雨是最寻常的，一下就是三两天，可别恼，看，像牛毛，像花针，像细丝，密密地斜织着，人家屋顶上全笼着一层薄烟。树叶子却绿得发亮，小草儿也青得逼你的眼。傍晚时候，上灯了，一点点黄晕的光，烘托出一片安静而和平的夜。在乡下，小路上，石桥边，有撑起伞慢慢走着的人，地里还有工作的农民，披着蓑，戴着笠。他们的房屋，稀稀疏疏的在雨里静默着。

天上风筝渐渐多了，地上的孩子也多了。城里乡下，家家户户，老老小小，也赶趟儿似的，一个个都出来了。舒活舒活筋骨，抖擞抖擞精神，各做各的一份事儿去，“一年之计在于春”，刚起头儿，有的是工夫，有的是希望。

春天像刚落地的娃娃，从头到脚都是新的，它生长着。

春天像小姑娘，花枝招展的，笑着，走着。

春天像健壮的青年，有铁一般的胳膊和腰脚，领着我们上前去。

（节选自朱自清《春》）

四、说话（任选1题，时间不得少于3分钟）

1. 我的家庭
2. 我喜爱的一种小动物

普通话水平测试题——6

一、读单音节字100个

嘎	拍	舟	纲	押	帘	柠	拽	慌	泉
洒	开	平	仍	捐	俩	您	惨	恳	筒
揉	昂	别	件	迎	揣	脓	群	吓（唬）	债
产	檬	肿	疼	艇	某	托	润	匡	缺
跌	宾	铺（子）	锐	综	迅	扯	柴	删	风
夜	心	掠	思	烤	浪	下	六	博	顿
属	最	从	源	舍	赔	嫩	坑	条	饮

塑 断 方　邸 牛 洋 虐　凶 师　贸
女 窘 恶（毒）费 狠 笔 脚　亮 垮　暖
绿 琼 池　噎 怎 坯 要（求）象 画　窜

二、读双音节词语 50 个

迥然　虐政　可观　旅伴　谱写　女婿　高原　摘要　男人　老头儿
迷信　摧残　婆家　犬马　穷酸　贴切　否则　衬衫　能够　作废
吹牛　调查　仇恨　刚才　软件　怀念　军饷　丁零　主编　差点儿
朋友　哈哈　亲爱　爽快　花纹　粗粮　狂妄　东风　角色　没事儿
刷子　篮球　寒冷　航空　下来　阔气　捆绑　浑身　揣测　聊天儿

三、朗读

沉重的脚步声踏在楼梯上清晰可闻。到第二层的时候，他稍稍停留。随后他走进门来了。一个躯体五尺左右的人，两肩极宽阔，仿佛要挑起整个生命的重荷及命运的担子，而他给人明显的印象就是他能担负得起。

这一天他身上的衣服是淡蓝色的，胸前的纽扣作黄色，里面一件纯白的背心，所有这些看上去都已经显得十分陈旧，甚至是不整洁的。上衣的背后似乎还拖着什么东西，据女佣解释，那拖在衣服后面的是一具助听器，可是早已失去效用了。

他无视屋内的人，一径走向那架像巨熊一样蹲伏着的大钢琴旁边，习惯地坐下来，拿起一管笔。人们可以看见他那只有力的大手。

客人带着好像敬畏又好像怜惜的神情，默不作声地望着他。他的脸上呈现出一个悲剧，一张含蓄了许多愁苦和力量的脸。火一样蓬勃的头发，盖在他的头上，好像有生以来从未梳栉过。深邃的眼睛略带灰色，有一种凝重不可逼视的光；长而笨重的鼻子下一张紧闭的嘴，衬着略带方形的下颌，整个描绘出坚韧无比的生的意志。

命运加在贝多芬身上的不幸是将他灵魂锁闭在磐石一样密不通风的“耳聋”之中。这犹如一座永无天日的幽囚的小室，牢牢地困住了他。不过反过来在另一方面，“聋”虽然带来了无可比拟的不幸和烦扰，却也带来了与人世的喧嚣所隔绝的安静。他诚然孤独，可是有“永恒”为伴。

（节选自何为《贝多芬：一个巨人》）

四、说话（任选一个题目说 3～4 分钟）

1. 世纪展望
2. 我的拿手菜

普通话水平测试题——7

一、读单音节字 100 个

披 饿 街 歌 日 坡 雪 科 缩 册
癣 闰 秦 碱 裆 刑 晕 脓 润 凝
麻 旅 季 池 利 思 砸 租 撇 奶
奖 跟 寸 脏 冬 山 走 二 上 牛
蛆 漱 碑 藕 镖 勺 雁 瞟 剜 臊
腮 哑 哇 铐 釉 淌 庸 舔 迥 佛(像)
月 套 歪 跳 位 摔 药 岁 篮 桥
罐 嫩 权 狂 翁 坑 巷 荒 绒 增
爹 怀 财 袄 拽 否 暂 钩 串 蚌
电 夏 矿 软 先 准 信 人 花 群

二、读双音节词语 50 个

热爱 群众 宣传 暖和 场所 空儿 扑灭 佩服 抢修 聊天儿
藏掖 榜样 认真 光辉 齿轮 学问 聘用 耳朵 瓜分 怪异
讨伐 责令 军队 许可 穷困 撒腿 玩耍 悲愁 此外 默认
狮子 假定 渔民 彩霞 鹁鸪 爽快 全体 展览 酿造 小孩儿
迥然 搜身 觉得 偏差 起码 绷带 举行 流寇 整风 好玩儿

三、朗读

从今年除夕起，我很认真地看了由中央电视台首播的电视剧《猴娃》，深深地被剧中的人物命运和情节所打动。近日，我又一次观赏了该剧，感慨颇多。

记得六十年代初，由绍剧表演艺术大师六龄童主演的绍剧《孙悟空三打白骨精》风靡全国，誉满海外。毛泽东主席先后三次观看了他们父子的演出并挥毫作诗《七律——和郭沫若同志》，留下了“金猴奋起千钧棒，玉宇澄清万里埃”的千古绝唱。祖籍绍兴的周恩来总理，在观看了家乡的绍兴戏后，高兴地抱起了“猴娃”天星合影留念。称他小六龄童(后来即成为天星的艺名)。这既是对他继承父业的鼓励，也是对他艺术上的肯定。我曾经五次看过“猴娃”在剧中扮演的可爱动人的“小传令猴”，他的表演常常博得同行和观众的热烈掌声。生活中的“猴娃”聪颖活泼，机敏过人，每次见着我总是阿姨长阿姨短地说个不停，他曾不止一次地说就喜欢看阿姨您演的评剧，百看不厌。可万万没有想到，这么一位在艺术上日趋辉煌、前途不可估量的小“猴娃”竟然被白血病这个病魔无情地夺走了生命，年仅 16 岁。他的英年早逝，着实令人痛惜不已。

又一个 16 年，值得大家欣慰的“猴娃”的小弟弟天来（即六小龄童），发奋拼搏，刻苦努力，在大型电视连续剧《西游记》中扮演的孙悟空获得了巨大的成功，终于完成了兄长临终前的最后嘱托，成为名扬中外、妇孺皆知的新一代美猴王。

衷心地感谢拍摄单位让广大电视观众看到了这么一部成功的佳作。《猴娃》给青少年指引了一条成长的路，也使我深深感到：人的生命在于奉献。

“猴娃”的艺术永存。

（节选自新凤霞（《生命在于奉献》）

四、说话（任选一个题目说 3～4 分钟）

1. 谈友谊
2. 我的学习生活

普通话水平测试题——8

一、读单音节字 100 个

牌	穷	砌	本	捐	黑	嘭	别（离）	段	窗
边	怪	搀	根	灭	兄	虐	却	窜	秦
扎	瞟	米	粗	隋	秒	降	良	发（现）	亩
岔	肥	龟	邢	闫	色（彩）	饶	矿	润	作（用）
女	冲（锋）	粉	沓	特	裆	谁（知道）	苔	爹	刷
赔	投	痣	葱	浊	而	晕	揣	用	式
丢	哄（骗）	舔	笋	并	砣	妞	舱	凡	租
牢	宣	虾	若	剜	旬	苏	渠	抓	宁
狼	郑	俩	昏	给（养）	任	耕	鸥	克（扣）	花
看（戏）	庄	邹	夸	怀	佳	您	总	扔	军

二、读双音节词语 50 个

内容	贫苦	丢失	推广	凉快	解答	彩色	应酬	算了	这会儿
别人	码头	假扮	酿造	瓜分	宗派	选育	宿舍	举止	春天
虐杀	攻关	茂盛	对比	衰弱	潦草	起火	肯定	模仿	边沿儿
军服	求证	状态	迥然	林场	矿藏	劝降	牙刷	窝囊	豆角儿
配合	怪罪	掠夺	夏天	牛奶	孩子	走访	恳切	迅速	贫困

三、朗读

就这样，在我们和蝴蝶群的搏斗中走了大约五里路之后，我们看到了一个奇异的景色。我们走到一片茂密的坝树林边，在一块草坪上面，有一株硕大的菩提树，它的向四面伸张的枝丫和浓茂的树叶，好像是一把巨大的阳伞似的遮盖着整个草坪。在草坪中央的几方丈的地面上，聚集着数以万计的美丽的蝴蝶，仿佛是密密地丛生着一片奇怪的植物似的，好像是一座美丽的花坛一样。它们互相拥挤着，攀附着，重叠着，面积和体积在不断地扩大。从四面八方飞来的新的蝶群正在不断地加入进来。这些蝴蝶大多数是属于一个种族的，它们的翅膀的背面是嫩绿色的，这使它们在停伫不动时就像是绿色的小草一样，它们翅膀的正面却又是金黄色的，上面还有着美丽的花纹，这使它们在扑动翅翼时却又像是朵朵金色的小花。在它们的密集着的队伍中间，仿佛是有意来作为一种点缀，有时也飞舞着少数的巨大的黑底红花身带飘带的大蝴蝶。在一刹那间，我们好像是进入了一个童话世界，在我们的眼前，在我们四周，在一片令人心旷神怡的美妙的自然景色中间，到处都是密密匝匝、层层叠叠的蝴蝶；蝴蝶密集到这种程度，使我们随便伸出手去便可以捉到几只。天空中好像是雪花似的飞散着密密的花粉，它和从森林中飘来的野花和菩提的气味，混合成一股刺鼻的浓香。

（节选自冯牧《澜沧江边的蝴蝶会》）

四、说话（任选一个题目说 3～4 分钟）

1. 说环保
2. 难忘的童年

普通话水平测试题——9

一、读单音节字 100 个

揣	洗	病	脱	辈	葱	沓	蜇	灭	嚷
磨（灭）	甲	酸	私	盒	寻	俊	堆	块	刷
（门）槛	浊	费	醉	吞	晾	铐	茧	分（别）	团
陆（地）	憨	乘（客）	顿	尊	否	眨	壮	名	缩
钠	石	浮	女	罐	蝉	欧	纫	懂	月
祸	啪	虐	舔	轴	决	穷	窗	日	补
流	劝	乳	妾	腮	邹	供（应）	选	畔	涩
怪	草	剜	俏	嘣	逮	刮	旅	续	屉
宽	聘	扇（子）	很	您	禁	筛	晌	活	扭
捶	若	嘭	捂	慌	册	俩	总	瞟	寄

二、读双音节词语 50 个

客人	旅途	漂亮	破坏	森林	损失	曾经	挂钩	留念	好玩儿
学问	黄油	快乐	自由	日记	雄心	比拟	争辩	璀璨	墨水儿
海棠	轿车	乳名	顺应	旋涡	称赏	缺勤	加法	抓药	劲头儿
懒惰	丑恶	劳苦	被动	座位	诽谤	下旬	捐款	扭转	卡片儿

女性　双亲　缩写　抓紧　草地　肥效　想念　游泳　知道　经历

三、朗读

秋天，无论在什么地方的秋天，总是好的；可是啊，北国的秋，却特别地来得清，来得静，来得悲凉。我的不远千里，要从杭州赶上青岛，更要从青岛赶上北平来的理由，也不过想饱尝一尝这“秋”，这故都的秋味。

江南，秋当然也是有的；但草木凋得慢，空气来得润，天的颜色显得淡，并且又时常多雨而少风；一个人夹在苏州上海杭州，或厦门香港广州的市民中间，混混沌沌地过去，只能感到一点点清凉，秋的味，秋的色，秋的意境与姿态，总看不饱，尝不透，赏玩不到十足。秋并不是名花，也并不是美酒，那一种半开半醉的状态，在领略秋的过程上，是不合适的。

不逢北国之秋，已将近十余年了。在南方每年到了秋天，总要想起陶然亭的芦花，钓鱼台的柳影，西山的虫唱，玉泉的夜月，潭柘寺的钟声。在北平即使不出门去罢，就是在皇城人海之中，租人家一椽破屋来住着，早晨起来，泡一碗浓茶，向院子一坐，你也能看得到很高很高的碧绿的天色，听得到青天下驯鸽的飞声。从槐树叶底，朝东细数着一丝一丝漏下来的日光，或在破壁腰中，静对着像喇叭似的牵牛花的蓝朵，自然而然地也能够感觉到十分的秋意。说到了牵牛花，我以为以蓝色或白色者为佳，紫黑色次之，淡红色最下。

（节选自郁达夫《故都的秋》）

四、说话（任选一个题目说 3～4 分钟）

1. 商品质量与我
2. 我喜欢的一个电视节目

普通话水平测试题——10

一、读单音节字 100 个

白	喷	马	否	沓	痈	啮	诈	朝（阳）	石
隔	掐	克	凸	共	屉	拽	篇	略（区）	别
贼	绕	猫	风	逮	唐	牛	冷	给（予）	枕
缠	首	标	暖	高	狠	瘫	荒	猜	泯
弱	邹	存	司	跳	碾	俩	瞟	快	换
寡	容	蛙	纲	颊	就	扫	在	馆	志
增	唱	粟	波	葱	篇	旅	逛	贫	东
虐	局	拈	穷	许	颇	找	喘	邹	舔
狂	群	专	迥	揣	旬	庄	要	温	月

远 涌 岁 若 诈 训 伦 判 名 秦

二、读双音节词语 50 个

小说 软骨 考虑 平凡 嘶哑 特点 根苗 配偶 心得 面条儿
和气 日程 捐赠 群岛 粉笔 害处 扭转 瓦砾 博爱 金鱼儿
率领 规矩 宽广 损失 佛教 参谋 内兄 祖国 宣讲 好玩儿
手枪 窘况 农业 怪话 刺耳 正确 庞杂 垂柳 雪白 纳闷儿
让位 否则 夏季 状态 马路 陨灭 从速 尊敬 打扮 品种

三、朗读

在闽西南苍苍茫茫的崇山峻岭之中，点缀着数以千计的圆形土楼，充满神奇的山寨气息。这就是被誉为“世界民居奇葩”、世上独一无二的神话般的山区建筑模式的客家人民居。

他们的居住地大多在偏僻、边远的山区，为了防卫盗匪的骚扰和土著的排挤，便营造“抵御性”的营垒式住宅，并不断进步发展，在土中掺石灰，用糯火饭、鸡蛋清作黏合剂，以竹片、木条作筋骨，夯筑起墙厚 1 米、高 15 米以上的土楼。它们大多为 3 至 6 层楼，100 到 200 多间房如柑瓣状均匀布列各层，宏伟壮观。大部分土楼历经两三百甚至五六百年的地震撼动、风雨侵蚀以及炮火攻击而安然无恙，显示了传统技术文化的魅力。

客家先民们崇尚圆形，把圆形当天体之神来崇拜。主人认为圆是吉祥、幸福和安宁的象征，这些都体现了土楼人家的民俗文化。圆墙的房屋均按八卦形布局排列，卦与卦之间设有防火墙，整齐划一，充分显示它突出的内向性、强烈的向心力、惊人的统一性。

客家人在治家、处事、待人、立身等方面无不体现儒家的思想及其文化特征。有一座土楼，先辈希望子孙和睦相处，以和为贵，使用正楷大字写成对联刻在大门上：“承前祖德勤和俭，启后子孙读与耕。”强调了儒家立身的道德规范。楼内房间大小一模一样，他们不分贫富、贵贱，每户人家均等分到底层至高层各一间房，各层房屋的用途达到惊人的统一。底屋是厨房兼饭堂，二层当贮仓，三层以上作卧室，两三百人聚居一楼，秩序井然，毫无混乱。土楼内所存在的儒家文化遗风，让人感到中华民族传统文化的蒂固根深。

（节选自张宇生《世界民居奇葩》）

四、说话（任选一个题目说 3～4 分钟）

1. 餐桌浪费的警示
2. 我的启蒙老师

普通话水平测试题——11

一、读单音节字 100 个

铡	白	杀	鹤	痣	舌	逮	若	池	筛
得（失）	字（供）	给	二	鳃	棉	宰	拣	凹	淋
槽	品	朝（夕）	腔	挠	巷	泡	柄	藕	另
邹	氢	轴	腹	岸	努	榄	筑	瘫	哭
判	粗	忍	藏	午	缸	震	纺	挂	忙
要	憎	祸	乘	索	正	踹	缝	坏	梦
隋	戏	褪	溺	霞	款	颊	环	掖	蒜
谢	弯	爹	舜	略	宋	群	掘	总	荀
穷	旅	婶	卷	闯	修	撞	玖	童	约（会）
胸	劝	飘	损	表	孔	徐	绒	俊	翁

二、读双音节字词 50 个

把手	美妙	盆地	逆流	铁道	强盛	凝结	快速	轮廓
居然	酗酒	略微	穷苦	捐献	雄壮	法郎	配合	号召
约会	北面	反映	运动	放心	更加	一下儿	小孩儿	
普遍	亲戚	抓紧	讲座	推广	问题	群众	原料	有点儿
荣辱	闯荡	酸楚	琐碎	串供	催促	婶婶	揣测	耍弄
惨败	傻眼	崽子	使馆	早产	死扣儿			

三、朗读

雨声渐渐地住了，窗帘后隐隐地透进清光来。推开窗户一看，呀！凉云散了，树叶上的残滴，映着月儿，好似萤光千点，闪闪烁烁地动着。——真没想到苦雨孤灯之后，会有这么一幅清美的图画！

凭窗站了一会儿，微微地觉着凉意浸人。转过身来，忽然眼花缭乱，屋子里的别的东西，都隐在光云里，一片幽辉，只浸着墙上画中的安琪儿。——这白衣的安琪儿，抱着花儿，扬着翅儿，向着我微微地笑。“这笑容仿佛在哪里看见过似的，什么时候，我曾……”我不知不觉地便坐在窗下想，——默默地想。

严闭的心幕，慢慢地拉开了，涌出五年前的一个印象。——一条很长的古道。驴脚下的泥，兀自滑滑的。田沟里的水，潺潺地流着。近村的绿树都笼在湿烟里。弓儿似的新月，挂在树梢。一边走着，似乎道旁有一个孩子，抱着一堆灿白的东西。驴儿过去了，无意中回头一看。——他抱着花，赤着脚儿，向着我微微地笑。“这笑容又仿佛是哪儿见过似的”，我仍是想——默默地想。

又现出一重心幕来，也慢慢地拉开了，涌出十年前的一个印象。——茅檐下的雨水，一滴一滴地落到衣上来。土阶边的水泡儿，泛来泛去地乱转。门前的麦垄和葡萄架子，都灌得新黄嫩绿地非常鲜丽。

（节选自冰心《笑》）

四、说话（任选一个题目说 3～4 分钟）

1. 对“假日经济”的看法
2. 我的读书生活

普通话水平测试题——12

一、读单音节字 100 个

背（负）	群	丢	女	挺	捐	雄	晕	闯	拽
夸	枪	却	醋	晌	遭	嘎	稚	邢	逆
帘	航	灰	实	标	聘	而	妇	沫	绿
涌	邹	暗	踹	人	贼	雌	鹅	摊	沓
洒	犁	球	酿	信	书	天	哼	杂	灭
替	抓	猿	寡	筒	昏	翁	荒	绝	润
隋	坐	篡	趁	钩	诱	逮	饶	散（会）	栋
发（现）	惹	开	夹	凋	赛	煤	污	爱	关
尊	选	捶	说（服）	卸	坡	往	剖	尿	俩
闷	蚌	叩	方	郁	胞	滥	琼	军	棚

二、读双音节词语 50 个

倒退	恶心	防御	骨肉	混乱	闺女	被子	表扬	病菌
彩色	公斤	用处	粮食	排球	区别	学院	盼望	英雄
捐赠	巡逻	决定	衰弱	瓦解	漂流	奶水	假托	好玩儿
深浅	铁证	磨难	卡钳	拷打	夸赞	虾酱	唇裂	差点儿
揣测	美感	透支	粉笔	而后	容易	作者	嗓音	一圈儿
短促	波动	操场	散光	纳闷儿				

三、朗读

一次，仪山禅师洗澡。

水太热了点，仪山让弟子打来冷水，倒进澡盆。

听师父说，水的温度已经刚好，看见桶里还剩有冷水，做弟子的就随手倒掉了。

正在澡盆里的师父眼看弟子倒掉剩水，不禁语重心长地说：“世界上的任何东西，不管是大是小，是多是少，是贵是贱，都各有各的用处，不要随便就浪费了。你刚才随手倒掉的剩水，不就可以用来灌浇花草树木吗？这样水得其用，花草树木也眉开眼笑，一举两得，又何乐而不为呢？”

弟子受师父这么一指点，从此便心有所悟，取法号为“滴水和尚”。万物皆有所用，不管你看上去多么卑微像棵草，渺小得像滴水，但都有它们自身存在的价值。

科学家发明创造，石破天惊，举世瞩目，然而，如果没有众人智慧的积累，便就终将成为空中楼阁，子虚乌有。

鲁迅的那段话也掷地有声：“天才并不是自生自长在深林荒野里的怪物，是由可以使天才生长的民众产生、长育出来的，所以没有这种民众，就没有天才。”

“落花水面皆文章，好鸟枝头亦朋友。”当年朱熹就曾这样说过。

如果你处在社会的低层——相信这是大多数，请千万不要自卑，要紧的还是打破偏见，唤起自信。问题不在于人家怎么看，可贵的是你的精神面貌如何？

三百六十行，行行出状元。关键还是在于，怎样按照你的实际，为社会，为人类多作贡献，从而在这个世界上找到自己的一片绿洲，一片天空。

（节选自《珍视自己的存在价值》，全国普通话广播大赛规定稿件第 9 号）

四、说话（任选一个题目说 3～4 分钟）

1. 我喜欢的旅游胜地
2. 漫议终身学习

普通话水平测试题——13

一、读单音节字 100 个

塔	抹	自	败	谁	扣	真	符	送	卡
孕	薛	女	闰	卵	快	跨	雄	拧	迭
炸	错	思	带	饶	竿	韧	棱	比	吓
群	雀	瓮	滚	睡	阔	刮	窘	评	篇
擦	者	吃	柴	燥	攥	堂	僧	弥	扭
俊	觉	床	吞	追	托	足	浆	锌	表
波	车	室	美	扫	参	行	统	拾	捏
癣	屈	妆	蒜	挥	夺	属	晾	品	棉
颇	测	尔	给	钩	酚	反	虫	贾	硫
全	虑	谎	攒	怀	划	讽	娘	烟	秒

二、读多音节词语 50 个

本事　解剖　扭转　照顾　创造　花粉　均匀　村庄　屏幕　嗓门儿

取舍	卡车	内在	新月	蜷缩	黄昏	快速	留学	标语	模特儿
催眠	医疗	坏人	确切	相当	漂亮	下令	穷困	手指	脖颈儿
儿童	非法	打倒	拼命	夸张	胸脯	拳头	茫然	代价	旦角儿
纳税	眷恋	采购	繁荣	呼唤	传递	里程碑	紫外线	包干儿	司空见惯

三、朗读

到纽约，不去看看闻名世界的自然历史博物馆，将会是件憾事。这个由一百多个国营、民营基金会、两百多家大公司及五十多万会员鼎力相助支持的民营机构，收藏了数十万件价值连城的物品，实在值得一看再看。

第一次去参观时，刚好在一楼的摩根纪念馆欣赏闪闪晶亮的各种宝石。忽然，一位男导游迅速脱下夹克，盖在一块数百公斤重的大石头的一个缺口上，再将带来的游客叫到跟前：

“你们看着，这只是一块普通的石头吧！这位女士请你过来一下！”一位游客走到前面，导游员将夹克像变魔术似的拿开，那女士伸头望了一下，不禁大声“啊！”地叫了起来。

随着这一声惊叫，我和其他游客一块涌上前去，看个究竟。原来里面竟然是耀眼闪光的紫水晶。导游员说话了：

“这块石头有个动人的故事。它原本是弃置在一位美国人住所的院子里。有一天，主人因石头有碍观瞻，就叫人来将它搬走。谁知就在搬上卡车时，工人一时失手，石头掉在地上，碰裂了一个缺口，大家就像你们刚才一样，都叫了起来，因为这并不是一块普通的石头，而是一块紫水晶。”主人知道真相后，平静地说：“这块石头，我本来就是要丢掉的。现在虽然发现它是宝物，想必是上帝的旨意，我一言既出，绝不反悔。我决定不占为己有，而将它送给博物馆，让更多的人来欣赏。”

（节选自爱薇《一言既出》）

四、说话（任选一个题目说 3～4 分钟）

1. 我的假日生活
2. 我喜爱的职业

普通话水平测试题——14

一、读单音节字 100 个

八　姿　配　伞　熔　挑　平　雇　队　翁
爬　慈　给　愤　丛　尿　鸣　辱　鬼　吕
卡　丝　里　镇　滴　牛　廖　挂　吹　具
洒　致　刀　家　逆　绺　娘　化　晚　屈

薄 嗤 吵 炕 贾 休 凉 刷 困 倔
磨 恃 灶 赏 洽 面 享 捋 唇 崔
佛 工 投 蒙 下 添 窘 货 顺 犬
克 相 艘 等 憋 连 琼 桌 妆 玄
执 概 担 恒 啮 宾 胸 槐 爽 俊
责 睬 旱 工 苗 贫 夫 拽 团 循

二、读多音节词语 50 个

取暖 雪山 寻常 流派 歌颂 贫穷 脱落 家庭 犬齿 提成儿
马虎 狂欢 搏斗 儿女 兄弟 年轻 下降 许久 裙子 走神儿
发烧 条约 扩张 化肥 热闹 怎样 口诀 累赘 外宾 照片儿
破裂 广义 寡妇 溶解 板凳 思量 损坏 特殊 昆虫 名牌儿
推测 采用 表达 敏感 蓝天 脚步 主人公 所有制 没准儿
千方百计

三、朗读

今年四月，我到广东从化温泉小住了几天。那里四围是山，环抱着一潭春水。那又浓又翠的景色，简直是一幅青绿山水画。刚去的当晚是个阴天，偶尔倚着楼窗一望，奇怪啊，怎么楼前凭空涌起那么多黑黝黝的小山，一重一重的，起伏不断？记得楼前是一片园林，不是山。这到底是什么幻景呢？赶到天明一看，忍不住笑了。原来是满野的荔枝树，一棵连一棵，每棵的叶子都密得不透缝，黑夜看去，可不就像小山似的！

荔枝也许是世上最鲜最美的水果。苏东坡写过这样的诗句："日啖荔枝三百颗，不辞长作岭南人。"可见荔枝的妙处。偏偏我来的不是时候，荔枝刚开花。满树浅黄色的小花，并不出众。新发的嫩叶，颜色淡红，比花倒还中看些。从开花到果子成熟，大约得三个月，看来我是等不及在这儿吃鲜荔枝了。

吃鲜荔枝蜜，倒是时候。有人也许没听说过这稀罕物儿吧？从化的荔枝树多得像汪洋大海，开花时节，那蜜蜂满野嘤嘤嗡嗡，忙得忘记早晚。荔枝蜜的特点是成色纯，养分多。住在温泉的人多半喜欢吃这种蜜，滋养身体。热心肠的同志送给我两瓶。一开瓶子塞儿，就是那么一股甜香；调上半杯一喝，甜香里带着股清气，很有点鲜荔枝的味儿。喝着这样的好蜜，你会觉得生活都是甜的呢。

（节选自杨朔《荔枝蜜》）

四、说话（任选一个题目说 3～4 分钟）

1. 学习普通话的体会
2. 难忘的旅行

普通话水平测试题——15

一、读单音节字 100 个

插 雨 颇 而 槛 略 鸣 拔 兄 司
短 挠 日 骨 滑 冰 恩 辞 欧 敬
溜 火 止 用 娶 仇 掐 闷 刻 秦
萧 笙 拜 垒 裁 瓜 子 肺 旺 别
翻 荷 两 税 挤 屯 兼 慌 裹 聂
哑 伪 润 筛 饶 逮 族 癣 邹 窜
砣 蜇 尼 瞟 俊 宋 行 钻 层 判
撒 约 您 马 聋 鹤 药 农 跟 碎
闯 靠 钟 蚌 免 隔 淌 缝 捕 地
揣 等 赔 块 丢 浊 抢 全 催 负

二、读双音节词语 50 个

钻研 准确 爽直 乐意 撒娇 而且 鬼子 笼统 大伙儿
仁爱 挫折 古老 吹牛 代替 瓦解 窗户 窘迫 金鱼儿
随后 军阀 运输 夸张 淮海 元气 不适 森林 岔道儿
饼干 取暖 学问 反抗 贫困 钢笔 虚名 邮票 一圈儿
饱满 非常 慈悲 两手 灭亡 阳光 否则 妥当 聊天儿
工夫 曾经 响声 喷射 早年

三、朗读

鹰的体魄与气质和狮子有许多相似之处，那就是它们的力量，狮子称为百兽之王，鹰则被奉为百禽之首。它气质高贵，傲然面对那些猥琐小雀，对其污言秽语不屑一顾，除非那些贪嘴的乌鸦、嚼舌的喜鹊不停地挑衅，它才忍无可忍，给它们致命的一击。鹰另一个特点是从不吃嗟来之食，只享受自己的胜利果实。它克己节食，从不贪食全部猎物，而像狮子那样，总是大方地把剩余食物留给其他鸟兽。即便饿死，也绝不扑向那些腐尸臭肉。它像狮子那样孤傲，守土如家，维护在自己领地内捕猎的绝对权利。通常，很少能见到两群狮子同处一林，而两对鹰同占一山则更为少见，它们相互间总保持足够的距离，以保证能提供食物的广阔空间。它们只按照食物的多寡来决定是否延伸自己的王国。鹰的眼睛炯炯发亮，羽毛颜色与狮子皮毛相近，爪子形状也与之相同，它同狮子一样气壮声厉。这一禽一兽格杀捕猎的本能与生俱来，同样凶猛、高傲，难以驯服，驯养它们必须从幼龄开始。驯鹰须十分耐心，掌握高超技巧才能将雏鹰训练成捕猎能手。猎鹰随年龄和力量的增长，会逐渐对主人产生一些危险。据书中记载，过去在东方曾有人豢养猎鹰捕猎，但现在它已从驯隼场慢慢消失。

（节选自［法］布封《鹰》，李玉民、有权、梁音译）

四、说话（任选一个题目说 3～4 分钟）

1. 我最喜欢的一种花木
2. 漫谈人生价值

普通话水平测试题——16

一、读单音节字 100 个

女　贼　宣　弱　童　思　驴　略　东　虹
邹　穷　军　邢　兄　远　训　剜　撞　拐
泉　柔　广　堆　怀　短　翁　嫩　胞　垮
吹　吞　蚌　刷　嗑　肥　尼　垒　经　鳃
觉　角　我　阳　价　催　抢　谋　热　腺
额　浮　俩　勤　算　字　尊　仍　野　紧
省　骨　含　槛　缝　止　分　浊　逞　俏
濒　闪　沉　拔　丢　港　靠　鸣　擦　索
埋　扒　伤　庙　贰　海　超　拗　坡　百
实　梯　枕　挠　舔　劣　撤　草　乳　苍

二、读双音节词语 50 个

旅途　掠夺　迥然　暖和　民间　儿歌　贵重　偏差　快板儿
爽朗　模型　容易　岁月　慷慨　沙发　漂亮　眉毛　面条儿
篡改　只好　搜集　寻找　取得　聘书　裁定　损害　如果
洽谈　滑冰　群岛　参政　自焚　最初　捐献　皇帝　困难
衰退　丝绸　始祖　寡妇　全部　下放　痴心　别人　内在
碾盘　牛油　蝶泳　铿锵　草垫儿

三、朗读

作为普通人，可能没人反对环保，可许多并不反对环保的人实际上也没为环保做点什么。于是，下面的状态并不会受到谴责，良心也坦然。

我没有把洗澡的水存起来冲厕所，我也没有把淘米的水用来洗菜，这么做也没什么不妥，因为我付水费了……

我在办公室或者在家里用纸从没考虑到两面利用，仅仅因为我用的那些纸都是免费得来的。有时也是为了好看，总不能给人家写信或者投稿都用反面已经用过的废纸吧，这是礼貌问题。

我认识一个人，他在用水方面是个地地道道的“吝啬鬼”。他把洗澡水用来冲厕所，把洗菜的水用来洗别的菜。有一次他对我说，我知道这也许帮不了什么忙，我知道我节约的这么点水还抵不上一个公共场合坏水龙头一刻钟流失的水，我知道我根本管不了那么多，中国太大了，我甚至不能在公共浴池制止那些让淋浴没完没了冲洗自己的人，可我还是愿意尽我所能节约一点水。我想的是我一天省下的水至少能让一棵小树成活。于是，所有的树木在我这儿都变得具体了，我和它们之间也有了联系，当我看着它们的时候，我就很幸福，这幸福的感觉又会给我新的力量，坚持做下去。他的理解打动了我，倒不是他做的事有什么特别的意义，但他能让自己从中获得安慰，这境界已经让我羡慕。

（节选自皮皮《环保是一种时尚》）

四、说话（任选一个题目说 3～4 分钟）

1. 现代科技与日常生活
2. 我最喜欢的一本书

普通话水平测试题——17

一、读单音节字 100 个

八 涌 摸 飞 隋 浊 痔 俩 情 辣
藏 粉 挂 搬 某 涮 穷 任 谢 秋
断 童 女 略 卷 涛 邹 麻 日 朱
苗 低 宣 泼 涩 卫 白 册 牛 雁
垮 陪 波 姚 管 兄 喊 击 郑 淌
袄 平 乃 石 饶 善 冲 娘 点 怪
哑 掉 屉 否 滚 薛 武 仇 爱 纺
拼 叶 举 矿 鹅 容 晕 块 荫 群
称 贰 苏 怀 决 翁 辞 御 座 旬
亮 灰 索 秧 扔 子 尊 黄 蹭 舜

二、读双音节词语 50 个

百货 允许 脾气 永远 观摩 引导 组合 盼望 纳闷儿
舌头 演习 日常 扣子 挂号 爱称 从而 沸腾 抓阄儿
孙女 养料 部分 显得 请求 虽然 穷困 谎言 差点儿
贫苦 甩卖 小姐 软件 破灭 绑架 刚强 语法 角色
名册 约束 群众 萝卜 牙刷 拉拢 稳当 快餐 没事儿
权宜 仁政 早晚 垂直 童话

三、朗读

从火车上遥望泰山，几十年来有好些次了，每次想起“孔子登东山而小鲁，登泰山而小天下”那句话来，就觉得过而不登，像是欠下悠久的文化传统一笔债似的。杜甫的愿望：“会当凌绝顶。一览众山小”，我也一样有，惜乎来去匆匆，每次都当面错过了。

而今确实要登泰山了，偏偏天公不作美，下起雨来，淅淅沥沥，不像落在地上，倒像落在心里。天是灰的，心是沉的。我们约好了清晨出发，人齐了，雨却越下越大。等天晴吗？想着这渺茫的“等”字，先是憋闷。盼到十一点半钟，天色转白，我不由喊了一句：“走吧！”带动年轻人，挎起背包，兴致勃勃，朝岱宗坊出发了。

是烟是雾，我们辨识不清，只见灰濛濛一片，把老大一座高山，上上下下，裹了一个严实。古老的泰山越发显得崔嵬了。我们才过岱宗坊，震天的吼声就把我们吸引到虎山水库的大坝前面。七股大水，从水库的桥孔跃出，仿佛七幅闪光黄锦，直铺下去，碰着粼粼的乱石，激起一片雪白水珠，脱线一般，洒在清澈的水面。这里叫作虬在湾：据说虬早已被吕洞宾度上天了，可是望过去，跳掷翻腾，像又回到了故居。我们绕过虎山，站到坝桥上，一边是平静的湖水，迎着斜风细雨，懒洋洋只是欲步不前，一边却喑恶叱咤，似有千军万马，躲在绮丽的黄锦底下。黄锦是方便的比喻，其实是一幅细纱，护着一幅没有经纬的精致图案，透明的白纱轻轻压着透明的米黄花纹。——也许只有织女才能织出这种瑰奇的景色。

（节选自李健吾《雨中登泰山》）

四、说话（任选一个题目说 3～4 分钟）

1. 谈身心健康
2. 我喜欢的旅游胜地

普通话水平测试题——18

一、读单音节字 100 个

麻	辈	特	废	办	否	盼	奔	黑	绑
敢	嫩	瞪	批	灭	撇	扁	渺	致	屏
免	品	炕	恨	斋	赦	丢	挑	劣	热
妞	炒	则	擦	复	愁	烧	灾	次	撒
佛	酿	邻	加	骑	饶	衬	宁	下	赛
草	乘	而	哀	生	让	搜	案	亲	呕
浆	古	挂	推	段	挎	国	姓	吨	铸
怀	穷	吞	栋	款	悔	刷	滚	拽	作
踹	拢	框	女	军	嘴	涮	红	略	穗

撞　锯　存　躯　捐　瘸　穴　全　殉　熊

二、读双音节词语 50 个

方程　喷射　搜索　扰乱　使劲　撒谎　辽阔　捐赠　穷人
询问　掠夺　女性　旷课　拐弯　灵魂　两旁　强迫　纽扣儿
贬低　假如　军队　创造　痛苦　公路　需要　轮船　差点儿
暖和　坏处　民族　流利　解答　夏天　背后　虐待　小孩儿
犬马　心胸　脚印　挂彩　写生　蒙蔽　湛蓝　肥壮　鸡爪儿
植苗　陶器　准予　平和　板擦儿

三、朗读

不知是因为什么缘故，我如此地爱夏天，如此地与荷花厮熟，而又如此地爱欣赏水，又如此地迷恋夏天的早晨。

总觉每一个夏日清晨那将醒未醒的朦胧令我沉醉，令我欢欣。好像我就是那凉凉的、从夜的林子里饮饱了露珠的每一枚叶子，带着月的照临、星的低语、和夜风悄悄的拂掠，睡醒来，迎接宇宙的曙色与轻轻转了一个调子的晨风。夜从浓浓的蓝黑逐渐浅淡，终于变成带点银灰的乳色。阳光还在远处，这银灰色调的凌晨，是一首静静的序奏。在序奏的结尾处，才听到双簧管清越的牧歌，于是，羊群与牛就在草坡上出现了。

时常，夏日清晨的鸟唱是最轻悄的，像是不忍吵醒那将睡的夜，像是牵挂着那将要隐入林后的夜风。也像是要悄悄地啄食几枚露珠，作为夜的留念，又怕把它们从酣眠的叶子上震落。倒是檐前的鸽子，一起来就嘀咕着．整理内务。一拍、两拍、不疾不徐地推展着清晨的引子，等待其他鸟儿们的高音与中音旋律的加入。

清晨的林木有醉人的清香。那么醇，那么厚，使你不由自主地深深呼吸、闻嗅吸饮那如酒的甘洌。落叶在欢迎早起者的脚步，要他们快来欣赏树梢头那更多的新叶，与它们身边初放的晨花。

（节选自罗兰《夏晨》）

四、说话（任选一个题目说 3～4 分钟）

1. 沙尘暴的警示
2. 我最尊敬的人

普通话水平测试题——19

一、读单音节字 100 个

捐　缴　琴　揣　哪　稻　增　怀　阔　甲
江　留　壮　训　湾　疼　花　嫩　舜　光

藏 杯 星 水 特 惊 首 绿 铅 立
串 捏 入 表 色 乡 唤 扫 铐 锌
铁 日 取 浓 军 笨 三 面 瞎 阅
孩 勇 绝 梦 放 冰 孔 腮 浙 温
求 槛 牛 恰 擦 法 毒 锐 专 要
飘 外 某 腔 子 旋 枯 始 润 许
雄 脏 赔 队 啄 群 地 边 弹 窗
穷 费 村 否 拼 揭 略 刮 共 怪

二、读双音节词语 50 个

黄瓜 食堂 测验 非常 虽然 听写 如下 聪明 纳闷儿
所谓 恐惧 配合 琼汁 奋力 才学 庸医 秋收 溶化
怎样 羞愧 强项 扑救 胳膊 喧闹 报酬 拐带 聊天儿
环节 女子 烹调 汽船 垮台 八仙 电灯 壮烈 干活儿
浮雕 率领 胸襟 频率 损坏 均匀 掐算 准确 老头儿
决心 姑娘 推广 骏马 冤魂

三、朗读

那是一个夏天的长得不能再长的下午，在印第安那州的一个湖边。我起先是不经意地坐着看书，忽然发现湖边有几棵树正在飘散一些白色的纤维，大团大团的，像棉花似的，有些飘到草地上，有些飘入湖水里。我当时没有十分注意，只当是偶然风起所带来的。

可是，渐渐地，我发现情况简直令人吃惊。好几个小时过去了，那些树仍然浑然不觉地，在飘送那些小型的云朵，倒好像是一座无限的云库似的。整个下午，整个晚上，漫天都是那种东西。第二天情形完全一样，我感到诧异和震撼。

其实，小学的时候就知道有一类种子是靠风力吹动纤维播送的。但也只是知道一道测验题的答案而已。那几天真的看到了，满心所感到的是一种折服，一种无以名之的敬畏。我几乎是第一次遇见生命——虽然是植物的。

我感到那云状的种子在我心底强烈地碰撞上什么东西，我不能不被生命豪华的、奢侈的、不计成本的投资所感动。也许在不分昼夜的飘散之余，只有一颗种子足以成树，但造物者乐于做这样惊心动魄的壮举。我至今仍然在沉思之际想起那一片柔媚的湖水，不知湖畔那群种子中有哪一颗成了小树，至少，我知道有一颗已经成长。那颗种子曾遇见了一片土地，在一个过客的心之峡谷里，黯然成荫，教会她怎样敬畏生命。

（节选自张晓风《敬畏生命》）

四、说话（任选一个题目说 3～4 分钟）

1. 我与电脑
2. 我的爱好

普通话水平测试题——20

一、读单音节字 100 个

掐　乐　您　掀　擦　丈　清　埋　损　丁
暖　对　促　铜　任　卡　古　揭　丸　吞
抓　修　荡　旺　摔　畏　脸　热　把　耗
平　筛　亏　否　瓦　棍　松　匀　女　用
喜　说　揣　咱　佛　此　勋　院　子　钻
牙　民　饭　北　何　凋　坡　观　骗　荒
烤　赔　级　贪　抢　风　理　缤　能　锅
邻　口　而　翁　掠　羊　思　全　捏　灾
穷　体　针　描　月　容　参　歪　续　贴
搜　场　拨　是　支　窗　目　耻　掘　熬

二、读双音节词语 50 个

巡逻　凉粉　旅途　挂号　存在　捐款　僧侣　日常　老头儿
罪责　晒台　衰弱　快乐　学会　补贴　散漫　参加　面条儿
温柔　喧闹　牛皮　窘况　雄伟　军队　群众　穷人　省长
女性　别的　压迫　民兵　马虎　权贵　觉悟　确定　刀把儿
困难　飞驰　票子　拼命　偏差　选举　壮观　丢失　药方儿
仇恨　理睬　揣测　童话　酿造

三、朗读

第一次游万竹园，我就被它的幽静娴雅迷住了。

出趵突泉西行不远，寻得西青龙街 17 号，再沿碎石铺就的小路北行，一假山迎面而立，几株古柏，郁郁葱葱，遮天蔽日，把初秋的阳光划成无数的碎片，抛洒满地。山旁一行修竹，翠绿欲滴，羞答答探出轻盈的枝头，垂眉低首，恭候着游人，别具一番情趣。

据史料记载，万竹园之名始见于元朝，面积 80 余亩，因竹林成片，环境幽美而得名。后几经沧桑，直至 1927 年，才被山东督军张怀芝修建成私人住宅。

绕过假山，一朱色大门坐北朝南，门台高起，雕梁画栋。门旁房屋，青砖墙壁，黑瓦盖顶，古朴典雅而又不失富丽堂皇。过门而入院落，两株石榴跃入眼帘。时下正逢农历八月，石榴犹如点点灯盏，点缀在翠波绿叶中。风儿过处，留下一阵沁人心脾的幽香，使古老的院落更显得神秘和幽深。同行者告诉我，这里最风光的时候要数夏天，榴花盛开，火红一片，令人醉而忘返！

出石榴园，一条狭长的南道蜿蜒前伸。路左高墙俨然；路右修竹亭亭。那竹下的清溪，悄声蔓延，如丝如缕。溪旁有一平桥，加之小巧的房舍，极具“小桥、流水、人家”的情致。桥端院内，三株玉兰，翠绿清新，生机勃勃。春天玉兰花盛开之际，犹若三朵白云飘浮院落，阵阵清香袭人，令人情不自禁。院落北侧，为两座雕琢精细的二层楼房，前后并列，中有空中廊桥相衔，新颖别致。

（节选自宋翠芬《悠悠万竹园》）

四、说话（任选一个题目说 3～4 分钟）

1. 介绍你的家乡
2. 我最喜欢的一处风景

普通话水平测试题——21

一、读单音节字 100 个

摆	判	门	钉	肥	赴	舔	妞	尼	否
冒	军	穷	吃	蛹	逮	溶	葱	曾	枕
字	苏	软	淌	横	用	石	善	此	薄
骗	能	懂	屯	段	女	嗑	塔	致	吵
纫	坡	病	脑	乱	国	垮	翁	垒	邻
铐	画	拐	狂	鬼	略	选	绿	红	悔
叫	掐	嗅	野	王	袄	册	扎	而	儿
肖	妾	僵	朱	伪	揣	双	越	霞	顺
琴	襄	闯	邢	撒	却	熏	具	群	鳃
雁	权	四	长	邹	晌	豁	熟	跌	轴

二、读双音节词语 50 个

儿歌	贫穷	环境	思想	脉搏	懂得	早春	铁路	板擦儿
平安	悠远	韵味	强调	啰唆	好转	随手	捐赠	玩意儿
染料	狂妄	否则	谄媚	懂得	率先	牙刷	月台	纳闷儿
教学	寨子	典礼	后来	傀儡	邻居	妇女	觉悟	冰棍儿
认识	海关	名胜	张挂	循序	痛快	奔驰	假若	匈奴
访求	层次	破戒	欢迎	汽水				

三、朗读

寄居香山这一段岁月，最依恋的就是屋外的鸟鸣了。早晨，我总要滞在被窝里听一阵啁啾再起来。只要绕窗有乌儿鸣转，只要空气中翎羽在颤动，就知道又是个晴天。当然，和平，宁静，清幽，相安无事，须听见鸟鸣才能感受到；黎明的清新，空气的纯净，天地的宽阔和生机的勃然，也得在鸟儿们的碎语中体会。其实我早就与鸟儿相亲相爱的，只是在香山住的那阵子更特别，深感不可一日无此君。自小我喜欢吹笛，一曲“黄莺亮翅”，鸟儿的啼叫声从笛孔里滑出来，心里别提有多舒服和欢愉了。后来玩胡琴，知道刘天华留下一首《空山鸟语》。“鸟语”二字真是又神秘又令人浮想联翩。模仿鸟鸣的胡琴指法很特别，要将食指中指无名指在弦的某一处做同音轮指，指尖儿痒痒酥酥的，变成了鸟喙在啄食，心也就如鸟儿一样忘了一切烦忧。其实鸟儿从来是音乐家的宠儿，奥地利作曲家海顿就写过《鸟儿四重奏》《云雀四重奏》两首传世之作。在中国，鸟儿们充当着民间音乐家的情人角色呢。我知道的就有琴曲《春山听杜鹃》，筝曲《嘤啼黄鹂》，管子曲《双黄莺＞等等。古诗“雁柱十三法，一一春莺语”，“江楼吹笛三更后，细奈林间杜宇啼”所记叙的古曲早已散失，但想来那琴音鸟啼相融，物我合一的美学境界定是极美妙的。

（节选自韩静霆《鸟语》）

四、说话（任选一个题目说 3～4 分钟）

1. 漫谈人与自然
2. 我喜欢的一首歌

普通话水平测试题——22

一、读单音节字 100 个

拔	涩	日	发	次	铐	二	海	黑	早
怎	透	烂	就	恨	唱	风	成	俩	票
拣	午	您	末	枪	平	数	翁	多	块
推	弯	准	猜	慌	懂	女	矮	快	圆
穷	舍	似	非	操	仇	版	粉	劣	人
溜	棉	拼	家	习	国	娘	俯	瓜	播
晴	左	观	吞	庄	容	旅	具	寻	涌
鹤	石	逮	宣	脑	残	偶	判	枕	蚌
膛	响	尼	叶	夸	药	舔	秦	杨	苏
索	揣	委	涮	润	旺	农	薛	群	

二、读双音节词语 50 个

北京	女兵	体力	讨论	语言	改良	了解	粉笔	玻璃
处理	一直	黑暗	司机	烹调	月夜	飘扬	声音	聪明
小组	紫花	否则	广场	寻求	窗户	旅行	举重	角色
儿童	演讲	藕粉	棉被	英语	绿豆	甘苦	南宁	青蛙
磁铁	汹涌	善良	尺寸	委员	内脏	容易	血液	脉搏

迥然　三轮儿　聊天儿　小孩儿　烟嘴儿

三、朗读

家乡的桥是我梦中的桥。

家乡村边有一条河，曲曲弯弯，河中架一弯石桥，弓样的小桥横跨两岸。

每天，不管是鸡鸣晓月，日丽中天，还是月华泻地，小桥都印下串串足迹，洒落串串汗珠。那是乡亲为了追求多棱的希望，兑现美好的遐想。弯弯小桥，不时荡过轻吟低唱，不时露出舒心的笑容。

因而，我稚小的心灵，曾将心声献给小桥：你是一弯银色的新月，给人间普照光辉；你是一把闪亮的镰刀，割刈着欢笑的花果；你是一根晃悠悠的扁担，挑起了彩色的明天！哦，小桥走进我的梦中。

我在飘泊他乡的岁月，心中总涌动着故乡的河水，梦中总看到弓样的小桥。当我访南疆探北国，眼帘闯进座座雄伟的长桥时，我的梦变得丰满了，增添了赤橙黄绿青蓝紫。

弯弯的小桥，是我梦中的桥吗？

30 多年过去，我戴着满头霜花回到故乡，第一紧要的便是去看望小桥。啊！小桥呢？小桥躲起来？河中一道长虹，浴着朝霞熠熠闪光。哦，雄浑的大桥敞开胸怀，汽车的呼啸、摩托的笛音、自行车的叮铃，合奏着进行交响乐；南来的钢筋、花布，北往的柑橙、三鸟，绘出交流欢跃图……

满桥豪笑满桥歌呀！蜕变的桥，传递了家乡进步的消息，透露了家乡富裕的声音。时代的春风，美好的追求，我蓦地记起儿时唱给小桥的歌，哦，明艳艳的太阳照耀了，芳香甜蜜的花果捧来了，五彩斑斓的月拉开了！

我心中涌动的河水，激荡起甜美的浪花。我仰望一碧蓝天，心底轻声呼喊：家乡的桥呀，我梦中的桥！

（节选自马如琴《小河》）

四、说话（任选一个题目说 3～4 分钟）

1. 谈友情
2. 世纪畅想

普通话水平测试题——23

一、读单音节字 100 个

惹　渠　准　丢　尽　雄　染　杂　捐　名
鲜　弱　钻　肥　某　遍　罩　沏　甲　吓
妾　邹　判　瞟　沓　北　坡　冒　对　风
捌　俯　跎　惯　俩　炕　怎　苔　铙　逆

铁 来 夸 横 奴 刷 久 别 黑 顶
沈 嘭 藕 拈 槛 偿 您 歌 尺 烂
猜 券 晃 瓜 溜 浆 蹭 疮 鹤 晕
姚 踹 舜 逮 根 孔 坏 而 涮 梯
浙 蚌 苏 雪 穷 司 苗 粉 翁 略
笋 贫 脆 寻 铝 撒 菌 从 晌 卫

二、读双音节词语 50 个

产品 咖啡 距离 女人 生长 钻研 下面 状况 素质
恳求 瓜分 泊位 枢纽 群婚 把手 从容 美妙 个头儿
损害 刁难 累赘 妥帖 翅膀 空儿 加工 熊猫 保管
纯粹 平凡 捐赠 黄芪 享用 打听 脑袋 化学 脸蛋儿
宣传 档次 谱曲 豁亮 钦差 协同 缺乏 坏处 聊天儿
军队 尽快 若干 即刻 塞责、

三、朗读

晚饭过后，火烧云上来了。霞光照得小孩子的脸红红的。大白狗变成了红的了，红公鸡变成金的了，黑母鸡变成紫檀色的了。喂猪的老头儿在墙根靠着，笑盈盈地看着他的两头小白猪变成小金猪了。他刚想说："你们也变了……"旁边走来一个乘凉的人，对他说："您老人家必要高寿，您老是金胡子了。"

天空的云从西边一直烧到东边，红彤彤的，好像是天空着了火。

这地方的火烧云变化极多，一会儿红彤彤的，一会儿金灿灿的，一会儿半紫半黄，一会儿半灰半百合色。葡萄灰，梨黄，茄子紫，这些颜色天空都有，还有些说也说不出来、见也没见过的颜色。

一会儿，天空出现一匹马，马头向南，马尾向西。马是跪着的，像是在等着有人骑到它背上，它才站起来似的。过了两三秒钟，那匹马大起来了，马腿伸开了，马脖子也长了，一条马尾巴可不见了。看的人正在寻找马尾巴，那匹马就变模糊了。

忽然又来了一条大狗。那条狗十分凶猛，它在前边跑着，后边似乎还跟着好几条小狗。跑着跑着，小狗不知跑到哪里去了，大狗也不见了。

接着又来了一条大狮子，跟庙门前的大石头狮子一模一样，也是那么大，也是那样蹲着，很威武很镇静地蹲着。可是一转眼就变了。要想再看到那头大狮子，怎么也看不到了。

一时恍恍惚惚的，天空里又像这个，又像那个，其实什么也不像，什么也看不清了，可是天空偏偏不等待那些爱好它的孩子。一会儿工夫火烧云下去了。

（节选自萧红《火烧云》）

四、说话（任选一个题目说 3～4 分钟）

1. 我的家居特色

2. 我的业余爱好

普通话水平测试题——24

一、读单音节字100个

诈	惹	而	紫	迟	碑	拆	冒	否	南
粉	裆	耕	起	俩	丢	表	变	瞥	拼
酿	平	扑	挎	播	阔	乖	退	断	抡
光	弄	翁	举	略	泉	均	穷	扎	涩
司	使	筛	废	找	偶	山	恨	扛	仍
习	加	灭	跳	牛	甜	民	亮	鸣	促
抓（仿）	佛	若	甩	绘	卵	纯	矿	红	岸
决	癣	熏	雄	损	采	赠	忍	盎	簪
疫	截	邀	雁	荫	仰	顶	蒜	村	壮
荣	御	远	躯	恩	擦	袄	勇	恽	学

二、读双音节词语50个

穷困	雪耻	君子	裙带	渲染	取景	疟疾	远房	律诗
窘迫	逛荡	统称	专门	贺词	斧头	滑冰	遭受	碎步儿
幻想	流水	别扭	没错	林业	快乐	瓜分	口语	奶嘴儿
品种	夏天	抹杀	创作	高大	而已	改变	恰好	干活儿
烹饪	挑战	蜜蜂	存款	内容	协助	外地	损伤	强调
漂亮	应用	捐款	宿舍	差点儿				

三、朗读

如今，这雄关虽已成为历史陈迹，但是它却以它那雄伟庄严的风貌，可歌可泣的历史，鼓舞着人们的坚强意志，激励着人们的爱国情感。

我相信：假若一旦我们的神圣的国土再一次遭受到异族入侵的话，那位于执大刀的青年小伙子，还有我们的现代花木兰，以及所有登临这雄关的公民，全都会毫不犹豫地拿起武器，奔赴杀敌卫国的战场！由此，我又悟出了一个道理：雄关，这早已变成了历史陈迹的雄关，虽然已失去了它往日的军事作用，但是这雄关的伟大体魄，忠贞的灵魂，却永远刻在人们的心中。哦，更确切一点说，这关，不在地壳之上，山海之间，而是在人们的心中。

是的，在人们的心中。这才是真正的雄关，比什么金城汤池还要坚固的雄关！不是吗？山海关纵然是坚固险要，可也有被攻破的记载；而吴三桂的引清入关，更是不攻自破。多尔衮的铁骑，不就是从这洞开的大门下面蜂拥而过席卷中原的吗？

“恸哭六军俱缟素，冲冠一怒为红颜。”吴梅村《圆圆曲》，道出了当时爱国人士对吴三桂的愤慨和痛恨。尽管历史学家对吴三桂降清的动机是否是为了“红颜”这一事实还有争议，但雄关被出卖而不攻自破却是事实，也是教训。

（节选自峻青《雄关赋》）

四、说话（任选一个题目说 3～4 分钟）

1. 谈理想
2. 我最尊敬的人

普通话水平测试题——25

一、读单音节字 100 个

多 她 碑 判 某 胞 肯 膘 童 扇
表 言 恩 层 润 坏 磅 贫 索 肉
涌 绝 共 女 乱 浮 面 增 瞎 接
元 区 略 钻 平 摸 方 敌 苔 聂
淡 废 贰 涩 采 朱 净 丢 腻 懒
虐 穷 旬 捆 隋 花 瓷 野 网 册
软 冲 宣 均 舜 秦 灵 更 漱 谢
涮 亏 俩 欢 杂 酱 铸 枕 尾 窄
损 瓦 疮 迁 匀 安 坐 氧 拆 邹
邀 撒 牛 怪 催 郑 鹤 池 仲 装

二、读双音节词语 50 个

运动 拼命 塑料 早婚 创作 麻雀 快乐 取暖 泡沫
袜子 挂号 仁慈 也许 摧毁 寻求 取缔 探望 衰弱
不用 索性 场合 优胜 皱纹 源泉 昆虫 平整 够劲儿
组阁 热烈 翅膀 胸膛 手语 劳驾 山羊 下巴 小孩儿
蝉联 农民 转载 裁决 极点 特务 能干 死板 玩意儿
儿童 食指 没空 咖啡 佛门

三、朗读

夏天还没有结束，秋天就悄悄地来了。铅灰色的云，遮蔽了整个天空，触目惊心，使人想起战场上的硝烟。乌云一浪接一浪地汹涌，云团低低地翻卷，几乎触到了房顶上电视机的天线。

树叶立刻变黄了。黄叶子越来越多，越来越多，似乎在呼唤太阳归来。

可是太阳总不露面儿。

随后下起雨来。雨，淅淅沥沥地洒落，从一条树枝滴向另一条树枝，白天黑夜下个不停。草地树木全部都湿淋淋的，泥土再也不吮吸雨水，或许，一切生物蕴含的水分已经到了饱和的极限。

有一天夜里，我从睡梦中醒来。屋子里一片漆黑。万籁俱寂……我站起来，推开窗户，看见了白桦树，秋夜的幽暗中隐隐现出轮廓的白桦树。她无遮无拦，承受着迷蒙的阴霾。

转天早晨，一场霜冻袭来——树叶纷纷飘落．在白桦树下铺成了一个金色的圆环。光裸发乌的枝条散发出一种难言的愁情！要知道，就在不久之前，她还是绿叶婆娑，光彩辉映，而转瞬之间，绿色消失殆尽，何况要消失很长很长的一段时间哪！

又将是阴雨淋漓连绵。落叶变黑腐烂，光秃秃的树枝在风中摇曳，相互碰撞，看了叫人心寒。池沼即将结冰，候鸟纷纷南迁。凄凉沉闷的秋夜越来越长。到冬天，它们会更加漫长，暴风雪咆哮，严寒肆虐。

（节选自［俄］沃罗宁《走过四季的冬》，谷羽译）

四、说话（任选一个题目说 3～4 分钟）

1. 漫谈规范社会用字
2. 家乡美

附录

附录一　中华人民共和国国家通用语言文字法

（2000 年 10 月 31 日第九届全国人民代表大会常务委员会第十八次会议通过）

目录

第一章　总则

第一条　为推动国家通用语言文字的规范化、标准化及其健康发展，使国家通用语言文字在社会生活中更好地发挥作用，促进各民族、各地区经济文化交流，根据宪法，制定本法。

第二条　本法所称的国家通用语言文字是普通话和规范汉字。

第三条　国家推广普通话，推行规范汉字。

第四条　公民有学习和使用国家通用语言文字的权利。

国家为公民学习和使用国家通用语言文字提供条件。

地方各级人民政府及其有关部门应当采取措施，推广普通话和推行规范汉字。

第五条　国家通用语言文字的使用应当有利于维护国家主权和民族尊严，有利于国家统一和民族团结，有利于社会主义物质文明建设和精神文明建设。

第六条　国家颁布国家通用语言文字的规范和标准，管理国家通用语言文字的社会应用，支持国家通用语言文字的教学和科学研究，促进国家通用语言文字的规范、丰富和发展。

第七条　国家奖励为国家通用语言文字事业做出突出贡献的组织和个人。

第八条　各民族有使用和发展自己的语言文字的自由。

少数民族语言文字的使用依据宪法、民族区域自治法及其他法律的有关规定。

第二章　国家通用语言文字的使用

第九条　国家机关以普通话和规范汉字为公务用语用字。法律另有规定的除外。

第十条　学校及其他教育机构以普通话和规范汉字为基本的教育教学用语用字。法律另有规定的除外。

学校及其他教育机构通过汉语文课程教授普通话和规范汉字。使用的汉语文教材，应当符合国家通用语言文字的规范和标准。

第十一条　汉语文出版物应当符合国家通用语言文字的规范和标准。

汉语文出版物中需要使用外国语言文字的，应当用国家通用语言文字作必要的注释。

第十二条　广播电台、电视台以普通话为基本的播音用语。

需要使用外国语言为播音用语的，须经国务院广播电视部门批准。

第十三条　公共服务行业以规范汉字为基本的服务用字。因公共服务需要，招牌、广告、告示、标志牌等使用外国文字并同时使用中文的，应当使用规范汉字。

提倡公共服务行业以普通话为服务用语。

第十四条　下列情形，应当以国家通用语言文字为基本的用语用字：

（一）广播、电影、电视用语用字；

（二）公共场所的设施用字；

（三）招牌、广告用字；

（四）企业事业组织名称；

（五）在境内销售的商品的包装、说明。

第十五条　信息处理和信息技术产品中使用的国家通用语言文字应当符合国家的规范和标准。

第十六条　本章有关规定中，有下列情形的，可以使用方言：

（一）国家机关的工作人员执行公务时确需使用的；

（二）经国务院广播电视部门或省级广播电视部门批准的播音用语；

（三）戏曲、影视等艺术形式中需要使用的；

（四）出版、教学、研究中确需使用的。

第十七条　本章有关规定中，有下列情形的，可以保留或使用繁体字、异体字：

（一）文物古迹；

（二）姓氏中的异体字；

（三）书法、篆刻等艺术作品；

（四）题词和招牌的手书字；

（五）出版、教学、研究中需要使用的；

（六）经国务院有关部门批准的特殊情况。

第十八条　国家通用语言文字以《汉语拼音方案》作为拼写和注音工具。

《汉语拼音方案》是中国人名、地名和中文文献罗马字母拼写法的统一规范，并用于汉字不便或不能使用的领域。

初等教育应当进行汉语拼音教学。

第十九条　凡以普通话作为工作语言的岗位，其工作人员应当具备说普通话的能力。

以普通话作为工作语言的播音员、节目主持人和影视话剧演员、教师、国家机关工作人员的普通话水平，应当分别达到国家规定的等级标准；对尚未达到国家规定的普通话等级标准的，分别情况进行培训。

第二十条　对外汉语教学应当教授普通话和规范汉字。

第三章　管理和监督

第二十一条　国家通用语言文字工作由国务院语言文字工作部门负责规划指导、管理监督。

国务院有关部门管理本系统的国家通用语言文字的使用。

第二十二条　地方语言文字工作部门和其他有关部门，管理和监督本行政区域内的国家通用语言文字的使用。

第二十三条　县级以上各级人民政府工商行政管理部门依法对企业名称、商品名称以及广告的用语用字进行管理和监督。

第二十四条　国务院语言文字工作部门颁布普通话水平测试等级标准。

第二十五条　外国人名、地名等专有名词和科学技术术语译成国家通用语言文字，由国务院语言文字工作部门或者其他有关部门组织审定。

第二十六条　违反本法第二章有关规定，不按照国家通用语言文字的规范和标准使用语言文字的，公民可以提出批评和建议。

本法第十九条　第二款规定的人员用语违反本法第二章有关规定的，有关单位应当对直接责任人员进行批评教育；拒不改正的，由有关单位作出处理。

城市公共场所的设施和招牌、广告用字违反本法第二章有关规定的，由有关行政管理部门责令改正；拒不改正的，予以警告，并督促其限期改正。

第二十七条　违反本法规定，干涉他人学习和使用国家通用语言文字的，由有关行政管理部门责令限期改正，并予以警告。

第四章　附则

第二十八条　本法自 2001 年 1 月 1 日起施行。

附录二　人事部教育部　国家语言文字工作委员会关于开展国家公务员普通话培训的通知

人发［1999］46 号

各省、自治区、直辖市、人事（人事劳动）厅（局）、教委（教育厅）、语委（语言文字工作机构）、国务院各部委、各直属机构人事（干部）部门、新疆生产建设兵团人事局：

根据《中华人民共和国宪法》关于“国家推广全国通用的普通话”的规定，为进一步贯彻中央领导同志关于“推广普通话，公务员要带头”的指示精神，提高公务员的普通话水平，人事部、教育部、国家语委决定，在全国公务员中开展普通话培训工作。现就有关事项通知如下：

一、各级人事部门要通过多种渠道、多种方式加大公务员带头推广普通话的宣传力度，要进一步提高国家公务员对推广普通话重要意义的认识，充分调动公务员学习、推广、使用普通话的积极性和自觉性。

二、各地各部门要采取措施，加强对公务员普通话的培训，同时，要正确处理好工作与培训的关系。通过培训，原则要求 1954 年 1 月 1 日以后出生的公务员达到普通话三级甲等以上水平，对1954年1月1日以前出生的公务员不作达标的硬性要求，但鼓励努力提高普通话水平。

三、对方言地区或使用方言以及普通话不熟练的公务员，要在认真调查研究的情况下，实施针对性培训，要结合公务员的业务实际，制定普通话培训的长期规划、达到的标准以及测试的办法。对普通话培训，可以先试点，然后再以点带面，逐步推广。

四、公务员普通话培训工作按分级分类的原则组织实施。人事部负责国务院各部委、各直属机构公务员的普通话培训工作，各省、自治区、直辖市政府人事部门负责本辖区公务员的普通话培训工作。各级教育部门、语言文字工作部门协助配合。

五、开展公务员普通话培训，各地可根据实际情况，采取灵活多样的方式进行，具备条件的地方，可以进行普通话水平测试。各级教育行政部门、语言文字工作部门应在普通话培训、测试方面给予支持协助。

六、各地、各部门要高度重视公务员普通话培训工作，要把推广普通话作为一项经常性工作来抓，作为提高公务员素质的内容列入工作日程。要从各地、各部门实际出发，激励公务员积极参加普通话培训，发挥公务员推广普通话的表率作用。

七、国家公务员在公务活动中应当自觉使用普通话。各地、各部门要逐步将普通话作为考核公务员能力水平的内容之一。

中华人民共和国人事部
中华人民共和国教育部
国家语言文字工作委员会
一九九九年五月十二日

附录三　教育部、国家语委关于进一步加强学校普及普通话和用字规范化工作的通知

发文单位：教育部、国家语委

文　号：教语用［2000］1号

发布日期：2000-02-29

执行日期：2000-02-29

为了贯彻改革开放以来第三次全国教育工作会议和1997年全国语言文字工作会议精神，落实《中共中央国务院关于深化教育改革全面推进素质：教育的决定》和国务院批转教育部《面向21世纪教育振兴行动计划》的有关要求，教育部、国家语言文字工作委员会于1999年12月召开了学校语言文字工作会议。会议总结了50年来学校语言文字工作的经验，分析了学校语言文字工作面临的形势和任务，明确了今后工作的目标和措施。根据《中华人民共和国教育法》“学校及其他教育机构进行教学，应当推广使用全国通用的普通话和规范字”的规定，现就进一步加强学校普及普通话和用字规范化工作通知如下：

一、提高对加强学校普及普通话和用字规范化工作的认识

1. 说好普通话、用好规范字、提高语言文字应用能力，是素质教育的重要内容。做

好学校普及普通话和用字规范化工作，对于掌握科学文化知识、培养创新精神和实践能力、全面提高素质，对于继承和弘扬中华民族优秀的传统文化、培养爱国主义情操、增强民族凝聚力都具有重要意义。

2. 面对信息化时代的到来，必须大力加强信息技术教育。中文信息处理是我国信息技术发展的重点，语言文字规范化标准化是中文信息处理的先决条件，普及普通话和用字规范化有利于提高语言文字信息处理和交换的效益和水平。因此，应该加大学校普及普通话和用字规范化工作的力度，以适应加强信息技术教育的需要。

3. 推动全社会用语用字的规范化，基础在教育。语言文字能力的培养应该从小抓起，使学生在义务教育阶段就具备说普通话、用规范字的能力，并在非义务教育阶段得到巩固和提高。这对于充分发挥教育对全社会的基础作用和积极影响，实现 2010 年普通话在全国初步普及、汉字社会应用基本规范的目标，具有重要意义。

二、工作目标要求

4. 学校普及普通话和用字规范化工作的目标是：到 2005 年，教师和学生的普通话水平基本达到规定的要求；普通话基本成为各级各类学校及幼儿园的教学语言，即师生在教学中使用普通话；成为城镇学校及幼儿园的校园语言，即师生员工在教学、会议、宣传和其他集体活动中使用普通话。教材（含讲义、教学辅助读物）用字，教学、公务和校园环境用字符合国家颁布的规范标准和要求。有条件的大中城市和经济发达地区的学校，应争取提前实现上述目标；已达标的学校要巩固成绩，不断提高规范化水平。工作难度较大的地区、偏远乡村可适当推迟达标时限，但最迟应在 2010 年以前达标。

5. 教育行政部门和各级各类学校要把普及普通话、用字规范化工作列入议事日程，制订切实可行的工作计划，建立必要的工作制度，形成上下一致、齐抓共管的工作格局，确保目标按期实现。根据人事部、教育部和国家语言文字工作委员会联合印发的《关于开展国家公务员普通话培训的通知》（人发［1999］46 号）精神，教育行政部门公务员和学校管理人员的普通话水平应不低于三级甲等，新录用公务员和学校管理人员的普通话水平亦应达到上述标准。

6. 普通话合格应作为教师业务考核内容和录用教师条件之一，教师应达到《教师资格条例实施办法》的普通话等级标准：各级各类学校和幼儿园以及其他教育机构的教师应不低于二级乙等，其中语文教师和对外汉语教师不低于二级甲等，语音教师不低于一级乙等。教师应当具备正确使用规范汉字的能力，其中语文教师应熟悉汉字的各项规范标准。小学和幼儿园教师应能熟练运用汉语拼音。在实施“跨世纪园丁工程”和对教师进行继续教育的过程中，应注意加强教师语文素质的培训。

7. 说好普通话、用好规范字是学生应具备的基本能力。经过义务教育阶段教育的学生应能说比较标准的普通话，非义务教育阶段的学生应在已有基础上继续巩固提高；师范专业和其他与口语表达关系密切的专业的学生的普通话水平应经测试达到规定的等级。学生应能掌握规定数量的汉字，做到书写正确、端正、有一定速度，其中与文字应用关系密切专业的学生应熟悉汉字的各项规范标准。小学毕业生应学好汉语拼音，能利用汉语拼音识字、学习普通话。

8. 以少数民族语言授课为主的民族学校的普及普通话达标要求和时限，以及对师生的普通话水平要求，由当地教育行政部门和语言文字工作部门规定，其中汉语课教师的普通话水平应不低于三级甲等。

三、工作措施

9. 切实采取措施，把提高学生语言文字规范意识和语言文字应用能力的要求纳入各级各类学校的培养目标和有关课程标准，纳入教育教学和学生技能训练的基本内容，纳入学校工作日程和常规管理，渗透到德育、智育、体育、美育和社会实践等教育活动中。

10. 有计划地开展普通话培训测试工作，以测促训，以训保测。1954 年 1 月 1 日以后出生的教师和教育行政部门公务员，师范专业和其他与口语表达关系密切的专业的学生，均应参加普通话培训和测试。对教师的业务考核和教学基本功培训考核等应提出语言文字规范要求，考核结果作为聘用、晋级和评优的条件之一。师范专业和其他与口语表达关系密切的专业的学生，普通话达不到合格标准者应缓发毕业证书。

11. 充分发挥语文课在普及普通话、用字规范化中的主渠道作用。语文教学要重视提高学生语言文字规范意识和语言文字应用能力，切实改变重知识、轻能力的倾向，全面提高学生的语文素养。中小学语文教学要规范学生的口头语言，提高口语交际能力，培养良好的听说习惯和语言习惯。各级职业学校以及其他院校与口语表达关系密切的专业应在教学中增加普通话口语交际方面的内容，师范院校应进一步加强口语课教学，并在课时安排和考核、考查等环节上给予保证。要进一步推广小学语文“注音识字、提前读写”等教改实验，逐步扩大实验范围。

12. 加大语言文字规范化宣传力度，做好科学研究工作。要在师生中开展形式多样、富有实效的语言文字规范化宣传教育活动并面向社会做好宣传、咨询和服务工作，特别是要精心组织并开展好每年一度的推广普通话宣传周活动。有条件的学校应引导师生关注社会语文生活，监督、评测语言文字的社会应用。有关高等学校要积极参与语言文字和中文信息处理等方面的基础研究和应用研究，为国家制订语言计划和语言文字规范标准，推进语言文字规范化标准化工作，提供理论和技术支持。

13. 加强学校普及普通话、用字规范化工作的检查评估。要将这项工作纳入教育质量评估指标体系和精神文明创建活动，作为教育督导、检查、评估的一项内容。各地应结合本地实际制定相应的评估标准及其操作办法，有计划地开展检查评估工作。要注意总结经验，及时发现问题，不断改进工作。

四、加强对学校普及普通话和用字规范化工作的领导

14. 各级教育行政部门、语言文字工作机构要认真贯彻国家语言文字工作方针政策，执行语言文字法规、规章和规范标准，充分认识进一步做好学校普及普通话和用字规范化工作的重要意义，切实加强对学校语言文字工作的领导。

15. 建立、健全各级语言文字工作机构。各级教育行政部门负有主管语言文字工作的责任。省（自治区、直辖市）、市（地、州、盟）两级教育行政部门要有专门的语言文字工作内设机构，并有专职工作人员，县和县级市要有机构和人员专管或兼并，以切实做好学校和全社会的语言文字工作。

16. 做好学校语言文字工作是各级教育行政部门有关职能机构的共同责任。各级语言文字工作机构要积极、主动协调各有关方面，指导、督促各级各类学校切实做好普及普通话和用字规范化工作，为全面推进素质教育、实现我国新世纪的语言文字工作目标作出贡献。

附录四　普通话水平测试大纲

（2004年10月1日开始施行）

根据教育部、国家语言文字工作委员会发布的《普通话水平测试管理规定》《普通话水平测试等级标准》，制定本大纲。

（一）测试的名称、性质、方式

本测试定名为“普通话水平测试”（PUTONGHUA SHUIPING CESHI，缩写为PSC）。

普通话水平测试测查应试人的普通话规范程度、熟练程度，认定其普通话水平等级，属于标准参照性考试。本大纲规定测试的内容、范围、题型及评分系统。普通话水平测试以口试方式进行。

（二）测试内容和范围

普通话水平测试的内容包括普通话语音、词汇和语法。

普通话水平测试的范围是国家测试机构编制的《普通话水平测试用普通话词语表》《普通话水平测试用普通话与方言词语对照表》《普通话水平测试用普通话与方言常见语法差异对照表》《普通话水平测试用朗读作品》《普通话水平测试用话题》。

（三）试卷构成和评分

试卷包括5个组成部分，满分为100分。

1. 读单音节字词（100个音节，不含轻声、儿化音节），限时3.5分钟，共10分。

（1）目的：测查应试人声母、韵母、声调读音的标准程度。

（2）要求：

①100个音节中，70%选自《普通话水平测试用普通话词语表》“表一”，30%选自“表二”。

②100个音节中，每个声母出现次数一般不少于3次，每个韵母出现次数一般不少于2次，4个声调出现次数大致均衡。

③音节的排列要避免同一测试要素连续出现。

（3）评分：

①语音错误，每个音节扣0.1分。

②语音缺陷，每个音节扣0.05分。

③超时1分钟以内，扣0.5分；超时1分钟以上（含1分钟），扣1分。

2. 读多音节词语（100个音节），限时2.5分钟，共20分。

（1）目的：测查应试人声母、韵母、声调和变调、轻声、儿化读音的标准程度。

（2）要求：

①词语的70%选自《普通话水平测试用普通话词语表》“表一”，30%选自“表二”。

②声母、韵母、声调出现次数与读单音节字词的要求相同。

③上声与上声相连的词语不少于3个，上声与非上声相连的词语不少于4个，轻声不少于3个，儿化不少于4个（应为不同的儿化韵母）。

④词语的排列要避免同一测试要素连续出现。

（3）评分：

①语音错误，每个音节扣0.2分。

②语音缺陷，每个音节扣0.1分。

③超时1分钟以内，扣0.5分；超时1分钟以上（含1分钟），扣1分。

3. 选择判断[注]，限时3分钟，共10分。

（1）词语判断（10组）。

①目的：测查应试人掌握普通话词语的规范程度。

②要求：根据《普通话水平测试用普通话与方言词语对照表》，列举10组普通话与方言意义相对应但说法不同的词语，由应试人判断并读出普通话的词语。

③评分：判断错误，每组扣0.25分。

（2）量词、名词搭配（10组）。

①目的：测查应试人掌握普通话量词和名词搭配的规范程度。

②要求；根据《普通话水平测试用普通话与方言常见语法差异对照表》，列举10个名词和若干量词，由应试人搭配并读出符合普通话规范的10组名量词短语。

③评分：搭配错误，每组扣0.5分。

（3）语序或表达形式判断（5组）。

①目的：测查应试人掌握普通话语法的规范程度。

②要求：根据《普通话水平测试用普通话与方言常见语法差异对照表》，列举5组普通话和方言意义相对应，但语序或表达习惯不同的短语或短句，由应试人判断并读出符合普通话语法规范的表达形式。

③评分：判断错误，每组扣0.5分。

选择判断合计超时1分钟以内，扣0.5分；超时1分钟以上（含1分钟），扣1分。答题时语音错误，每个错误音节扣0.1分；如判断错误已经扣分，不重复扣分。

4. 朗读短文（1篇，400个音节），限时4分钟，共30分。

（1）目的：测查应试人使用普通话朗读书面作品的水平。在测查声母、韵母、声调读音标准程度的同时，重点测查连读音变、停连、语调以及流畅程度。

（2）要求：

①短文从《普通话水平测试用朗读作品》中选取。

②评分以朗读作品的前400个音节（不含标点符号和括注的音节）为限。

（3）评分：

①每错1个音节，扣0.1分；漏读或增读1个音节，扣0.1分。

②声母或韵母的系统性语音缺陷，视程度扣0.5分、1分。

③语调偏误，视程度扣0.5分、1分、2分。

④停连不当，视程读扣0.5分、1分、2分。

⑤朗读不流畅（包括回读），视程度扣 0.5 分、1 分、2 分。

⑥超时扣 1 分。

5．命题说话，限时 3 分钟，共 30 分。

（1）目的：测查应试人在无文字凭借的情况下说普通话的水平，重点测查语音标准程度、词汇语法规范程度和自然流畅程度。

（2）要求：

①说话话题从《普通话水平测试用话题》中选取，由应试人从给定的两个话题中选定 1 个话题，连续说一段话。

②应试人单向说话。如发现应试人有明显背稿、离题、说话难以继续等表现时，应试人应及时提示或引导。

（3）评分：

①语音标准程度，共 20 分。分六档：

一档：语音标准，或极少有失误。扣 0 分、0.5 分、1 分。

二档：语音错误在 10 次以下，有方音但不明显。扣 1.5 分、2 分。

三档：语音错误在 10 次以下，但方音比较明显；或语音错误在 10 次—15 次之间，有方音但不明显。扣 3 分、4 分。

四档：语音错误在 10 次—15 次之间，方音比较明显。扣 5 分、6 分。

五档：语音错误超过 15 次，方音明显。扣 7 分、8 分、9 分。

六档：语音错误多，方音重。扣 10 分、11 分、12 分。

②词汇语法规范程度，共 5 分。分三档：

一档：词汇、语法规范。扣 0 分。

二档；词汇、语法偶有不规范的情况。扣 0.5 分、1 分。

三档；词汇、语法屡有不规范的情况。扣 2 分、3 分。

③自然流畅程度，共 5 分。分三档：

一档：语言自然流畅。扣 0 分。

二档：语言基本流畅，口语化较差，有背稿子的表现。扣 5 分、1 分。

三档：语言不连贯，语调生硬。扣 2 分、3 分。

说话不足 3 分钟，酌情扣分：缺时 1 分钟以内（含 1 分钟），扣 1 分、2 分、3 分；缺时 1 分钟以上，扣 4 分、5 分、6 分；说话不满 30 秒（含 30 秒），本测试项成绩计为 0 分。

（四）应试人普通话水平等级的确定

国家语言文字工作部门发布的《普通话水平测试等级标准》是确定应试人普通话水平等级的依据。测试机构根据应试人的测试成绩确定其普通话水平等级，由省、自治区、直辖市以上语言文字工作部门颁发相应的普通话水平测试等级证书。

普通话水平划分为三个级别，每个级别内划分两个等次。其中：

97 分及其以上，为一级甲等；

92 分及其以上但不足 97 分，为一级乙等；

87 分及其以上但不足 92 分，为二级甲等；

80 分及其以上但不足 87 分，为二级乙等；

70 分及其以上但不足 80 分，为三级甲等；

60 分及其以上但不足 70 分，为三级乙等；

（注）各省、自治区、直辖市语言文字工作部门可以根据测试对象或本地区的实际情况，决定是否免测“选择判断”测试项。如免测此项，“命题说话”测试项的分值由 30 分调整为 40 分。评分档次不变，具体分值调整如下：

1. 语音标准程度的分值，由 20 分调整为 25 分。

一档：扣 0 分、1 分、2 分。

二档：扣 3 分、4 分。

三档：扣 5 分、6 分。

四档：扣 7 分、8 分。

五档：扣 9 分、10 分、11 分。

六档；扣 12 分、13 分、14 分。

2. 词汇语法规范程度的分值，由 5 分调整为 10 分。

一档：扣 0 分。

二档：扣 1 分、2 分。

三档：扣 3 分、4 分。

3. 自然流畅程度，仍为 5 分，各档分值不变。

附录五　《普通话水平测试用话题》说话题目 30 则

1. 我的愿望（或理想）
2. 我的学习生活
3. 我尊敬的人
4. 我喜爱的动物（或植物）
5. 童年的记忆
6. 我喜欢的职业
7. 难忘的旅行
8. 我的朋友
9. 我喜爱的文学（或其他）艺术形式
10. 谈谈卫生与健康
11. 我的业余生活
12. 我喜欢的季节（或天气）
13. 学习普通话的体会
14. 谈谈服饰
15. 我的假日生活
16. 我的成长之路
17. 谈谈科技发展与社会生活
18. 我知道的风俗

19. 我和体育
20. 我的家乡（或熟悉的地方）
21. 谈谈美食
22. 我喜欢的节日
23. 我所在的集体（学校、机关、公司等）
24. 谈谈社会公德（或职业道德）
25. 谈谈个人修养
26. 我喜欢的明星（或其他知名人士）
27. 我喜爱的书刊
28. 谈谈对环境保护的认只
29. 我向往的地方
30. 购物（消费）的感受

附录六　普通话水平测试等级标准（试行）

一级

甲等　朗读和自由交谈时，语音标准，词汇、语法正确无误，语调自然，表达流畅。测试总失分率在3%以内。

乙等　朗读和自由交谈时，语音标准，词汇、语法正确无误，语调自然，表达流畅。偶然有字音、字调失误。测试总失分率在8%以内。

二级

甲等　朗读和自由交谈时，声韵调发音基本标准，语调自然，表达流畅。少数难点音（平翘舌音、前后鼻尾音、边鼻音等）有时出现失误。词汇、语法极少有误。测试总失分率在13%以内。

乙等　朗读和自由交谈时，个别调值不准，声韵母发音有不到位现象。难点音较多（平翘舌音、前后鼻尾音、边鼻音、fu—hu、z—zh—j、送气不送气、i—u不分、保留浊塞音、浊塞擦音、丢介音、复韵母单音化等），失误较多。方言语调不明显。有使用方言词、方言语法的情况。测试总失分率在20%以内。

三级

甲等　朗读和自由交谈时，声韵母发音失误较多，难点音超出常见范围，声调调值多不准。方言语调较明显。词汇、语法有失误。测试总失分率在30%以内。

乙等　朗读和自由交谈时，声韵调发音失误多，方音特征突出。方言语调明显。词汇、语法失误较多。外地人听其谈话有听不懂情况。测试总失分率在40%以内。

附录七　普通话水平测试样卷

1. 读单音节字词 100 个（限时 3.5 分钟。10 分）

昼　八　迷　先　毡　皮　幕　美　彻　飞
鸣　破　捶　风　豆　蹲　霞　掉　桃　定
宫　铁　翁　念　劳　天　旬　沟　狼　口
靴　娘　嫩　机　蕊　家　跪　绝　趣　全
瓜　穷　屡　知　狂　正　裘　中　恒　社
槐　事　轰　竹　掠　茶　肩　常　概　虫
皇　水　君　人　伙　自　滑　早　绢　足
炒　次　渴　酸　勤　鱼　筛　院　腔　爱
鳖　袖　滨　竖　搏　刷　瞟　帆　彩　愤
司　滕　寸　峦　岸　勒　歪　尔　熊　妥

读错字音________个，共扣________分。

读音有缺陷的字________个，共扣________分。

超时 1 分钟以内，扣 0.5 分；超时 1 分钟以上（含 1 分钟），扣 1 分。扣________分。

此项共扣________分。

2. 读多音节词语（100 个音节；其中含双音节词语 45 个，三音节词语 2 个，四音节词语 1 个。限时 2.5 分钟。共 20 分）

取得　阳台　儿童　板凳儿　混淆　衰落　分析
防御　沙丘　管理　此外　便宜　光环　塑料
扭转　加油　队伍　挖潜　女士　科学　手指
策略　抢劫　森林　侨眷　模特儿　港口　没准儿
干净　日用　紧张　炽热　群众　名牌儿　沉醉
快乐　窗户　财富　应当　生字　奔跑　晚上
卑劣　包装　洒脱　现代化　委员会　轻描淡写

读错字音________个，共扣________分。

读音有缺陷的字________个，共扣________分。

超时 1 分钟以内，扣 0.5 分；超时 1 分钟以上（含 1 分钟），扣 1 分。扣________分。

此项共扣________分。

3. 选择判断（10 分）

(1) 词语判断：请判断并读出下列 10 组词语中的普通话词语（2.5 分）。

①如排　现在　而家　今下　目下
②瞒人　边个　谁　啥侬　啥人
③为么子　做脉个　为什么　为什里　为啥　为怎样
④细小　细粒　幼细　异细
⑤后生子　后生崽里　后生家　后生仔　小伙子

⑥日里向　日里　白天　日上　日头　日时　日辰头

⑦婴儿　毛它　冒牙子　苏虾仔　婴仔　啊伢欸

⑧蚂蚁子　蚂蝇里　狗蚁　蚁公　蚂蚁

⑨这里　个搭　咯里　呢处　即搭

⑩早上向　早晨　早间里　朝早　朝辰头

判断错误，每组扣 0.25 分。扣________分。

(2) 量词、名词搭配：请按照普通话规范搭配并读出下列数量名短语（5 分）。

把　张　棵　支　扇　辆　条　间　头　所

汽车　钥匙　桌子　钞票　树　笔　牛　学校　门　草

搭配错误，每组扣 0.5 分。扣________分。

(3) 语序或表达形式判断：请判断并读出下列 5 组句子里的普通话句子（2.5 分）。

①他大约要两三个月才能回来。

他大约要二三个月才能回来。

②他好好可爱。

他非常可爱。

他上可爱。

③你去去逛街？

你去不去逛街？

④你矮我。

你比我过矮。

你比我矮。

你比较矮我。

你比我较矮。

⑤那部电影我看过。

那部电影我有看。

判断错误，每组扣 0.5 分。扣________分。

答题时语音错误，每个音节扣分 0.1 分，如判断错误已经扣分，不重复扣分。扣________分。

选择判断合计超时 1 分钟以内，扣 0.5 分；超时 1 分钟以上（含 1 分钟），扣 1 分。扣________分。

此项共扣________分。

4. 朗读短文：请朗读 12 号短文（30 分）

错读、漏读、增读________字，共扣________分。

声母或韵母的系统性语音缺陷，视程度扣 0.5 分、1 分。扣________分。

语调偏误，视程度扣 0.5 分、1 分、2 分。扣________分。

停连不当，视程度扣 0.5 分、1 分、2 分。扣________分。

朗读不流畅（包括回读），视程度扣 0.5 分、1 分、2 分。扣________分。

超时扣 1 分。扣________分。

此项共扣________分。

5. 命题说话：请按照话题“我的业余生活”或“我熟悉的地方”说一段话（3分钟。30分）

(1) 语音标准程度，共20分。分六档：

一档：语音标准，或极少有失误。扣0分、0.5分、1分。

二档：语音错误在10次以下，有方音但不明显。扣1.5分、2分。

三档：语音错误在10次以下，但方音比较明显；或语音错误在10次～15次之间，有方音但不明显。扣3分、4分。

四档：语音错误在10次～15次，方音比较明显。扣5分、6分。

五档：语音错误超过15次，方音明显。扣7分、8分、9分。

六档：语音错误多，方音重。扣10分、11分、12分。

此项扣______分。

(2) 词汇语法规范程度，共5分。分三档：

一档：词汇、语法规范。扣0分。

二档：词汇、语法偶有不规范的情况。扣0.5分、1分。

三档：词汇、语法屡有不规范的情况。扣2分、3分。

此项扣______分。

(3) 自然流畅程度，共5分。分三档：

一档：语言自然流畅。扣0分。

二档：语言基本流畅，口语化较差，有背稿子的表现。扣0.5分、1分。

三档：语言不连贯，语调生硬。扣2分、3分。

说话不足3分钟，酌情扣分：缺时1分钟以内（含1分钟），扣1分、2分、3分；缺时1分钟以上，扣4分、5分、6分；说话不满30秒（含30秒），本测试项成绩计为0分。

此项扣______分。

说话项共扣______分。

整个测试共扣______分。

参考文献

[1] 付成波. 普通话教程 [M]. 北京：北京邮电大学出版社，2012.

[2] 赵延红，姜大胜，李依娜. 普通话教程 [M]. 北京：中国时代经济出版社，2013.

[3] 孙兴民. 普通话教程 [M]. 北京：中国传媒大学出版社，2013.

[4] 姜红. 普通话教程 [M]. 北京：中国农业出版社，2010.

[5] 徐行. 实用普通话教程 [M]. 北京：机械工业出版社，2011.

[6] 杜宏权. 普通话教程 [M]. 哈尔滨：哈尔滨工程大学出版社，2015.

[7] 白朝霞. 实用普通话教程 [M]. 济南：山东大学出版社，2010.

[8] 张进，冯丽，仲燚. 新编普通话教程 [M]. 南京：南京大学出版社，2010.

[9] 尹新兰. 普通话教程 [M]. 4 版. 上海：上海交通大学出版社，2010.

[10] 柴艺，蔡长春. 普通话教程 [M]. 北京：人民邮电出版社，2013.

[11] 邵新芬. 修炼普通话好声音　普通话教程 [M]. 北京：中国传媒大学出版社，2013.

[12] 文成忠，郭兴亚. 普通话教程 [M]. 成都：电子科技大学出版社，2010.

[13] 尹新兰. 普通话教程 [M]. 上海：上海交通大学出版社，2016.

[14] 张子泉. 普通话教程 [M]. 3 版. 北京：清华大学出版社，2014.

[15] 吴洁敏. 新编普通话教程第 5 版 [M]. 杭州：浙江大学出版社，2013.

[16] 吴洁敏. 新编普通话教程 [M]. 杭州：浙江大学出版社，2013.

[17] 张进等. 新编普通话教程（修订本）[M]. 南京：南京大学出版社，2013.

[18] 贺又宁. 实用普通话教程 [M]. 北京：北京师范大学出版社，2015.